Estructuras y análisis: aproximaciones sintácticas al estudio del español

Estructuras y análisis: aproximaciones sintácticas al estudio del español

Eva Núñez Méndez

PETER LANG
Oxford - Berlin - Bruxelles - Chennai - Lausanne - New York

Bibliographic information published by the Deutsche Nationalbibliothek. The German National Library lists this publication in the German National Bibliography; detailed bibliographic data is available on the Internet at http://dnb.d-nb.de.

A catalogue record for this book is available from the British Library.

Library of Congress Control Number: 2024051407.

Cover illustration by Eva Núñez Méndez.
Cover design by Peter Lang Group AG

ISBN 978-1-80374-709-5 (print)
ISBN 978-1-80374-710-1 (ePDF)
ISBN 978-1-80374-711-8 (ePub)
DOI 10.3726/b22276

© 2025 Peter Lang Group AG, Lausanne
Published by Peter Lang Ltd, Oxford, United Kingdom
info@peterlang.com – www.peterlang.com

Eva Núñez Méndez has asserted her right under the Copyright, Designs and Patents Act, 1988, to be identified as Author of this Work.

All rights reserved.
All parts of this publication are protected by copyright.
Any utilisation outside the strict limits of the copyright law, without the permission of the publisher, is forbidden and liable to prosecution.
This applies in particular to reproductions, translations, microfilming, and storage and processing in electronic retrieval systems.

This publication has been peer reviewed.

*The task of linguistics is not merely to describe language
but to uncover the principles of its underlying structure.
(La tarea de la lingüística no es simplemente describir el lenguaje,
sino descubrir los principios de su estructura subyacente.)*
Ferdinand de Saussure, *Course in general linguistics* (1916)

*Language is the most massive and inclusive art we know,
a mountainous and anonymous work of unconscious generations.
(El lenguaje es el arte más masivo e inclusivo que conocemos,
una obra gigantesca y anónima de generaciones incógnitas.)*
Edward Sapir, *Language: an introduction to the study of speech* (1921)

Índice general

Lista de figuras	xiii
Lista de cuadros	xv
Lista de oraciones analizadas con diagramas arbóreos	xvii
Agradecimientos	xxiii
Lista de abreviaturas	xxv
Introducción	1

CAPÍTULO 1

¿Cómo se estructuran las oraciones? Conceptos básicos	5
1.1 ¿Cómo clasificamos las palabras?	7
1.1.1 El nombre	8
1.1.2 El adjetivo	9
1.1.3 El verbo	10
1.1.4 El adverbio	12
1.1.5 El determinante	13
1.1.6 El pronombre	14
1.1.7 La preposición	15
1.1.8 La conjunción	15
1.1.9 La interjección	16
1.1.10 Locuciones	17
1.1.11 Perífrasis verbales	18
1.2 ¿Qué son los sintagmas?	20
1.2.1 Sintagma nominal	22
1.2.2 Sintagma adjetival	24
1.2.3 Sintagma preposicional	25

	1.2.4 Sintagma adverbial	27
	1.2.5 Sintagma verbal	28
1.3	¿Qué son las funciones? ¿Cómo se distinguen?	29
	1.3.1 Sujeto	31
	1.3.2 Atributo	33
	1.3.3 Complemento predicativo	34
	1.3.4 Complemento directo	35
	1.3.5 Complemento indirecto	40
	1.3.6 Complemento circunstancial	46
	1.3.7 Complemento de régimen (regido o suplemento)	47
	1.3.8 Complemento agente	49
	1.3.9 Complemento del nombre	50
	1.3.10 Complemento del adjetivo	50
	1.3.11 Complemento del adverbio	51
	1.3.12 Aposición	52
	1.3.13 Vocativo	53
	1.3.14 Funciones sintácticas y terminología	53
1.4	Orígenes de las categorías, las funciones léxicas y el orden oracional	56
	1.4.1 Cambios en el orden oracional	60
	Ejercicios y actividades de autoevaluación	65

CAPÍTULO 2
¿Cómo se estructura la oración simple? 85

2.1	¿Cómo se clasifican las oraciones según su estructura?	87
2.2	¿Qué estructuras aparecen en la oración simple según el verbo?	89
	2.2.1 La oración copulativa o atributiva	89
	2.2.2 La oración predicativa	93
	2.2.2.1 Oraciones transitivas e intransitivas	95
	2.2.2.2 Oraciones reflexivas y recíprocas	97
	2.2.2.3 Oraciones pasivas	99
2.3	¿Qué estructuras aparecen en la oración simple según el sujeto?	103

Índice general ix

2.3.1	Oraciones impersonales	104
	2.3.1.1 Oraciones impersonales con verbos meteorológicos	104
	2.3.1.2 Oraciones impersonales gramaticalizadas	105
	2.3.1.3 Oraciones impersonales reflejas con *se*	105
	2.3.1.4 Otras oraciones impersonales	107

2.4 ¿Cómo se analiza la oración simple según la intención del hablante?   109
    2.4.1 Enunciativas o declarativas   111
    2.4.2 Interrogativas   112
    2.4.3 Exclamativas   114
    2.4.4 Imperativas o exhortativas   114
    2.4.5 Desiderativas   116
    2.4.6 Dubitativas   117
Ejercicios y actividades de autoevaluación   121

CAPÍTULO 3
¿Qué estructuras aparecen en la oración compuesta?   133

3.1 ¿Cómo se identifican las oraciones compuestas coordinadas?   135
    3.1.1 Oraciones copulativas   136
    3.1.2 Oraciones disyuntivas   138
    3.1.3 Oraciones adversativas   139
    3.1.4 Oraciones distributivas   140
    3.1.5 Oraciones explicativas   142
3.2 ¿Cómo se identifican las oraciones compuestas subordinadas?   143
    3.2.1 Oraciones compuestas subordinadas sustantivas   144
    3.2.2 Oraciones compuestas subordinadas adjetivas o de relativo   150
    3.2.3 Oraciones compuestas subordinadas adverbiales   154
        3.2.3.1 Proposiciones subordinadas adverbiales de lugar   156
        3.2.3.2 Proposiciones subordinadas adverbiales de tiempo   157
        3.2.3.3 Proposiciones subordinadas adverbiales de modo   158
        3.2.3.4 Proposiciones subordinadas adverbiales causales   160

	3.2.3.5 Proposiciones subordinadas adverbiales consecutivas	162
	3.2.3.6 Proposiciones subordinadas adverbiales comparativas	163
	3.2.3.7 Proposiciones subordinadas adverbiales condicionales	165
	3.2.3.8 Proposiciones subordinadas adverbiales concesivas	168
	3.2.3.9 Proposiciones subordinadas adverbiales finales	170
Ejercicios y actividades de autoevaluación		174

CAPÍTULO 4
Cuestiones de interés, estilística y gramaticalidad — 191

- 4.1 Concordancia y discordancia gramatical — 192
  - 4.1.1 Discordancia de sustantivos colectivos — 193
  - 4.1.2 Discordancias de estructuras atributivas — 194
  - 4.1.3 Discordancias de sujetos coordinados — 194
  - 4.1.4 Discordancia deliberada — 196
- 4.2 Valores del *se* — 197
  - 4.2.1 El *sé* verbal — 198
  - 4.2.2 El *se* con valor pronominal — 198
  - 4.2.3 El *se* con valor no pronominal (sin función sintáctica) — 199
  - 4.2.4 Ambigüedades del *se* — 201
    - 4.2.4.1 El *se* de oraciones pasivas reflejas e impersonales — 202
    - 4.2.4.2 El *se* de los verbos pronominales y reflexivos — 204
    - 4.2.4.3 El *se* llamado *accidental* en los manuales de español como segunda lengua — 207
- 4.3 Valores de *que* — 208
  - 4.3.1 El *que* pronominal relativo, sin tilde — 208
  - 4.3.2 El *qué* pronominal, determinante y adverbial, con tilde — 209
  - 4.3.3 El *que* conjunción, sin tilde — 210
- 4.4 Formas no personales del verbo y su funcionalidad — 211
- 4.5 Cuestiones de corrección lingüística — 216
  - 4.5.1 Verbos en plural en construcciones impersonales — 217
  - 4.5.2 Sustantivos femeninos con artículo masculino *el* — 218
  - 4.5.3 Dequeísmo y queísmo — 218

Índice general

    4.5.4 Uso de los pronombres posesivos con los adverbios, por ejemplo, *se sentó detrás *mío*   224
    4.5.5 Uso de adverbios *delante, adelante* y **alante*   224
    4.5.6 Uso incorrecto de preposiciones   226
    4.5.7 Orden de los pronombres antepuestos al verbo   226
    4.5.8 Construcciones con comparativos   227
    4.5.9 Leísmo, laísmo y loísmo   229
Ejercicios y actividades de autoevaluación   232

Referencias bibliográficas   245

Anexo I: Ejemplos de análisis con diagramas arbóreos   249

Anexo II: Selección de verbos pronominales   267

Anexo III: Selección de verbos con complemento de régimen (regido o suplemento)   269

Glosario   271

Índice temático   287

Lista de figuras

2.1	Clasificación de la oración simple con ejemplos	119
3.1	Clasificación de la oración compuesta con ejemplos	173
4.1	Resumen de los tipos y valores del *se*	201
4.2	Los verbos reflexivos se consideran verbos pronominales pero no todos los verbos pronominales son reflexivos	207
4.3	Resumen de los tipos y valores del *que*	212

Lista de cuadros

1.1	Resumen de todas las categorías de palabras y abreviaciones con ejemplos	19
1.2	Resumen de todos los tipos de sintagmas con ejemplos	29
1.3	Resumen de todas las funciones sintácticas con ejemplos	54
1.4	Terminología de las funciones según diversos autores	55
3.1	Tipos de coordinadas y conjunciones coordinantes	136
3.2	Tiempos verbales de las subordinadas adverbiales condicionales	167

Lista de oraciones analizadas con diagramas arbóreos

Capítulo 1

(5)	Ana lee.	6
(13)	Mi libro. Todo el mundo. Los tres mosqueteros.	24
(14)	Otra misión imposible. Mucho té y poco café. Las leyes aprobadas.	24
(15)	Mi hermana Ana. Luis, tu mejor amigo. Mar adentro.	24
(16)	Muy bueno. Bastante más barato. Cantidad de caro.	25
(17)	Al artista. Té con limón. La casa de mis padres.	25
(20)	Alérgico al polen. A causa de la crisis. Por amor al arte.	27
(22)	Demasiado deprisa. Muy lejos de aquí. Después de tu operación.	28
(24)	Juan no trabaja. Ana es alta. Luis está en casa.	28
(25)	Llueve mucho. Vi a Lisa ayer. Eli le trajo un regalo a su tía.	28

Capítulo 2

(1)	Luis no estudia. Ana está nerviosa. No llovió ayer.	87
(9)	La película fue muy aburrida. Mi hijo estuvo bastante enfermo ayer.	93
(12)	Ana sigue levantándose temprano. ¿Tengo que llegar a las ocho todos los días?	95
(16)	La niña lleva una camisa roja de seda. No podemos vernos a las tres hoy.	96
(21)	Pili se cortó las uñas con las tijeras. Los novios se besaron en la boca.	99
(26)	Eli fue ayudada por un enfermero. Se recogieron las últimas hojas de los árboles.	103

(32) Hay demasiados helados en la nevera. Se vive muy bien en esta ciudad.   109

(42) ¿Se ha hecho usted daño en el dedo? Tal vez mañana venga mi tía Fefi.   118

Capítulo 3

(5) Ana veía una telenovela y su hermana jugaba con la gatita.   138

(7) Los turistas pueden visitar un museo histórico o ir al teatro romano.   139

(9) Blas fue al cumpleaños pero llegó bastante tarde.   140

(11) Esta me parece muy bonita, aquella no me gusta mucho.   141

(13) Este gasto es desgravable, es decir, reduce la base imponible.   142

(25) La maestra me preguntó qué le había pasado a mi hija mayor.   150

(30) Se oyeron varios disparos y gritos que venían de la antigua sinagoga.   154

(33) Mi amiga Ana encontró las llaves donde las había dejado su madre.   157

(35) La directora avisó a los padres cuando se enteró de las últimas noticias.   158

(37) Te lo contaré tal y como me lo explicó ayer el médico de guardia.   160

(39) La tierra está muy mojada porque ha llovido a cántaros esta semana.   161

(41) Mi sobrina es tan alta que puede tocar el techo con las manos.   163

(43) Las clases del verano solían tener menos estudiantes que las del invierno.   165

(45) Sara, si te acabas toda la cena, te daré un helado de chocolate de postre.   168

(47) El técnico irá a trabajar mañana aunque está muy enfermo del estómago.   170

(49) Los maestros escribieron una carta para quejarse de su sueldo al sindicato.   172

Lista de oraciones analizadas con diagramas arbóreos

Anexo I: Ejemplos de análisis con diagramas arbóreos
A. Análisis de oraciones simples

1. Mi hermana estudia inglés y chino. — 249
2. ¿Te has hecho daño en la mano? — 249
3. Nunca llueve en el desierto. — 249
4. No hay nada nuevo bajo el sol. — 249
5. Mañana a la una será la gran boda. — 249
6. En todas partes se cuecen habas. — 249
7. No se oyen las voces de los niños. — 250
8. Las desgracias nunca vienen solas. — 250
9. La experiencia es la madre de la ciencia. — 250
10. Una golondrina no hace verano. — 250
11. El asesino en serie no fue atrapado por la policía de Chicago. — 250

B. Análisis de oraciones compuestas coordinadas

12. La profesora leyó la portada y abrió el libro de Cervantes. — 251
13. Lisa o no vio nada o todo lo miró sin atención desde su asiento. — 251
14. Sara miraba hacia arriba pero no podía levantarse de la cama. — 251
15. Fran a veces quería a su esposa, otras veces la detestaba. — 252
16. El soldado fue acortando el paso, es decir, su paso fue haciéndose lento. — 252
17. No era un reproche ni una crítica sino que Ana mostraba su opinión abiertamente. — 252

C. Análisis de oraciones compuestas subordinadas sustantivas

18. Nunca me importó que fueras de viaje a Europa sin mí. — 253
19. Convivir con cinco hermanos fue bastante difícil en esos años. — 253
20. Su esposo entonces supo que Lola no tenía la fortaleza de antes. — 253
21. Bea jamás parecía sentir el menor cansancio después de la carrera. — 254

22. El poeta tuvo la sensación de que nadie le dirigía la palabra en aquel encuentro. 254
23. Mi abuelo sí se sentía triste de que los días pasaran sin todos sus nietos. 254

D. Análisis de oraciones compuestas subordinadas adjetivas o de relativo

24. Me asomé a la ventana nueva que los albañiles acababan de construir en el baño. 255
25. Ayer fue el funeral del corresponsal de guerra a quien mataron en Gaza. 255
26. Recuerdo esa película de terror cuya protagonista sobrevivió sola en una isla. 255
27. Allí hay una cocina a gas donde puedes prepararte unos huevos fritos. 256
28. Luisa nos contó lo que había sucedido aquella calurosa noche de verano. 256
29. Antes tenía una tienda pequeña de regalos de la que me ocupaba yo misma. 256

E. Análisis de oraciones compuestas subordinadas adverbiales

30. Llegué a la clínica, riéndome para mis adentros de esa broma. 257
31. Maya, la guía, nos llevó a donde pudimos descansar en paz esa noche fría. 257
32. Confía en el tiempo porque suele dar salidas a muchas amargas dificultades. 257
33. No hay libro tan malo que no tenga algo bueno. 258
34. Mi hija mayor se llevó tal susto que el vaso se le cayó de las manos. 258
35. Las noches de invierno solían ser más tranquilas que las de verano. 258

Lista de oraciones analizadas con diagramas arbóreos   xxi

36. La escritora aceptó el contrato de la editorial con tal de que publicaran su novela. 259
37. La niñera se ocupó de los niños el viernes a pesar de que era día festivo. 259
38. Hoy voy a la librería de segunda mano a comprar un ejemplar del Quijote a buen precio. 259

F. Análisis de oraciones compuestas combinadas

39. Quien llega tarde ni oye misa ni come carne. 260
40. Volver al pueblo era volver a la infancia. 260
41. Sé breve en tus razonamientos, que ninguno hay gustoso si es largo. 260
42. En algún lugar de un libro hay una frase esperándonos para darle un sentido a la existencia. 261
43. Lo que necesito es dormir un poco en un lugar donde pueda estirar las piernas. 261
44. La casa la compró una mujer que vive en China y que la ocupará antes de casarse. 261
45. Laura prefería estar sola, aunque le hubiera gustado bañarse con su hija en esa playa desierta. 262
46. La policía se encontraba sola y aislada, atrapada en el atasco del tráfico sin poder adelantar a nadie. 262
47. Antes me gustaba pasearme por la plaza para ver los escaparates que anunciaban la navidad. 262
48. Aunque jamás tendré la oportunidad de hablar con Lis, sé que me oprimió la mano para despedirse de mí por última vez. 263
49. La endocrinóloga consideró el pronóstico de que había un alto riesgo, causado por la diabetes, si no se operaba de inmediato. 264
50. Sancho, como no estás experimentado en las cosas del mundo, todas las cosas que tienen algo de dificultad te parecen imposibles. 265

Agradecimientos

La elaboración de este libro solo ha sido posible gracias a la contribución voluntaria e involuntaria de muchas personas afines al campo de la sintaxis: estudiantes, compañeros en el campo, evaluadores y editores. Especialmente les doy las gracias a mis estudiantes de la Universidad Estatal de Portland que con sus preguntas y reflexiones me han animado a recopilar estos temas para aplicarlos a sus necesidades lingüísticas y sintácticas tanto en la lengua escrita como en la hablada.

Lista de abreviaturas

adj	adjetivo; (subordinada) adjetiva.
adv	adverbio; (subordinada) adverbial.
Ap	aposición.
Atr	atributo.
C	complemento (también llamado objeto, por ejemplo, complemento/objeto directo).
CAdj	complemento adjetival.
CAdv	complemento adverbial.
CAg	complemento agente.
CC	complemento circunstancial.
CCC	complemento circunstancial de compañía (*¿con quién?*).
CCCant	complemento circunstancial de cantidad (*¿cuánto?*).
CCCau	complemento circunstancial de causa (*¿por qué?*).
CCF	complemento circunstancial de finalidad (*¿para qué?*).
CCI	complemento circunstancial de instrumento (*¿con qué?*).
CCL	complemento circunstancial de lugar (*¿dónde?*).
CCM	complemento circunstancial de modo (*¿cómo?*).
CCT	complemento circunstancial de tiempo (*¿cuándo?*)
CD	complemento directo, igual a objeto directo (OD).
CI	complemento indirecto, igual a objeto indirecto (OI).
conj	conjunción.

CPred	complemento predicativo.
CN	complemento del nombre.
CReg	complemento regido, complemento de régimen o suplemento.
det	determinante, por ejemplo, *esta* en *esta ciudad*, *su* en *su casa*, *aquel* en *aquel libro*.
imp	impersonal, marca impersonal, *se* impersonal.
int	interjección.
loc	locución, grupos de palabras que funcionan como un solo término y se analizan conjuntamente.
loc. adv.	locución adverbial, por ejemplo, *al menos, desde luego, en resumen, tal vez*.
loc. conj.	locución conjuntiva, por ejemplo, *a pesar de que, así es que, con tal de que, como si, es decir, para que, sin que, sin embargo*.
loc. prep.	locución preposicional, por ejemplo, *antes de, detrás de, dentro de, en medio de*.
N	nombre, sustantivo.
nex	nexo o relacionante, por ejemplo, *y, ni, o, pero, que, porque*.
O	oración.
OC	oración compuesta.
P_1, P_2, P_3	proposiciones o cláusulas de la oración compuesta.
pas	pasivo/a, marca de pasiva, *se* pasivo.
ppio	participio.
pr	pronombre, por ejemplo, *yo, mío, quien, nadie, alguno, ninguno, se* en *se duchó*.
Pred	predicado, también PV, predicado verbal.

Lista de abreviaturas

prep	preposición, por ejemplo, *a, ante, bajo, con, contra, de, desde*, etc.
PV	perífrasis verbal, por ejemplo, *hay que leer, sigue leyendo, suele estar, tengo que ir.*
pl	plural.
Pred	predicado: el verbo y sus complementos.
SAdj	sintagma adjetival.
SAdv	sintagma adverbial.
sing	singular.
SN	sintagma nominal.
SPrep	sintagma preposicional.
sub	subordinada.
Suj	sujeto.
sust	sustantivo, nombre (N); (subordinada) sustantiva.
SV	sintagma verbal.
S-V-C	sujeto, verbo y complementos; orden oracional en español.
V	verbo.
voc	vocativo, caso o función para llamar la atención del interlocutor (¡*Ana, ven*!).
*	agramatical; incorrecto; no normativo; poco común; desusado.
Ø	elemento elidido, nada.

Introducción

La sintaxis se describe como aquella disciplina de la lingüística que se encarga de estudiar cómo se relacionan las palabras para formar unidades superiores de significado. El objetivo principal de este campo se centra en analizar las estructuras y reglas que determinan la combinación de palabras. Estas combinaciones se pueden realizar a varios niveles. Primero las palabras se juntan para crear sintagmas y estos a su vez se agrupan para formar otras unidades mayores, otros sintagmas, que a su vez establecen proposiciones y oraciones. Las reglas de combinación posibles de palabras, sintagmas y oraciones determinan el funcionamiento sintáctico y la gramática de una lengua.

El nivel inferior del estudio de la sintaxis lo constituyen las palabras como los elementos más pequeños para formar estructuras sintácticas. El nivel superior se refleja en la oración compuesta, unidad máxima del análisis sintáctico. Entre los dos extremos, se encuentran los sintagmas, agrupaciones estructuradas que son mayores que las palabras pero menores que las oraciones y las proposiciones o cláusulas. Asociadas a la sintaxis se encuentran otras dos disciplinas: la morfología, encargada de la formación de palabras y el análisis del discurso, cuyo objetivo principal se centra en la formación de textos. Recurriremos parcialmente a la morfología para jerarquizar los distintos niveles de análisis oracional y para entender el funcionamiento de los sintagmas.

Con el propósito de estructurar los niveles sintácticos se presentan varias estrategias de análisis y un vocabulario técnico específico para la sintaxis. Los lingüistas se sirven de distintas herramientas para estudiar, analizar y explicar las asociaciones de palabras. No todos concuerdan en el proceso de análisis oracional. Algunos autores utilizan paréntesis etiquetados, llaves y subrayados, otros diagramas arbóreos. Tampoco todos los expertos utilizan la misma terminología, la cual difiere ligeramente de manual a manual. Nosotros hemos seguido aquí la terminología que la RAE ha desarrollado desde 1973 por encontrarla más transparente, precisa y generalizada. Aunque los términos difieran entre algunos autores individuales, el fin de esta disciplina es el mismo para todos los sintactistas: representar con claridad las estructuras de las palabras en una oración.

Teniendo en cuenta nuestro objetivo pedagógico, este volumen se distribuye en cuatro capítulos que se suceden por orden de dificultad: el capítulo uno se enfoca en los conceptos básicos sintácticos, en la clasificación de palabras, sintagmas y funciones. El capítulo dos se dedica al estudio de la oración simple, atendiendo a las variaciones que se presentan según la configuración del predicado, la presencia o ausencia del sujeto y a la intención discursiva del hablante. En el capítulo tres se analizan las estructuras de la oración compuesta en sus modalidades de coordinación, yuxtaposición y subordinación. El último capítulo presenta cuestiones de interés relacionadas con el estilo, la corrección, la concordancia y discordancia gramaticales. Asimismo, se incluye un estudio de todos los valores del *se* y del *que*, junto con una reflexión sobre las formas no personales del verbo. El libro termina con tres anexos donde se recoge una selección de análisis sintácticos arbóreos, ejemplos representativos de verbos pronominales y de verbos que llevan complemento regido. La necesidad de incluir estos anexos ha surgido por las peticiones y preguntas de los estudiantes relacionadas con estos temas.

Cada capítulo viene seguido por dos secciones de actividades: una de ejercicios y otra de preguntas de opción múltiple a modo de autoevaluación para recapitular todos los conceptos vistos en ese capítulo.

A lo largo de estas páginas, se mostrarán diversas maneras de analizar una oración con subrayado y diagramas arbóreos para que el lector pueda examinar cómo se realiza el análisis sintáctico de una oración en español. Según nuestra experiencia docente, preferimos utilizar el sistema de análisis estructural morfosintáctico con diagramas arbóreos donde se indican las funciones y categorías de las palabras. Este método da mejores resultados en la docencia y es más fácil de asimilar a nivel introductorio. Algunas de las oraciones que se analizan en este volumen provienen de autores literarios, otras han sido creadas con el propósito de abarcar todo tipo de estructuras sintácticas con claridad. Al final del volumen, en el anexo I, se pueden encontrar análisis arbóreos complementarios de numerosas oraciones para que el lector disponga de ejemplos ilustrativos y variados.

Introducción

¿Para qué sirve estudiar sintaxis?

El ser humano está dotado de una capacidad intrínseca para internalizar y producir lenguaje. Esta característica nos define explícitamente frente a los animales. La comunicación humana resulta una herramienta singular para formular ideas y pensamientos, expresar sentimientos y emociones, contar historias, preguntar, exclamar, mentir e incluso soñar. Todos los humanos en cualquier punto del planeta pueden aprender y expresarse utilizando un lenguaje dotado de un sistema de signos y estructuras complejos. Esta complejidad que todas las lenguas encierran, la adquirimos desde niños de forma inconsciente y la utilizamos años después sin esfuerzo aparente. Este mecanismo mental que gobierna la estructuración de palabras fundamenta la formación de una lengua. De este modo, la sintaxis resulta imprescindible para entender, aprender y producir el lenguaje humano.

El estudio del modo como se relacionan las palabras en una oración ayuda no solo a los hablantes nativos a autoconcienciarse del funcionamiento de su lengua madre, sino que también ayuda a aquellos que quieren aprender (y enseñar) una segunda lengua a esclarecer complejidades oracionales y gramaticales. Al estudiar cómo están construidas las oraciones, podemos traslucir el orden sistemático con el que funciona la mente como procesadora de lenguaje. Este orden ayuda a organizar más lógicamente las frases a la hora de escribir y hablar, y a expresar con más coherencia nuestro pensamiento, mejorando nuestra destreza discursiva. Reflexionar sobre el funcionamiento interno de las oraciones posibilita erradicar futuras incoherencias de forma autónoma y eficiente. La sintaxis complementa y facilita el conocimiento de la lengua; además de potenciar la capacidad de análisis y reflexión. Y con ello, nos ayuda activamente a afrontar mejor dificultades de lógica y de cognición que se plantean en la vida cotidiana.

Esperamos que en el futuro, la ciencia nos revele el misterio de la formación de una frase en el cerebro y las conexiones de pensamiento y habla en los múltiples patrones de actividad cerebral. Mientras tanto queda la incógnita de cómo, en los mecanismos mentales, pasamos del pensamiento al habla, de la palabra a la oración y del mapa del cerebro a la cognición sintáctica.

CAPÍTULO I

¿Cómo se estructuran las oraciones? Conceptos básicos

La disciplina de la lingüística que se encarga de estudiar las estructuras de las oraciones se denomina sintaxis. El objetivo principal de la sintaxis se centra en estudiar y analizar cómo se relacionan las palabras entre sí para formar unidades superiores dotadas de significado completo. La sintaxis describe las reglas de combinación de las palabras en unidades mayores, primero, en los llamados sintagmas, agrupaciones de palabras en torno a un núcleo, y, segundo, en las oraciones. El análisis oracional requiere de múltiples niveles de organización; el más básico es el de la palabra, seguido del sintagma y por último el nivel de la oración. Las palabras se combinan en estructuras de sintagmas y estos a su vez se agrupan para formar una oración, (véase diagrama en 1).

(1) a. palabra → sintagma → oración
    b. café → el café caliente → bébete el café caliente

Podemos afirmar que, desde el punto de vista sintáctico, la unidad superior de estudio se basa en la oración mientras que la unidad mínima se centra en la palabra. Las palabras constituyen los elementos mínimos que se combinan entre sí para formar oraciones. Las palabras también se pueden descomponer en partes menores de significado, los morfemas, del estudio de los cuales se encarga la morfología (por ejemplo, la palabra *rojos* se compone de la raíz *roj* y de los morfemas de género y número, *roj-o-s*). A menudo la sintaxis se combina con la morfología para ilustrar y completar a fondo un análisis sintáctico. Estas dos ramas de la lingüística se encuentran intrínsecamente relacionadas, de tal modo que se las ha denominado en conjunto, *morfosintaxis*. Las palabras no se estudian aisladamente, sino en su contexto oracional y también composicional. Por lo que la sintaxis va estrechamente vinculada a la morfología, formando un todo inseparable.

A lo largo de este volumen, hemos preferido utilizar una metodología que se basa en el análisis estructural morfosintáctico, ya que desde la perspectiva docente, este método ha dado mejores resultados y resulta más fácil de entender. A la hora de analizar oraciones, los manuales han utilizado varios sistemas entre los cuales se pueden destacar los siguientes: el subrayado, las etiquetas o barras, las llaves y los diagramas arbóreos. Véase un ejemplo de estos métodos aplicados a la oración *Ana lee* en 2–5.

a) El análisis tradicional con subrayado:
   (2) <u>*Ana*</u> <u>*lee*</u>.
        N   V

b) Los paréntesis etiquetados o barras:
   (3) [Oración [SN *Ana*] [SV *lee*]]

c) Las llaves y el subrayado:
   (4) Ana lee.
       ⌣   ⌣
       N   V
       ⌣⌣⌣⌣
       SN   SV
       ⌣⌣⌣⌣⌣
        Oración

d) El diagrama arbóreo puede ilustrarse en dos direcciones de arriba abajo o de abajo arriba, según se prefiera, siempre empezando por la O (oración) como en 5.

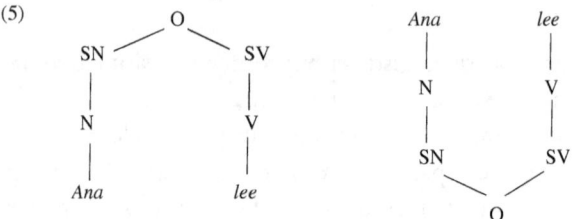

(5)

En este volumen se van a utilizar subrayados (esporádicamente) y el diagrama arbóreo mayormente para representar las estructuras de las oraciones. Los diagramas arbóreos o árboles sintácticos parten de la unidad sintáctica máxima que se analiza y, de ahí, descienden o ascienden (según la dirección del árbol) hacia la unidad mínima. Mediante líneas se marcan los elementos en que se divide cada unidad lingüística. Los nudos de

¿Cómo se estructuran las oraciones? Conceptos básicos 7

los árboles se etiquetan para recoger la información sobre la categoría o función de los elementos en cuestión. La dirección del árbol puede ir de arriba abajo o de abajo arriba. En estas páginas se recogerá el diagrama arbóreo de abajo hacia arriba con la unidad mayor, la oración, como punto de partida abajo.

Para poder identificar las palabras y estructurar las oraciones, resulta necesario dominar una serie de conceptos básicos y de terminología pertinente al campo de la sintaxis con sus abreviaturas más comunes. En las siguientes secciones analizamos la terminología para las clases de palabras, sintagmas y funciones.

1.1 ¿Cómo clasificamos las palabras?

Es importante definir una palabra no solo según su categoría gramatical o su significado, sino también según la función sintáctica que realiza en la oración. Cuando hablamos de *categoría* en sintaxis, nos referimos al tipo o clase de palabra, por ejemplo: un nombre, un adjetivo, un verbo, etc. Las *funciones* en cambio se refieren a la relación que las palabras guardan entre sí en una oración, por ejemplo: el sujeto, el complemento directo, el complemento indirecto, etc.

Para identificar palabras en una categoría u otra se recurre a varios criterios. Uno de ellos es la variación formal: algunas palabras varían de flexión como el nombre y el verbo, otras son invariables como la conjunción o la preposición. Otro criterio sería su pertenencia a una clase cerrada, que no admite nueva creación, por ejemplo, las preposiciones; o una clase abierta cuando las palabras pueden derivarse en otras nuevas, ampliando su repertorio, por ejemplo, los adjetivos (*rojo, rojizo, rojal, infrarrojo, petirrojo*, etc.). También el significado ayuda a clasificarlas. Este criterio ha sido el más utilizado por la gramática tradicional para categorizarlas, aunque el significado por sí solo a veces no permite distinguirlas con claridad.

Según estos criterios, se pueden distinguir ocho categorías de palabras: *nombre, adjetivo, verbo, adverbio, preposición, determinante, pronombre* y *conjunción*. Algunos gramáticos incluyen una categoría más, la llamada *interjección*, aunque en rigor no son parte de una oración ni pueden desempeñar una función (véase su descripción a continuación).

1.1.1 El nombre

También denominado sustantivo forma parte de una clase abierta y puede variar de flexión de número (singular y plural, *gato/s*) y género (masculino y femenino, *gato/a*), salvo algunas excepciones (por ejemplo, *el/los lunes, el/la artista*). En cuanto a su significado, el nombre designa objetos comunes y únicos (por ejemplo, los nombres propios, personas, animales, sentimientos, ideas, etc.). Los nombres según su significado pueden clasificarse en varios tipos que no son necesariamente excluyentes, por ejemplo, podemos tener un nombre común y concreto como *rosa* o un nombre propio como *Rosa*. Véase a continuación la clasificación de los nombres.

a) Nombres **comunes**: se refieren a sustantivos en general *ciudad, libro, perro, té, zoo*, etc.

b) Nombres **propios**: de personas (o antropónimos), de lugares, instituciones, empresas, etc., por ejemplo, *Ana, Chicago, Intel, Google, ONG, ONU*, etc. Se escriben siempre con mayúsculas.

c) Nombres **contables**: se pueden contar o enumerar, por ejemplo, *(dos) mesas, (tres) sillas*.

d) Nombres **no contables**: no se pueden contar o enumerar y pueden referirse a sustancias, cualidades, sentimientos o estados, por ejemplo, *agua, aire, Europa, humo, inteligencia, odio, oro, paz, pereza, plata, rabia, silencio*, etc.

e) Nombres **concretos**: se refieren a sustantivos que se pueden cuantificar, tocar, manipular, percibir por los sentidos: ver, tocar, oír, oler, saborear, por ejemplo, *casa, carta, música, pollo, silla*, etc.

f) Nombres **abstractos**: se refieren a sustantivos no tangibles o no perceptibles por los sentidos sino tan solo por la mente. Están relacionados con las ideas, pensamientos, opiniones, sensaciones como *belleza, fe, preocupación, tristeza, muerte, religión, sueño*, etc.

g) Nombres **individuales**: en singular, solo se refieren a un solo ser o cosa, *un árbol, un gato, un libro, una manzana, un niño, un teléfono, un vaso*, etc.

h) Nombres **colectivos**: en singular, se refieren a un grupo o un conjunto de seres o cosas, *alumnado, docena, equipo, familia, coro, gente, profesorado, público, serie, tropa*, etc.

1.1.2 *El adjetivo*

El adjetivo también forma parte de una clase abierta con variación flexional. Los adjetivos pueden variar en su forma de acuerdo con el género y el número (*bueno/a/s*). Sin embargo, no tienen género ni número intrínseco, sino que lo adquieren por su concordancia con el sustantivo. También admiten variación de grado, ya que pueden expresar un grado superlativo (*buenísimo*) mediante un sufijo específico. Desde el punto de vista del significado, los adjetivos describen propiedades o cualidades del nombre al cual acompañan y complementan, por ejemplo, *la casa roja, la hija mayor, varias veces, mucha sed, algunos días*, etc.

Pueden ser **explicativos**, cuando van delante del nombre, *la blanca nieve, la suave brisa*, también llamados *epítetos*; o **especificativos** cuando van pospuestos, *la casa blanca*. En español, el adjetivo suele ir pospuesto al nombre en la mayoría de los casos. Los epítetos se utilizan para expresar un determinado efecto estético o discursivo, como ocurre en la poesía, y no añaden información nueva al sustantivo, ni lo distinguen ni lo contrastan con otros. En *la oscura noche*, *oscura* no distingue a *noche* de otras *noches*.

Un adjetivo si lleva el artículo definido delante (como *el, la/s, lo/s*), se sustantiva y se convierte en nombre. La nominalización o sustantivación de los adjetivos ocurre con frecuencia en la comunicación; véanse algunos ejemplos en 6 y 7.

(6) a. *El **negro** es elegante.* (N).
   b. *No me gusta el color **negro**.* (Adj.).

(7) a. *Lo **difícil** de ser estudiante es que tienes que estudiar.* (N).
   b. *Pasamos por un momento **difícil**.* (Adj.).

Teniendo en cuenta que los adjetivos concuerdan en género y número con el nombre, encontramos algunas excepciones (pocas). Por ejemplo, los adjetivos *extra* y *clave* pueden ser invariables con respecto a la concordancia con el nombre y el significado que aportan a la oración. Así, por ejemplo, *extra* puede ir en singular o plural cuando significa "adicional" como en *horas extra* u *horas extras*. En cambio, cuando *extra* se refiere a "superior" (tanto en calidad como en tamaño) se usa en singular, sin variación de número, como en *compro huevos extra* o *solo uso aceites extra*. El adjetivo *clave* puede permanecer invariable o adoptar también la forma plural: *temas clave* o *temas claves*, *puntos clave* o *puntos claves*; las dos opciones son válidas. La RAE (2005) en el *Diccionario panhispánico de dudas* aclara que cuando la expresión admite el verbo *ser*, en una estructura copulativa, como en *los temas son claves, los puntos son claves*, el adjetivo tiende a formarse en plural, concordando con el sustantivo plural al que acompaña.

En otras construcciones similares formadas por dos sustantivos cuando el segundo funciona como adjetivo del primero, solo el primer sustantivo lleva marca de plural como en estos ejemplos de la RAE (2005): *horas punta, faldas pantalón, ciudades dormitorio, pisos piloto, coches cama, sofás cama, niños prodigio, noticias bomba, coches bomba, casas cuartel*, etc. Estas unidades no admitirían la estructura copulativa con el mismo valor semántico **horas son puntas, *las faldas son pantalones, *las ciudades son dormitorios*; por esa razón, solo el primer elemento va en plural.

1.1.3 El verbo

Los verbos también constituyen una clase abierta y son palabras variables con una flexión compleja para indicar tiempo (presente, pasado y futuro), modo (indicativo, subjuntivo, imperativo y condicional), aspecto (perfectivo e imperfectivo), persona (primera, segunda y tercera) y número (singular y plural). Los verbos concuerdan con el sujeto oracional en persona y número. En cuanto a su significado, nos informan de lo que hace el sujeto o le sucede al sujeto. Pueden expresar una acción, un proceso, un estado que realiza o sufre el sujeto. Se pueden agrupar en distintas tipologías.

¿Cómo se estructuran las oraciones? Conceptos básicos

Por su significado, las dos clases más importantes residen en la distinción entre copulativos (o atributivos) y predicativos. Cuando no son copulativos, son predicativos y viceversa.

a) Los verbos **copulativos** son *ser* y *estar* además de otros que pueden funcionar de forma similar a ellos como *andar, continuar, encontrarse, quedarse, parecer, ponerse, seguir, resultar, volverse*, etc., por ello, se les denomina *semicopulativos* (o *semiatributivos*). Por ejemplo, *continúa enfermo, se encuentra enfermo, parece enfermo*. Los verbos copulativos van seguidos de un adjetivo normalmente, pero, en algunos casos, pocos, en expresiones idiomáticas o dialectales, *estar* puede ir seguido de un sustantivo (*Ana está pez*, equivalente a Ana no sabe de algo).

b) Los **predicativos** se refieren a los otros verbos que no son copulativos. Pueden agruparse en:
- **Transitivos:** requieren CD, por ejemplo, *Ana lee un libro*.
- **Intransitivos:** no admiten CD, por ejemplo, *Ana lee muy despacio*.
- **Activos:** en general los verbos que no son pasivos. En *Cervantes escribió El Quijote*, el sujeto realiza la acción verbal, es el agente, y *escribió* está en voz activa. El español prefiere usar los verbos en voz activa.
- **Pasivos:** van con el verbo *ser* como auxiliar más el participio del verbo que se conjuga. El sujeto padece, sufre la acción verbal, es el paciente, *El Quijote fue escrito por Cervantes*. En español se utilizan poco los verbos pasivos, normalmente aparecen en el campo periodístico o cuando no se quiere indicar quién es en realidad el sujeto agente de la acción. Hay una gran preferencia por utilizar verbos activos en lugar de verbos pasivos en nuestra lengua.
- **Reflexivos y recíprocos.** Los reflexivos expresan una acción que hace y recae en el sujeto. Necesitan obligatoriamente los pronombres *me, te, se, nos, os*, por ejemplo, *me ducho, te peinas, nos levantamos*, etc. Los recíprocos funcionan igual que los reflexivos, pero la acción la realizan entre dos o más personas,

por ejemplo, *los novios se besan, los amigos se abrazan, Ana y Luis se quieren mucho*, etc. Son siempre transitivos.
- **Auxiliares**: carecen de valor léxico y acompañan a un verbo principal. *Haber* sirve para formar los tiempos compuestos (*he comido, había estudiado, habré salido*) y *ser* se usa en la voz pasiva (por ejemplo, *fuiste elegido, eres amado*).
- **Modales**: son fundamentalmente cinco, *deber, querer, poder, saber y soler*. Van seguidos de un infinitivo formando una *perífrasis verbal*, por ejemplo, *no debes fumar aquí*. A diferencia de los verbos auxiliares, los verbos modales sí aportan significado; expresan la actitud que tiene el hablante ante una acción.

Por su flexión o conjugación, se pueden distinguir otros tipos de verbos.

c) **Regulares e irregulares**: cuando la raíz permanece invariable son regulares, por ejemplo, el verbo *amar, comer, vivir*. Cuando hay cambios en la raíz son irregulares, por ejemplo, *tener, tengo, tuve, tendría; saber, supo, sepa; ser, soy, fui, siendo*, etc.

d) **Defectivos**: se conjugan solo en algunos modos, tiempos y personas, por lo cual tienen una conjugación incompleta, por ejemplo, *gustar, ocurrir, molestar, nevar, llover, soler, suceder*, etc.

e) **Impersonales**: se conjugan solo en la tercera persona singular y aluden a fenómenos atmosféricos, por ejemplo, *amanecer, diluviar, llover, nevar, relampaguear*, etc.

Los verbos tienen tres formas no personales: el infinitivo, terminado en -*ar*, -*er*, -*ir*, (*estudiar*), el gerundio, en -*ando*, -*iendo* (*estudiando*) y el participio, en -*ado*, -*ido* (*estudiado*). Se constituyen como formas no personales porque no van conjugados y no indican de qué persona se trata. Estas tres formas pueden aparecer en perífrasis verbales, por ejemplo, *quiero salir de paseo, continúa leyendo, tengo entendido*.

1.1.4 *El adverbio*

El adverbio pertenece a una clase de palabras invariables. Solo los adverbios terminados en -*mente* (*lentamente, literalmente*) son una clase abierta, el resto es una clase cerrada. Modifican y acompañan al verbo (*habla poco*), al adjetivo (*es muy lento*) o a otro adverbio (*come muy lentamente*). Indican nociones relativas al modo, tiempo, lugar o cantidad del elemento al cual modifican.

1.1.5 *El determinante*

El determinante constituye una clase cerrada, pero tiene variación formal de género y número que adquiere por concordancia con el sustantivo (por ejemplo, *el, la, los/as*; *un, una, unos/as*; *ese, esa, esos/as*, etc.). Los determinantes acompañan al nombre y modifican su significado. Determinan o especifican al nombre común o a otra categoría que desempeñe la función de un nombre, como un verbo en infinitivo (*el saber*). Según la gramática tradicional también se les denomina *adjetivos-determinantes*. Se pueden distinguir varias clases de determinantes.

- **Artículos** definidos como *el, la, los, las*; indefinidos como *un, una, unos, unas*. En algunas ocasiones el artículo puede ir precedido por otra palabra, el predeterminante, como en *todo el día*.
- **Demostrativos**: *este, ese, aquel* y sus variantes.
- **Posesivos**: *mi/s, tu/s, su/s, nuestro/a/s, cuyo/a/s*, etc.
- **Numerales**: pueden ser cardinales, *un, dos, tres*, u ordinales, *primero, segundo, tercero*, etc. También se clasifican como determinantes cuantificadores.
- **Indefinidos**: *algún, ambos, cada, cierto, cualquier, escaso, mucho, ningún, poco, tal, todo/s, varios*, etc. En algunas gramáticas también se les denomina *cuantificadores* o *intensivos*.
- **Interrogativos** y **exclamativos**: son determinantes cuando acompañan al nombre, *qué, cuánto, cuál*, etc. Ejemplos: *¿qué edad tienes?, ¿cuántos jugadores?, ¿cuál coche prefieres?* Los exclamativos van siempre marcados por los signos de exclamación: *¡qué problema!, ¡cuántas vacaciones te dieron!*

1.1.6 El pronombre

El pronombre sustituye al nombre. Pertenece a una clase de palabras cerrada y es variable, ya que tiene flexión de número (singular y plural, *ella/as, esta/s*) y género (masculino, femenino, y algunos, neutro como *ese, esa, eso*). Otros también tienen flexión de persona (primera, segunda y tercera, por ejemplo, *mío, tuyo, suyo*). Los pronombres personales, además, presentan la variación de caso, es decir, varían según la función que desempeñen en la oración, por ejemplo, si funcionan como un sujeto de primera persona, *yo*, como un complemento directo o indirecto *me*, etc. A diferencia de los nombres, no poseen un significado léxico inherente, sino que adquieren su significado según el contexto lingüístico o extralingüístico en el que aparecen. También se diferencian de los nombres y determinantes en que los pronombres aparecen por sí solos, constituyendo su propio sintagma (*ese libro es <u>tuyo</u>, dame <u>eso</u>, <u>nadie</u> me entiende, no tengo <u>ninguno</u>, ¿<u>quién</u> llamó?*).

Se distinguen diferentes clases de pronombres, las cuales resultan muy similares a las de los determinantes:

- **Personales**: *yo, tú, él, mí, nos, os, le(s), lo(s), la(s), vos*, etc.
- **Demostrativos**: *ese, este, aquel, eso, esto, aquello*, etc. Nótese que los pronombres demostrativos no necesitan tilde desde el 2010, cuando la RAE decretó que no era necesaria en su *Ortografía de la lengua española*. Estos términos iban tildados en contra de las normas de acentuación para diferenciar los pronombres de los adjetivos demostrativos. En conclusión, los pronombres demostrativos deberán escribirse, en todos los casos, sin tilde.
- **Posesivos**: *mío, tuyo, suyo, nuestro, vuestro* y variantes.
- **Numerales**: *uno, dos, tres, primero, segundo, tercero*, etc.
- **Indefinidos**: *alguien, alguno, nada, nadie, ninguno*, etc.
- **Relativos**: *cual, cuyo, que, quien*, etc.
- **Interrogativos**: *cuál, cuánto, qué, quién*, etc.
- **Exclamativos**: *cómo*, cuánto, *qué, quién*, etc.

¿Cómo se estructuran las oraciones? Conceptos básicos   15

Se necesita distinguir los pronombres interrogativos y exclamativos de los determinantes interrogativos y exclamativos. Los pronombres van solos, los determinantes acompañan al nombre, como en el ejemplo 8:

(8) a. ¡**Cuánto** tarda en llegar! (Pron exc.).   ¿**Qué** quieres comer? (Pron interr.).
    b. ¡<u>Cuánta gente</u> vino a la fiesta! (Det).   ¿<u>Qué plato</u> prefieres? (Det).

1.1.7 La preposición

Las preposiciones sirven como nexos para unir elementos en la oración. Pueden ir con sustantivos, adjetivos, adverbios y verbos en formas no personales. Forman una clase de palabras cerrada e invariable. Se distinguen de las conjunciones en que no pueden introducir directamente oraciones, aunque sí pueden preceder a las conjunciones. En cuanto a su significado, tienen un comportamiento aleatorio: algunas poseen significado propio (como *sin*, *bajo*) que indican claramente la relación entre los elementos que unen, mientras otras no tienen valor léxico o indican un significado muy laxo que depende del contexto (como la preposición *a*). Según la lista oficial de la RAE (2011), el español cuenta con 23 preposiciones:

1. a	6. contra	11. entre	16. por	21. tras
2. ante	7. de	12. hacia	17. según	22. versus
3. bajo	8. desde	13. hasta	18. sin	23. vía
4. cabe	9. durante	14. mediante	19. so	
5. con	10. en	15. para	20. sobre	

1.1.8 La conjunción

Al igual que las preposiciones, las conjunciones sirven de enlace entre las unidades oracionales y forman una clase cerrada e invariable. Pueden unir palabras, sintagmas y oraciones. Lo pueden hacer entre elementos jerárquicamente equivalentes, conjunciones *coordinantes*, o entre elementos subordinados entre sí, conjunciones *subordinantes*. Su significado depende del tipo de vinculación que desempeñan entre las palabras que relacionan. Por ejemplo, pueden indicar adición, oposición o alternativa (las coordinantes) y causa, consecuencia, finalidad, condición u oposición (las subordinantes). Véanse las más frecuentes a continuación.

a) Conjunciones **coordinantes**:
- Adversativas (contraposición): *pero, aunque, mas* (de poco uso, en algunos dialectos obsoleta), *sino, siquiera*.
- Copulativas (adición, suma): *y, e, ni*.
- Disyuntivas (opción): *o, u, o bien*.
- Distributiva (alternancia): se repiten normalmente dos veces, *bien... bien, este... ese, unos... otros, ya... ya*, etc.
- Explicativas: *es decir, esto es, o sea*, etc.

b) Conjunciones **subordinantes**:
- Causales (causa, motivo): *porque, puesto que, pues, ya que, que*, etc.
- Comparativas (comparación): *así como, como, igual que, más que, menos que*, etc.
- Concesivas (dificultad para la acción): *aunque, a pesar de que, si bien, por más que*, etc.
- Condicionales (condición): *si, a menos que, con tal (de) que, dado que, siempre que*, etc.
- Consecutivas (consecuencia): *así, así que, conque, luego, tan, tanto que*, etc.
- Finales (objetivo): *a que, para que, para, a fin de que, que*, etc.
- Temporales: *apenas, antes, antes de que, cuando, en cuanto, mientras*, etc.

Muchas de ellas aparecen en grupos de palabras o **locuciones conjuntivas** funcionando como nexos, como, por ejemplo: *ahora que, de manera que, de suerte que, luego que, puesto que, ya que*, etc.

1.1.9 La interjección

Algunos lingüistas añaden la interjección a las ocho clases de categorías. Las interjecciones son palabras aisladas que forman por sí solas un enunciado exclamativo independiente, por ejemplo *¡ah!, ¡anda ya!, ¡guau!, ¡toma ya!, ¡uy!, ¡vamos!*, etc. Se usan para llamar la atención, expresar un sentimiento (desinterés, sorpresa, admiración, fastidio), para saludar, animar, y para imitar un sonido. Funcionan como una oración completa, por lo tanto, no son parte de una oración ni desempeñan ninguna función como las demás categorías gramaticales (por ejemplo, sujeto, complemento directo, etc.).

Algunas palabras pueden desempeñar varias categorías según la oración, por ejemplo, *poco*. Puede ser un pronombre, un adverbio de cantidad y un determinante indefinido (si acompaña a un nombre). Compárense los ejemplos respectivamente: *¿tienes dinero? Sí, un poco* (pronombre); *Ana come poco* (adverbio); *hace poco tiempo* (determinante). Otro ejemplo sería *rápido* que puede ser adjetivo o adverbio, *Luis es rápido* frente a *Luis corre rápido* (por *rápidamente*). Es importante analizar cada oración en particular a la hora de estructurar las categorías.

1.1.10 Locuciones

Las locuciones son construcciones de dos o más palabras que actúan como una unidad gramatical con un solo significado. Por separado, cada uno de los términos cuenta con un significado propio, pero en conjunto pueden adquirir otro sentido que no tiene por qué ser igual. A la hora de enlazar ideas, estas locuciones resultan muy útiles tanto en la expresión oral como en la escrita. Contamos con muchos tipos según lo que indiquen.

  a) Las locuciones **adverbiales** cumplen la misma función que un adverbio y, por tanto, se utilizan para expresar una circunstancia de la acción verbal. En general, acostumbran a estar formadas por una preposición más un sustantivo, adjetivo o adverbio. Las clasificamos igual que los adverbios y, por tanto, pueden ser de lugar, tiempo, modo, cantidad, duda, afirmación y negación.
  - De lugar: *a lo lejos, al final, al lado, de/desde lejos, de cerca, en alto, en bajo, en la cola, por delante, por detrás, por encima*, etc.
  - De tiempo: *a mediodía, a menudo, a veces, al amanecer, al anochecer, al atardecer, al fin, al instante, de cuando en cuando, de*

día, de madrugada, de noche, de pronto, de repente, de vez en cuando, hoy en día…
  - De modo: a *ciegas, a escondidas, a hurtadillas, a la moda, a pie, a sabiendas, a tontas y a locas, como si nada, de par en par, de vuelta y vuelta, para colmo, poco a poco, sin más ni más…*
  - De cantidad: *al menos, algo así, de mucho, de poco, ni más ni menos, poco menos, por lo menos, por mucho, por poco, poco más…*
  - De duda: *a lo mejor, al parecer, casi seguro, en apariencia, en el mejor/peor de los casos, por ahí, tal vez…*
  - De afirmación: *desde luego, en efecto, en verdad, por supuesto, sin duda, sin duda alguna…*
  - De negación: *de ninguna manera, en mi vida, ni loco, ni por esas, nunca jamás*, etc.

b) Las locuciones **conjuntivas** cumplen la función de conjunción y, por tanto, sirven para unir varios elementos de la oración. Suelen establecer relaciones de subordinación con distintos significados, por ejemplo, *dado que, puesto que* o *ya que* indican un sentido causal; *por eso/ello, por lo tanto, por consiguiente*, una relación consecutiva. Muchas se forman con adverbios y participios seguidos de la conjunción *que: a fin de que, ahora que, a pesar de (que), así que, así como, con tal (de) que, de manera que, lo mismo que, luego que, no obstante, por más que, una vez que, visto que*, etc.

c) Locuciones **preposicionales** actúan igual que una preposición y en su composición siempre se encuentra una o más de ellas: *a causa de, a favor de, acerca de, alrededor de, a lo largo de, a pesar de, a través de, con vistas a, encima de, enfrente de, detrás de, debajo de, en vez de, gracias a, lejos de, junto a, por culpa de, por delante de, rumbo a*, etc.

1.1.11 Perífrasis verbales

Las perífrasis verbales se componen de dos o más formas verbales que funcionan como un solo verbo. A menudo van enlazadas por un elemento gramatical que es una preposición (frecuentemente *a* y *de*) como en *voy*

¿Cómo se estructuran las oraciones? Conceptos básicos 19

a llamarte, acaba de salir o por el nexo *que*. Por ejemplo, *tengo que estudiar* es una perífrasis formada por los verbos *tener* y *estudiar*; sin embargo, desde una perspectiva sintáctica, funciona como una forma verbal simple. El significado de las perífrasis varía; pueden indicar obligación, posibilidad, frecuencia, repetición, duración, etc. A veces pueden resultar de la combinación de solo dos verbos. Dependiendo del segundo verbo pueden

Cuadro 1.1. Resumen de todas las categorías de palabras y abreviaciones con ejemplos

Categorías y abreviaciones	Ejemplos
1) **Nombre, N**	*Ana, biblioteca, felicidad, café, casa, libro, policía…*
2) **Adjetivo, Adj**	*blanco, difícil, extra, normal, similar, próximo, tanto, tal, terrible…*
3) **Verbo, V**	*amar, leer, separar, sostener, substituir, robar, visitar…*
4) **Adverbio, Adv**	*absolutamente, bastante, cerca, exactamente, lejos, mucho, muy, tan…*
5) **Determinante, Det**	*algún(a/s/os), cada, el, este, mi, todos, tu, tres, un, varios…*
6) **Pronombre, Pron**	*alguno, ella, eso, esto, mío, nada, nadie, ninguno, suyo, ti, uno, ocho…*
7) **Preposición, Prep**	*a, ante, bajo, con, contra, de, desde, durante, para, por, sin, sobre…*
8) **Conjunción, Conj**	*aunque, como, e, y, ni, o, u, pero, porque, que, si, tanto… como…*
9) **Interjección, Int**	*¡adiós!, ¡ay!, ¡ajá!, ¡bravo!, ¡eh!, ¡hey!, ¡lástima!, ¡ojalá!, ¡olé!, ¡uf!…*
10) **Locuciones, Loc**	*a fuerza de, al tanto, a las tantas, con tal de que, de verdad, en realidad, en resumen, entretanto, ni más ni menos, por lo visto, por último, sin embargo, sin más ni más, tan pronto como, tal cual…*
11) **Perífrasis verbales, PV**	*anda enamorada, quedó resuelto, quiero ir a verte, puedes venir, sabemos esquiar, solemos ir, tengo entendido, termina de comer…*

distinguirse entre perífrasis de infinitivo (*suelo leer*), de gerundio (*sigue leyendo*) y participio (*viene dormido*). Véanse algunas combinaciones posibles a continuación.

- De duda o posibilidad: *puedes venir, puede que llueva, debe de ser, viene a costar.*
- De obligación: *tienes que comer, debes estudiar, hay que trabajar, has de leer.*
- Durativas: *anda diciendo, estás estudiando, continúa comiendo, lleva duchándose, sigue insistiendo, voy corriendo.*
- Incoativas (acción que empieza en ese momento preciso): *se echó a reír, empieza a hacer frío, me pongo a estudiar, rompió a llorar, estoy a punto de salir.*
- Reiterativas: *volvió a llamar.*
- Terminativas: *acaba de llamar, dejó de llover, para de beber*, etc.

En resumen, podemos ilustrar todas las categorías (tipos de palabras) y sus abreviaciones en el cuadro 1.1.

1.2 ¿Qué son los sintagmas?

Las palabras se agrupan entre sí en torno a un núcleo para formar unidades de significado que constituyen oraciones. Según sea el núcleo o la palabra central en ese grupo así será el sintagma. Si el núcleo es un nombre, entonces tendremos un sintagma nominal como en *la casa rosada*; si el núcleo es un adjetivo, entonces un sintagma adjetival como en *bastante enfermo*. Las posibilidades de combinación dependen de las características intrínsecas de las palabras de una lengua determinada. Así, por ejemplo, en español, podemos combinar un adverbio con otro adverbio, *muy temprano*, formando así un sintagma adverbial. En resumen, el sintagma es un conjunto de signos lingüísticos (palabras) que, agrupados en torno a un núcleo, forman una unidad funcional en la oración (Gago 1990: 11).

¿Cómo se estructuran las oraciones? Conceptos básicos

Los sintagmas se comportan como un todo que desempeña una función sintáctica dentro de la oración, por eso, se dice que son constituyentes o partes de las oraciones. Estos constituyentes pueden descomponerse a su vez en otros constituyentes menores, de tal manera, que un sintagma puede estar compuesto a su vez por la combinación de otros sintagmas. Pueden estar formados por una o más palabras. Todos ellos tienen un núcleo, que es el que determina sus características combinatorias. Los núcleos de un sintagma pueden ser nombres, adjetivos, verbos, adverbios y preposiciones, que forman sus correspondientes sintagmas: sintagma nominal (SN), sintagma adjetival (SAdj), sintagma verbal (SV), sintagma adverbial (SAdv) y sintagma preposicional (SPrep).

Salvo los sintagmas preposicionales donde las preposiciones acompañan siempre a otras palabras, los otros sintagmas pueden formarse por una única palabra, el núcleo. Véanse ejemplos de oraciones con los cinco tipos de sintagmas subrayados.

a) SN: *Ana es mayor; el libro costó caro; no queda ninguno; cayó mucha nieve; compré un álbum de fotos; fumar es nocivo para la salud; Lis, mi mejor amiga, está enferma; hace calor.*

b) SAdj: *el ejercicio es fácil; tengo una bicicleta nueva; Luis parece enfermo; estoy completamente seguro; ha escrito muchas novelas; vamos el próximo lunes.*

c) SV: *llueve; vive aquí; llegó tarde; no nieva en esa ciudad; me gusta el frío; Ana está mal.*

d) SAdv: *vino pronto; come deprisa; lee muy lentamente; se encuentra bastante bien.*

e) SPrep: *está bajo la mesa; fue a la biblioteca; el hermano de Ana vive aquí; paseó por el parque; prefiero café con leche; viajan en tren; esto es para ti; sin gafas no veo nada; se me escurrió por entre los dedos; pensión de por vida.*

Los nombres, adjetivos, verbos y adverbios admiten otros complementos, por eso, a su vez, los núcleos de los sintagmas pueden ir acompañados de otras palabras. De tal forma que, a veces, las estructuras de los sintagmas llegan a alcanzar un alto grado de organización y complejidad a varios niveles. Véanse los siguientes ejemplos de sintagmas:

(9) a. *casa* (SN)
  b. *la casa blanca* (SN + SAdj)
  c. *la casa blanca de mi hermano* (SN + SAdj + SPrep + SN)
  d. *la casa blanca de mi hermano mayor* (SN + SAdj + SPrep + SN + SAdj)

e. *la casa blanca de mi hermano mayor* que *trabaja en Chicago*
(SN + SAdj + SPrep + SN + SAdj + claúsula con SV + SPrep + SN)
(10) a. *trabaja* (SV)
b. *trabaja mucho* (SV + SAdv)
c. *trabaja mucho los lunes* (SV + SAdv + SN)
d. *trabaja mucho los lunes por las tardes* (SV + SAdv + SN + SPrep + SN)

Ni los determinantes ni las conjunciones forman sintagmas. Los pronombres, en cambio, sí constituyen por sí solos un sintagma nominal. La estructuración de las oraciones en sintagmas obedece a razones jerárquicas de organización; el sintagma es una unidad inferior a la oración de orden superior. Por lo que la nivelización de sintagmas resulta imprescindible en el proceso metalingüístico del análisis sintáctico de oraciones. Vera Luján afirma que "el sintagma adquiere una condición de primera importancia formal al servir sus relaciones de constitución para con la oración precisamente como vía para deducir las funciones sintácticas oracionales" (1994: 24).

A continuación, se explican y ejemplifican los sintagmas sintácticos atendiendo a su funcionalidad y composición. Se detallan los siguientes sintagmas: nominal, adjetival, preposicional, adverbial y verbal.

1.2.1 Sintagma nominal

Los sintagmas nominales tienen por núcleo al nombre o sustantivo que puede ir solo o acompañado de complementos. También puede ser núcleo de un sintagma nominal otra palabra que esté sustantivada como un verbo en infinitivo, un adjetivo o una cláusula. Se le llama sustantivación al proceso de transformar un elemento oracional en sustantivo. Para ello se utilizan determinantes (artículos) frecuentemente con verbos (*el saber no ocupa lugar*) y adjetivos (*lo bueno, lo dicho, lo mejor, lo tuyo*) y, en menos ocasiones, con adverbios (*el ahora, el mañana*).

Los nombres suelen ir acompañados por un determinante (o, a veces, más de uno) y por otros complementos (también llamados *adyacentes*). Esos complementos pueden ser adjetivos (incluyendo las cláusulas adjetivas), participios, otros sustantivos, algunos adverbios (usos muy limitados) y

¿Cómo se estructuran las oraciones? Conceptos básicos

los sintagmas preposicionales. El núcleo-nombre puede ir complementado por otro nombre o SN; este tipo de estructura se llama *aposición* como en *mi vecino Juan, el río Amazonas, hora punta*, o *Barcelona, ciudad olímpica*. Vamos a ver ejemplos de todas estas posibilidades de combinación de un sintagma nominal en 11.

(11) a. *mi libro* (Det + N)
 b. *todo el mundo* (Det$_1$ + Det$_2$ + N)
 c. *los tres mosqueteros* (Det$_1$ + Det$_2$ + N)
 d. *té y café* (N$_1$ + conj + N$_2$)
 e. *otra misión imposible* (Det + N + Adj)
 f. *un buen análisis* (Det + Adj + N)
 g. *un análisis muy bueno* (Det + N + Adv + Adj)
 h. *las leyes aprobadas* (Det + N + Participio)
 i. *las leyes recién aprobadas* (Det + N + Adv + Participio)
 j. *mi hermana Ana* (Det + N$_1$ + N$_2$)
 k. *Luis, tu mejor amigo* (N$_1$ + Det + Adj + N$_2$)
 l. *mar adentro* (N + Adv)
 m. *té con limón* (N$_1$ + Prep + N$_2$)
 n. *el correr del tiempo* (Det$_1$ + N$_1$ (V) + Prep + Det$_2$ + N$_2$)
 o. *las novelas que compraste llegaron* (Det + N + nexo + V$_1$ + V$_2$)
 p. *lo que buscas está aquí* (Det + nexo + V$_1$ + V$_2$ + Adv)

Hay que destacar que los pronombres indefinidos *uno, alguno, ninguno* o los demostrativos neutros *eso, esto aquello*, pueden funcionar como núcleo de un SN. Estas formas se usan como pronombres, o sea, no pueden nunca determinar un sustantivo explícito. Es importante diferenciarlos de los determinantes-adjetivos como en *un libro, algún caso, ningún problema, ese vaso*, que van acompañando al sustantivo.

(12) a. *Hay un libro.* (*Un* = Det).
 b. *No hay ninguno.* (*Ninguno* = SN, Pron).
 c. *Necesito ese libro.* (*Ese* = Det).
 d. *Necesito eso.* (*Eso* = SN, Pron).
 e. *Me gusta esta mesa.* (*Esta* = Det).
 f. *Me gusta esta.* (*Esta* = SN, Pron).

A continuación, véase el diagrama arbóreo para algunos de estos sintagmas nominales en 13–15.

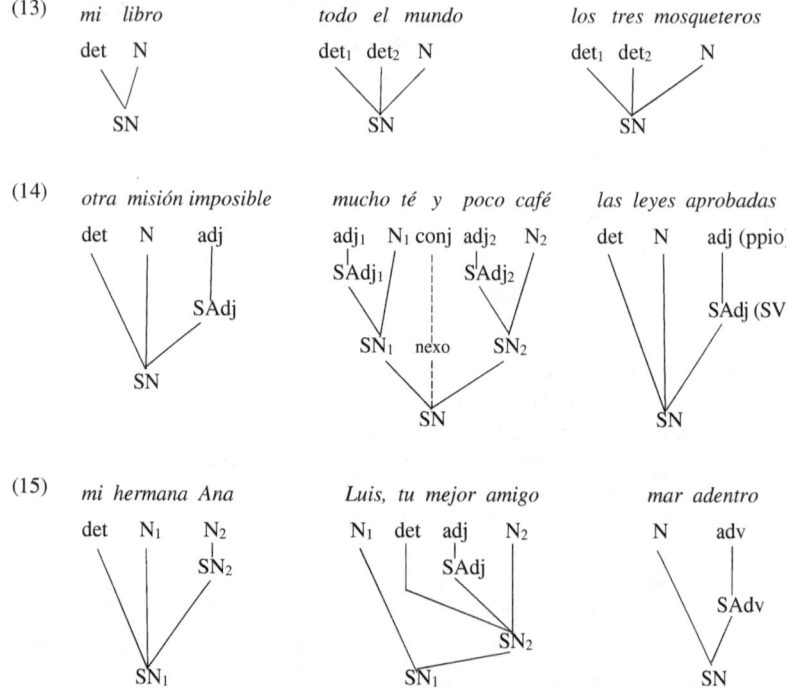

1.2.2 Sintagma adjetival

Los sintagmas adjetivos o adjetivales tienen como núcleo un adjetivo. A veces están formados por más de un elemento, es decir, que el adjetivo-núcleo puede llevar modificadores y complementos. Estos últimos indican el grado o la cantidad que designa el adjetivo, como en *muy feo, realmente bueno, bastante guapo, algo raro*, etc. Estos modificadores pueden estar antepuestos al núcleo. En muchas ocasiones estos modificadores son adverbios de cantidad como *muy, bastante, demasiado, algo, poco*, etc. También los adverbios terminados en *mente* pueden preceder al adjetivo, sin embargo, no todos pueden usarse como complementos adjetivales; solo aquellos que indican noción de grado u otros valores semánticos relacionados con el adjetivo, por ejemplo **recientemente caro* o **seguramente* *barato* no tiene sentido, pero sí *terriblemente aburrido, absolutamente esencial, económicamente desarrollado*.

También pueden modificar al adjetivo sintagmas nominales que indican grado como *cantidad de feo, la mar de guapo, una pasada de caro*, etc. Estas expresiones, aunque formalmente sean sintagmas nominales, cumplen la misma función que un adverbio de cantidad. Además, los adjetivos pueden ir seguidos de sintagmas preposicionales que definen su significado como en *adicta **al** café, lleno **de** azúcar, malo **para** la salud, orgulloso **de** ti, seguro **de** su respuesta*. Véanse a continuación más ejemplos en 16 y algunos diagramas arbóreos en 17.

(16) a. *muy bueno*
b. *bastante más barato*
c. *cantidad de caro*
d. *demasiado fiel a sus amigos*

(17)
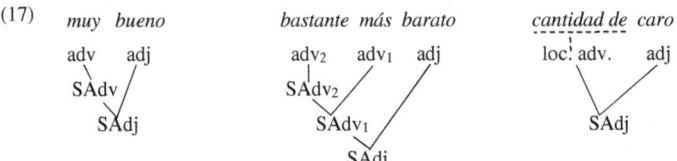

1.2.3 Sintagma preposicional

El sintagma introducido por una preposición se llama sintagma preposicional. La preposición funciona como elemento relacionante y por lo tanto no puede constituirse como núcleo, es decir, mientras que un sintagma nominal puede estar formado por un nombre o el adjetival por un adjetivo como núcleo, el sintagma preposicional siempre está formado por una preposición más su complemento que es obligatorio. En muy pocos casos, las preposiciones pueden utilizarse de forma aislada, sin complemento; solo cuando responden a una pregunta, por ejemplo, *¿vamos al cine? Según, ¿quién más va?*

Las preposiciones, desde el punto de vista sintáctico, se caracterizan por establecer una relación de subordinación entre los términos que relacionan.

Pueden acompañar a los nombres (*el ejemplo del libro*), a algunos adjetivos y adverbios (*alérgico al polen, lejos de aquí*) y a muchos verbos *(dudo de Luis, quedé con Ana, pienso en ti, preguntó por Bea)*. Por lo tanto, pueden ir con un sintagma nominal, adjetival, adverbial y verbal. En su uso más frecuente, las preposiciones introducen un sintagma nominal (*a Ana, de nadie, para mí, por ti, sin tu amigo*), y en otros casos menos frecuentes, introducen un sintagma adjetival o adverbial (*por confiado, para siempre, por allí, desde lejos*). De forma similar, las preposiciones pueden introducir cláusulas subordinadas (*te pregunto por si lo sabes; pienso en venir a verte*).

En algunos casos, un grupo de palabras funciona como una preposición, formando una locución prepositiva: *a causa de, a consecuencia de, a manera de, de acuerdo con, en contra de, con relación a, por amor a,* etc. En estos casos, la locución se analiza como una preposición, de forma unitaria y con una estructura fija, formando un conjunto indivisible. Veamos ejemplos adicionales de sintagmas preposicionales en 18 y algunos análisis arbóreos en 19 y 20.

(18) a. *al artista*
      b. *del libro*
      c. *té con limón*
      d. *la casa de mis padres*
      e. *alérgico al polen*
      f. *en esta casa*
      g. *por demasiado listo*
      h. *lejos de aquí*
      i. *a causa de la crisis*
      j. *por amor al arte*
      k. *estaba seguro de que te vería*
      l. *confío en que pagará la deuda*

(19)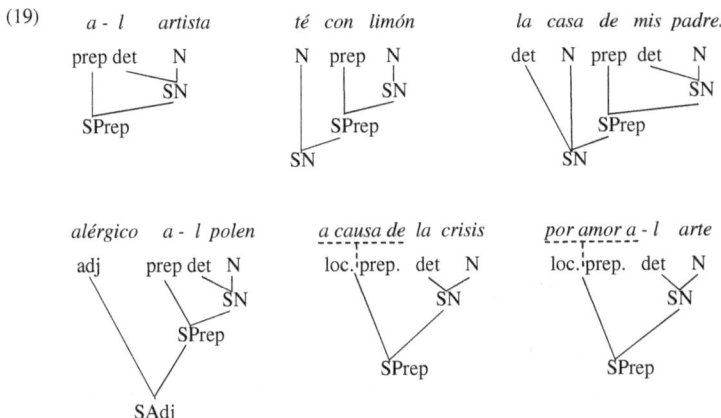

1.2.4 Sintagma adverbial

El sintagma adverbial tiene como núcleo un adverbio. A veces, puede estar formado por un adverbio únicamente (*allí, mañana, lejos*) y, en menos ocasiones, por un adverbio con modificador o con un complemento (*muy despacio, cerca de aquí*). Sus modificadores indican cantidad o grado y son otros adverbios que preceden al núcleo-adverbio (*muy, bastante, demasiado*); a veces puede haber dos modificadores del núcleo (*bastante más lejos*). Con menor frecuencia pueden llevar un complemento preposicional, que solo admiten los adverbios que indican una situación espacial (*debajo de, delante de, detrás de*) o tienen un sentido temporal (*anteriormente a, después de, simultáneamente a*). Veamos más ejemplos en 21 y algunas formas arbóreas en 22.

(21) a. *lento, lentamente*
 b. *demasiado deprisa*
 c. *bastante más cerca*
 d. *menos rápido, rápidamente*
 e. *muy lejos de aquí*
 f. *después de tu operación*

(22)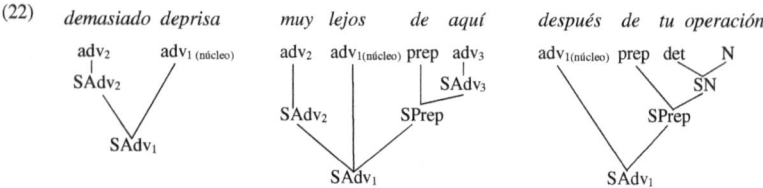

1.2.5 Sintagma verbal

Se denomina sintagma verbal aquel que tiene como núcleo un verbo. Los verbos pueden llevar varios complementos, como los complementos directo e indirecto, predicativo, de régimen, los circunstanciales y otros. Pueden ir acompañados de un adjetivo, un adverbio o complementos con preposición. El verbo con sus complementos forma el predicado. Véanse ejemplos de sintagmas verbales a continuación en 23 y una selección de diagramas arbóreos en 24 y 25.

(23) a. *Juan no trabaja.*
b. *Ana es alta.*
c. *Luis está en su casa.*
d. *Llueve mucho.*
e. *Vi a Lisa ayer.*
f. *Rosa lee una novela policíaca.*
g. *Eli le trajo un regalo a su tía.*
h. *Las patatas y los tomates se los comió ayer mi hermano.*

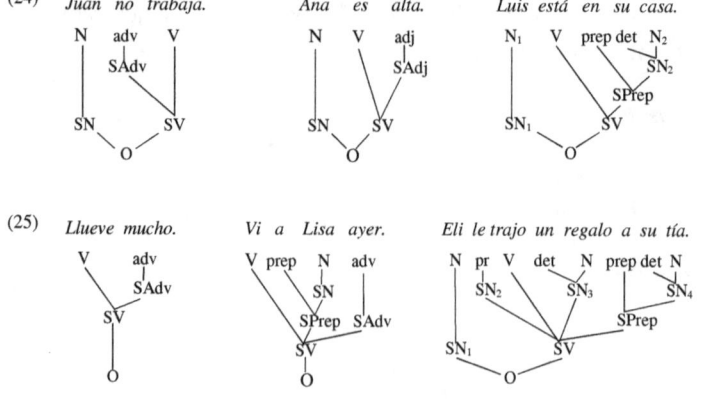

¿Cómo se estructuran las oraciones? Conceptos básicos   29

Cuadro 1.2. Resumen de todos los tipos de sintagmas con ejemplos

Sintagmas	Ejemplos
1) **Sintagma Nominal** SN	*la copa de vino; los vasos blancos; el hombre del traje azul marino; mar adentro; mi hermana y su novio; todos los días; tu hermano Luis; café con leche; estos dos estudiantes; Isa, la novia de mi mejor amigo; lo peor; el gris; el ayer; el sí...*
2) **Sintagma Adjetival** SAdj	*alto; bastante rico; demasiado caro; completamente falso; poco dulce; muy malo; tan alto; fiel a sus amigos; adicto al café, alérgico al polen; muy seguro de su respuesta...*
3) **Sintagma Preposicional** SPrep	*a ella; al final; ante todo; bajo cero; con calma; de pronto; en casa, en contra; para mí; hacia la una; hasta tarde; por miedo, sin ti; sobre cero; tras la puerta...*
4) **Sintagma Adverbial** SAdv	*ayer; mal; no; sí; bastante bien; demasiado tarde; lenta y pausadamente; más pronto; muy deprisa; nunca jamás; después del accidente; lejos de aquí...*
5) **Sintagma Verbal** SV	*dímelo; llueve; nieva mucho en Rusia; no me gusta nada; nunca me lo dijo; siempre estudia por la noche...*

A continuación, sigue un resumen de todos los sintagmas y sus abreviaciones con ejemplos adicionales en el cuadro 1.2.

1.3 ¿Qué son las funciones? ¿Cómo se distinguen?

En la sección anterior se han clasificado los tipos de palabras en categorías y su agrupación en sintagmas. Ahora queda distinguir cómo las palabras se relacionan entre sí y qué función cumplen en la oración. Las funciones indican quién hace qué, a quién, cuándo, dónde, cómo, por qué, para qué, etc. Todas esas nociones que dependen de la acción verbal, sujeto, complemento directo e indirecto, complemento circunstancial, agente, atributo, aposición, etc., se denominan funciones. Es decir, las funciones describen los diferentes papeles que desempeñan las palabras en una oración al entrar en contacto con otras palabras. Entre las funciones principales o primarias, las cuales afectan a toda la oración y se producen con más frecuencia, se encuentran: sujeto, atributo, complementos directo e indirecto, predicativo y circunstancial. Entre las funciones secundarias, aquellas que afectan a otra función (no a la oración entera), tenemos la aposición y los complementos de nombre, adjetivo y de adverbio. Entre las funciones terciarias o menos frecuentes distinguimos los complementos regido, agente y el vocativo. En los análisis de oraciones se utilizan las abreviaturas de estas funciones. Véanse los ejemplos a continuación que ilustran algunas de estas funciones en 26.

(26) a. <u>Ana</u> *le* trajo <u>un regalo</u> <u>a Juan</u> <u>ayer</u> <u>por su cumpleaños</u>.

Suj CI₁ CD CI₂ CCTiempo CCCausa

b. <u>Luis</u> estudió <u>tres años</u> <u>en Boston</u> <u>para su doctorado</u>.

Suj CCTiempo CCLugar CCFinalidad

c. En abril <u>de 1616</u>, murieron dos genios <u>de la literatura</u>, <u>Cervantes y Shakespeare</u>.

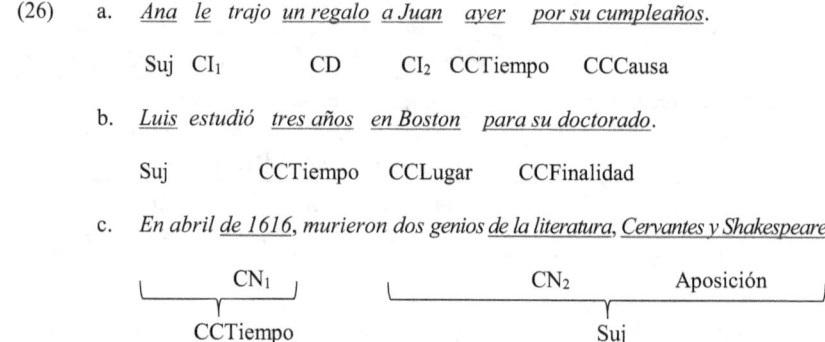

Es importante notar que en muchos análisis de la estructura de las oraciones se parte de la idea del sujeto y el predicado como constituyentes básicos. Los verbos y sus complementos forman el predicado. El sujeto excluye al predicado y viceversa. En los ejemplos anteriores el predicado aparece marcado de color gris. El sujeto constituye el elemento (o elementos) del que se dice algo en la oración a través del predicado, mientras que el predicado es lo que se dice del sujeto (Benito Mozas 1994: 32). Seco aclara que el predicado "corresponde a menudo a la *tesis* de la oración, como el sujeto corresponde al *tema*" (1995: 100).

Nótese que las funciones indican la relación entre las palabras de la oración mientras que las categorías designan el tipo de palabras. Para más información sobre las funciones, léanse los siguientes apartados con descripciones, ejemplos y métodos para distinguirlas entre sí.

1.3.1 Sujeto

El sujeto se define como el protagonista activo o pasivo de la acción verbal, además de ser el que habla del predicado (Vilaplana 2005: 12). Según la definición de Gili Gaya en toda oración se dice algo de alguna persona o cosa, a la cual se le llama *sujeto* (1989: 20). En las oraciones: *Eva es profesora, Lisa fuma mucho, mi perro se llama Leo, la mano te la lame el gato*; *Eva, Lisa, mi perro* y *el gato* son los sujetos. Son personas o cosas de las cuales decimos algo, y por eso, se definen como el sujeto de la oración.

A veces el sujeto se elide porque, en español, la terminación del verbo indica de qué persona se trata. Otras veces, se omite porque ya se sabe por el contexto. La tendencia general por economía lingüística consiste en no mencionarlo (al contrario de otras lenguas como el francés o el inglés donde es obligatorio). Normalmente, cuando se menciona se hace por razones de ambigüedad, énfasis o por razones de estilo (en la poesía, en narraciones literarias, en la dislocación posverbal, etc.). Además, el sujeto tiene bastante flexibilidad de movimiento (de lo que también carecen el francés y el inglés). Así mismo, el sujeto, cuando se nombra, puede ir pospuesto al verbo (por ejemplo, *al gato ya le dio de comer mi vecino, a Luis se lo encontró Ana en el hospital*). Este posicionamiento posverbal del sujeto resulta frecuente con los verbos defectivos como *gustar* (*a mi madre le gustan los dátiles, me encanta el café*, etc.).

En otros casos, por ejemplo, en las oraciones con verbos atmosféricos, no hay sujeto y, por lo tanto, son oraciones impersonales, sin persona o sujeto, como en *nieva poco aquí, llueve mucho, granizó toda la noche*, etc. Véanse algunos ejemplos de sujeto (subrayado) en 27.

(27) a. *Cela ganó el Premio Nobel.*
 b. *Mi amigo se llama Lolo.*
 c. *Vamos al parque.* (Sujeto elidido: nosotros).
 d. *Se marchitaron las rosas y las amapolas.*
 e. *Murió aquí Ramón y Cajal, ganador del Premio Nobel de Ciencias en 1906.*
 f. *Me molestan tus malos modales.*
 g. *Lo barato sale caro.*
 h. *Ir es un verbo.*

i. *Me preocupa que no estudies.*
j. *Quien fue a Sevilla perdió su silla.*

El sujeto puede venir representado por un sustantivo, un pronombre, un adjetivo sustantivado, un infinitivo, una cláusula sustantiva y cualquier forma léxica que se use en metalenguaje como *iba es imperfecto*. El sujeto nunca lleva formas preposicionales exceptuando *entre* y *hasta* o la locución *alrededor de*, las cuales, en estas situaciones, pierden su sentido prepositivo y ganan un matiz enfático.

(28) a. *Ana y yo escribimos el ensayo. Entre Ana y yo escribimos el ensayo.*
b. *El alcalde vino a la boda. Hasta el alcalde vino a la boda.*
c. *Llegaron 50 personas a la fiesta. Llegaron alrededor de 50 personas a la fiesta.*

¿Cómo se reconoce el sujeto entre otras funciones?

El método más extendido consiste en preguntar *quién* o *qué* al verbo. *Quién* funciona cuando el sujeto se trata de una persona y *qué* si se trata de una cosa. A veces estas preguntas coinciden para distinguir otras funciones, por lo que se tiene que recurrir a la semántica, ¿es el sujeto el protagonista de la acción verbal?, ¿es de lo que habla el predicado? Por otro lado, ¿lleva preposición? El sujeto generalmente no lleva preposiciones. Por último, la técnica más fiable es la de la concordancia: ¿cambia el verbo si cambiamos el número del sustantivo? Por ejemplo, en *te duele la cabeza*, *la cabeza* es sujeto del verbo *doler*; si cambiamos esta palabra por *las muelas*, el verbo cambia a *duelen*, *te duelen las muelas*. La concordancia en este ejemplo se produce en número (singular o plural) entre el sujeto y su verbo. En la mayoría de los verbos regulares la concordancia afecta a la persona y al número. En el ejemplo *crece la flor*, el sujeto es *la flor*; en *crecen las flores*, *las flores*; en *crecí 5 centímetros*, el sujeto elidido es *yo*.

La función de sujeto se considera una de las más importantes y, cuando no existe, caracteriza las estructuras impersonales. García identifica el sujeto como "la primera función central" a la cual le siguen las funciones de los complementos directos e indirectos, por ese orden (1991: 406); también añade que son estas funciones sintácticas centrales (sujeto, CD y CI) las que "designan aquellas entidades que hacen relevante la predicación" (1991: 407).

1.3.2 Atributo

El atributo enuncia o explica cualidades del sujeto a través de un verbo copulativo o atributivo. Los verbos copulativos son *ser* y *estar* y se llaman así porque, en realidad, funcionan como una cópula entre el sujeto y su atributo, sin tener mucha carga semántica. Además del sustantivo, otras palabras pueden representar la función de atributo como el adjetivo (o un participio funcionando como adjetivo), el pronombre, un adverbio, una cláusula subordinada y un infinitivo. Véanse algunos ejemplos de atributo en 29 y 30.

(29) a. *Eva es profesora.*
 b. *Isa está enferma.*
 c. *El problema está resuelto.*
 d. *Mi casa es esta.*
 e. *Mi madre es así.*
 f. *Ana es la que se levantó.*
 g. *Eso es vivir.*

Además de los verbos copulativos *ser* y *estar*, existen otros verbos llamados *semicopulativos* o *semiatributivos* que forman una estructura muy similar y van con un atributo que, en este caso, se denomina complemento predicativo (léase el siguiente apartado). *Encontrarse, quedarse, llamarse, ponerse, resultar, verse*, son ejemplos de estos tipos de verbos. El verbo *parecer* se incluye entre los semicopulativos (Bello y Cuervo 1948; RAE 1973; Gili Gaya 1989) aunque algunos manuales lo consideran copulativo al mismo nivel de *ser* y *estar* (Acebo 2005; Vilaplana 2005), ya que admite la sustitución por *lo* (RAE 2005: 771). Para nuestros análisis *parecer* se identifica como semicopulativo.

¿Cómo se distingue el atributo de otras funciones?

En primer lugar, hay que fijarse si tenemos un verbo copulativo en la oración y en segundo lugar si ese elemento admite la sustitución por *lo*, por ejemplo, en *Sam es estudiante, estudiante* se puede sustituir por *lo*, *Sam lo es*, o *Luis está cansado, lo está*. Semánticamente, el atributo añade una característica al sujeto mediante un verbo cópula que sirve de unión o puente entre ellos.

1.3.3 Complemento predicativo

El complemento predicativo puede definirse como una variante del atributo cuando en la oración tenemos verbos semicopulativos. Esta función complementa al verbo y también al sujeto; en algunas ocasiones también puede complementar al complemento directo. Como el atributo, la mayoría de las veces está formado por un adjetivo o un participio que funciona como adjetivo; otras por un sustantivo y, en menos ocasiones, por un sintagma preposicional. La RAE define esta función como adjetivo que enuncia una cualidad o estado del sujeto, pero significa conjuntamente "una modificación adverbial del verbo" (1973: 514). Demonte define los predicativos como constituyentes que modifican simultáneamente al predicado verbal y a un sintagma nominal de la misma oración (típicamente, al sujeto y al complemento directo sintáctico), con cuyo núcleo concuerdan en género y número (1999: 2463) y aportan este ejemplo *Irene sonrió contenta*, donde *contenta* complementa tanto a *Irene* como a la acción de sonreír. Véanse algunos ejemplos de este complemento en 30.

(30) a. *Ana vino borracha.*
b. *Sara se siente muy cansada.*
c. *Me votaron presidenta.*
d. *Dibujó a su novio desnudo.*
e. *Dibujó a su novio con bigote.*
f. *A Juan lo seleccionaron mejor jugador del año.*

¿Cómo se reconoce el complemento predicativo entre otras funciones?
    Primero hay que fijarse que enuncia características del sujeto (o del complemento directo), concordando en género y número. Segundo, se le puede hacer la pregunta ¿cómo? al verbo, en *Ana vino borracha*, ¿cómo vino Ana?, *borracha*. En este caso, no se debe confundir con un complemento circunstancial de modo, ya que concuerda con el sujeto (o el complemento directo). En *Isa guardó la falda sucia*, ¿cómo la guardó?, *sucia* se refiere a la *falda*, palabra femenina y singular. Tercero, ¿qué tipo de verbo acompaña a esta función? Necesitamos un verbo semicopulativo. Tampoco se debe confundir con el atributo, el cual aparece con *ser* y *estar* y, además, admite

¿Cómo se estructuran las oraciones? Conceptos básicos   35

la sustitución por *lo*; dicha sustitución no es posible con el complemento predicativo, a excepción del verbo *parecer*. Léanse los ejemplos de 31 para comparar el complemento predicativo con el atributo.

(31)   a.   *La niña duerme <u>tranquila</u>.*   *La niña es/está <u>tranquila</u>.* (Atr: *la*
              (CPred).   *niña lo es*).
       b.   *Vi a Isa <u>nerviosa</u>.* (CPred).   *Isa es/está <u>nerviosa</u>.* (Atr: *lo es/está*).
       c.   *Ana se quedó <u>dormida</u>.* (CPred).   *Ana está <u>dormida</u>.* (Atr: *lo está*).
       d.   *El médico parece <u>amable</u>.*   *El médico es <u>amable</u>.* (Atr: *lo es*).
              (CPred: *lo parece*).

Por otro lado, no debe interpretarse como un complemento del nombre. El complemento predicativo, a diferencia del complemento del nombre, es una función independiente; puede separarse de la palabra a la cual modifica (en el caso de que acompañe a un complemento directo), e incluso anteponerse al resto de la oración por cuestiones estilísticas y de énfasis, por ejemplo:

(32)   a.   *Me devolviste el libro <u>roto</u>.*
       b.   *Me devolviste <u>roto</u> el libro.*
       c.   *<u>Roto</u> me devolviste el libro.*
       d.   *Eligieron a mi profesora <u>presidenta</u>.*
       e.   *Eligieron <u>presidenta</u> a mi profesora.*
       f.   *<u>Presidenta</u> eligieron a mi profesora.*
       g.   *<u>Presidenta</u> a mi profesora la eligieron.*
       h.   *Lavaste la camisa <u>azul</u>* (CN). **La lavaste <u>azul</u>.   *<u>Azul</u> la lavaste.*

Por último, es importante no confundir los términos de complemento predicativo como función con el de predicado verbal (el verbo y sus complementos) por su similitud en su denominación (predicativo/predicado).

1.3.4   Complemento directo

El complemento directo es aquella parte de la oración sobre la cual recae directamente la acción verbal. Se puede referir a personas o cosas, entidades animadas e inanimadas y, básicamente, limita y concreta el significado del verbo, por ejemplo, podemos *estudiar inglés, hablar un idioma, ayudar a alguien, ver la tele, beber leche, comer uvas, vender una moto, sufrir un accidente, decir algo, escribir un mensaje, recibir un premio*, etc.

Cuando el complemento directo se refiere a una persona, un objeto personificado o una entidad animada y específica requiere la preposición *a* como en *ayudé a mi tío, busco a Juan, detuvieron al criminal, llamé a Ana, saludé a Luis, vi a Sara*, etc. Solo en los casos cuando el complemento directo de persona denota un significado impreciso, genérico o indeterminado se puede omitir la preposición *a*: *busco niñera, necesitamos traductor, veo estudiantes en la plaza*. Por el contrario, cuando se personifican cosas o ideas, se puede utilizar la preposición *a* con el complemento directo, aunque esto ocurre en contextos estilísticos específicos: *el poeta canta a la vida, el general ama a su patria*. Se usa la preposición según el grado de personificación, animacidad y especificidad que le queramos dar a ese concepto inanimado. Con los nombres colectivos surge vacilación: *conozco a esa familia* o *conozco esa familia*; *seguir al ejército* o *seguir el ejército*. Cuando la acción que denota el verbo se ejerce sobre un grupo de personas, predomina el uso de la preposición: *conmover **a** la gente, convencer **al** jurado, reunir **a** la asamblea*.

Para facilitar el aprendizaje en las aulas de español como segunda lengua, a esta preposición *a* del complemento directo de persona o personificado se la ha denominado *a personal*; también recientemente ha surgido el término de *a animada + específica* (Villa García y Sánchez-Llana 2021: 91) menos frecuente pero más preciso.

Pueden ejercer de complemento directo un sustantivo, un pronombre personal átono (*me* y *nos* para la primera persona, *te* y *os* para la segunda y *lo(s)*, *la(s)* para la tercera, además del reflexivo *se*) y un sintagma preposicional (cuando se refiere a personas). Véanse más ejemplos de complementos directos en 33.

(33) a. *Resolvió <u>el problema</u>.*
b. *Terminé <u>la novela</u>.*
c. *No <u>me</u> mires así.*
d. *<u>Lo</u> sabía.*

  e. ¿Conoces <u>a Lola</u>?
  f. El tsunami mató <u>a mucha gente</u>.
  g. No saludaste <u>al profesor</u>.
  h. Busco <u>un gato</u> (–específico, cualquier gato).
  i. Busco <u>a mi gatita</u> (+específico, +emotivo).

La función de complemento directo se requiere para que un verbo sea transitivo. Sin la presencia del complemento directo, no existe la transitividad. Existen miles de verbos que funcionan transitivamente; a modo de ejemplo podemos mencionar algunos como *beber, comer, conocer, construir, decir, dirigir, entregar, escribir, estudiar, hacer, llevar, mirar, saber, saludar, tener, terminar, vender, ver*, etc. Según la definición de la RAE (1973) los verbos transitivos son los verbos que tienen complemento directo. Hay que destacar que todos los verbos reflexivos y recíprocos son transitivos y, por lo tanto, van acompañados siempre de un complemento directo. Estos verbos presentan una forma pronominal, es decir, van acompañados de un pronombre. Verbos reflexivos como *afeitarse, bañarse, ducharse, lavarse, maquillarse, peinarse*, y verbos recíprocos como *abrazarse, besarse, quererse, saludarse*, rigen un complemento directo que, en primer lugar, es el pronombre a no ser que otra palabra en la oración ejerza esa función. Véanse algunos ejemplos de complementos directos con verbos reflexivos y recíprocos en 34.

(34) a. Ana <u>se</u> maquilla todos los días.
  b. Ana se maquilla <u>los ojos</u> todos los días.
  c. Luis <u>se</u> afeita los fines de semana.
  d. Luis se afeita <u>la barba</u> los fines de semana.
  e. Isa y Juan <u>se</u> besan.
  f. Isa y Juan se dan <u>besos</u>.

En algunas oraciones se puede producir la duplicación del complemento directo cuando este va antepuesto al verbo. En ejemplos como *el libro, no lo leí*; *la bici me la robaron*, el pronombre personal átono reduplica el complemento directo para enfatizar esa parte de la oración.

  Cuando el complemento directo de persona con la preposición *a* coexiste con un complemento indirecto, a veces, se pueden producir equívocos como en el ejemplo *Ana presentó a su novio a su padre*. ¿Quién fue presentado a quién? En estos casos, la lengua recurre a dos opciones: el complemento directo aparece situado cerca del verbo para deshacer la ambigüedad, o el complemento directo de persona no lleva la preposición *a*. Estos dos recursos no se emplean de un modo constante, por lo que siempre queda un pequeño margen de posible ambigüedad (Gili 1989: 210). En la gramática de la RAE se aconseja recurrir a la supresión de la preposición *a* delante del complemento directo, diciendo en un caso *presentó su mujer a Juan* y en el otro *presentó Juan a su mujer*; o introduciendo referentes personales átonos: *se la presentó* o *se lo presentó a su muje*r (2002: 348). Véanse otros ejemplos en 35.

(35) a. *La policía entregó al ladrón al FBI.*
b. *Les presenté a Pablo a mis padres.*
c. *Mi hermana les cuidó los hijos a sus amigos.*
d. *El guarda denunció al intruso a la policía.*
e. *Llevó a su hija al doctor.*
f. *Prefiero Ana a Luisa.*
g. *Entregó el recién nacido a sus padres adoptivos.*
h. *Llevar a Dorotea a sus padres.* (Cervantes, *Quijote*, I, 29)
i. *Di a Diana a Don Sancho.* (Tirso de Molina, *El celoso prudente*, II, 7)

Con los verbos *haber* y *tener*, la preposición *a* se elimina, aunque el complemento directo sea humano y animado. En estos casos, *haber* indica existencia y *tener* denota falta de especificación hacia la persona en cuestión. Cuando *tener* acompaña a un complemento directo humano determinado y antepuesto por un artículo definido o un posesivo, la *a* sí se usa. Compárense los siguientes ejemplos de 36.

(36) a. *Hay 30 estudiantes en mi clase.*
b. *No hubo mucha gente en la conferencia.*
c. *Hay pocos niños en mi calle.*
d. *Tengo tres hermanas y dos hermanos.*
e. *Tenía una niñera estupenda, pero se mudó a otra ciudad.*
f. *Tienes a todos tus hijos en la universidad.*
g. *Tenemos a mis suegros de visita.*
h. *Tienen al director del centro trabajando de noche.*

En aquellas oraciones donde, por motivos de énfasis, el complemento directo se antepone al verbo, la reduplicación pronominal se permite (como ocurre con el complemento indirecto) y se necesita obligatoriamente; así, por ejemplo, podemos decir: *ese poema ya lo leí*, *a tu novia la vi ayer en la biblioteca*; *las mandarinas me las comí*; *los muebles los compré en una tienda de segunda mano*. En estos casos, se requiere la reduplicación del complemento directo ya que resulta agramatical decir **ese poema ya leí*; **a tu novia vi ayer en la biblioteca*; **las mandarinas me comí*, etc.

¿Cómo reconocemos el complemento directo?

Esta función es una de las más frecuentes, aunque no siempre resulta fácil delimitarla con claridad. Se puede distinguir al preguntar *qué* o *a quién* al verbo, por ejemplo, *Cervantes escribió el Quijote*, ¿qué escribió?, *el Quijote*; *admiro mucho a Borges*, ¿a quién admiras?, *a Borges*. Otra manera de reconocer el complemento directo es transformando la oración a voz pasiva, entonces, el complemento directo pasa a ser sujeto pasivo, *El Quijote fue escrito por Cervantes*. No obstante, no todos los verbos transitivos pueden admitir una estructura pasiva, en particular, aquellos que no tienen un sujeto agentivo. Por ejemplo, *tengo tres hermanas*, **tres hermanas son tenidas por mí*; *no hay café*, **el café no es habido*. También podemos recurrir a la sustitución pronominal para reconocer esta función, sobre todo cuando se trata de la tercera persona, por los pronombres personales *lo(s)*, *la(s)*.

(37) a. Mis padres aprecian <u>a Juan</u>.   Mis padres aprecian <u>a Juana</u>.
    b. Mis padres <u>lo</u> aprecian.   Mis padres <u>la</u> aprecian.
    c. Juan es apreciado por mis padres.   Juana es apreciada por mis padres.
    d. El escritor firmó <u>mi libro</u>.   El escritor firmó <u>mi novela</u>.
    e. El escritor <u>lo</u> firmó.   El escritor <u>la</u> firmó.
    f. Mi libro fue firmado por el escritor.   Mi novela fue firmada por el escritor.

No se debe confundir el complemento directo de persona (con la preposición *a*) con el complemento indirecto. Este último siempre lleva la preposición *a* y designa una persona, de ahí que se produzca la confusión. Para diferenciarlos debe tenerse en cuenta que el complemento directo lleva *a* cuando el referente es personal pero no lleva esta preposición en caso contrario *vi a Lola*, *vi la tele*, *quiero a Juan*, *quiero un coche nuevo*, *cuidé al niño*. En caso de duda, recúrrase a las tres técnicas mencionadas: preguntar *qué* o *a quién* al verbo, sustitución pronominal y cambio a pasiva.

En ciertos casos, la semántica y la ambigüedad determinan la presencia de esta *a* de complemento directo personalizado según la entidad sea humana, animada o específica como se ve en estos ejemplos de Calvo (1993):

(38) a. *Coge el mono ese*. [*Mono* = uniforme de trabajo, –humano, –animado].
b. *Coge al mono ese*. [*Al mono* = niño travieso, +humano, +animado].
c. *Coge el/al mono ese*. [*El/al mono* = simio, –humano, +animado].

1.3.5 Complemento indirecto

El complemento indirecto indica la persona que recibe el beneficio, provecho o daño de la acción verbal expresada. Puede aludir tanto a seres animados como a entes inanimados. Desde el punto de vista sintáctico, puramente gramatical, podría definirse como aquella parte de la oración que recibe indirectamente la acción verbal de tal manera que se ve afectada por la unidad que forman el verbo con su complemento directo. En el ejemplo *escribí una carta a mi madre* o *para mi madre*, es *mi madre* la que resulta susceptible de recibir la actividad no solo de *escribir*, sino también de *escribir la carta*, es decir, de que la carta sea escrita para ella.

La Academia define el complemento indirecto como "el vocablo que expresa la persona, animal o cosa en que se cumple o termina la acción del verbo transitivo ejercida sobre el objeto directo" (RAE 1973: 371). Cano resalta los valores de daño, provecho, posesión y dirección a la hora de interpretar el complemento indirecto, resaltando las nociones de interés y destino que él considera fundamentales (1981: 324). En pocas palabras, podemos resumir que esta función indica el destinatario o beneficiario de la acción del verbo y se constituye por un sintagma preposicional con *a* o *para* y los pronombres átonos *me, te, le(s), nos, os*.

No todos los lingüistas aceptan a *para* como una preposición introductoria del complemento indirecto, aunque la mayoría de los manuales modernos la incluyen como indicadora de esta función cuando expresa un destinatario[1]. Los dos sintagmas, el introducido por *a* y el de *para*, pueden aparecer conjuntamente, es decir, la oración tendría dos complementos indirectos, ya que podría haber dos o más individuos afectados por el proceso verbal, y consecuentemente, más de un complemento indirecto. Seco señala que hay cierta diferencia de matiz según se use la preposición *a* o *para*; en el ejemplo que él proporciona *ha traído un libro a/para Andrés*, *a Andrés* indicaría el término natural de traer mientras que *para Andrés* da a entender la idea de destino (1963: 148). Esto mismo lo explica Morera: "*a* apunta hacia un punto final absoluto de la orientación y *para* expresa el sentido de aproximación determinado marcado desde el punto inicial" (1989: 174). A continuación, véanse algunos ejemplos en 39.

(39) a. La abuela <u>nos</u> regaló unas chocolatinas.
 b. Tenemos que pagar el préstamo <u>al banco</u>.
 c. (<u>A mí</u>) <u>me</u> gusta la salsa poco picante.
 d. <u>Le</u> falta sal <u>a la comida</u>.
 e. (<u>Me</u>) trajo el té <u>para mí</u>.
 f. (<u>A ti</u>) <u>te</u> entregué las llaves.
 g. Bea <u>me</u> dio un paquete <u>para Ana</u>.

En español, sobre todo en la tercera persona, se da la duplicación del complemento indirecto con el pronombre personal átono (*me* y *nos* para la primera persona, *te* y *os* para la segunda y *le(s)* para la tercera), como en <u>*a Juan le*</u> *apetece un helado*; <u>*le*</u> *di un regalo* <u>*a Ana*</u>. La presencia del pronombre suele ser necesaria cuando también aparece el sintagma preposicional, de tal manera, que se repite dos veces esta misma función. El complemento indirecto puede ir con verbos transitivos (que ya llevan complemento directo), <u>*nos*</u> *dio la razón*, y con verbos intransitivos (sin complemento directo), <u>*me*</u> *preocupan tus notas*, <u>*te*</u> *encantan las rosas*.

---

1 Léase el estudio de Núñez (2005), "El complemento indirecto introducido por *para*", donde se barajan distintas afinidades entre esta función con *para* y el complemento circunstancial. Además, se menciona a los autores que están a favor de aceptar el complemento indirecto con *para* como Correas (1954), Cuervo (1994), Del Río (1963), Fernández Ramírez (1986), García de Diego (1970), Gili Gaya (1989), Hernández Alonso (1984), Amado Alonso y Henríquez Ureña (1967), Lenz (1920), Moliner (1988), RAE (1928), Seco (1963), Vázquez Rozas (1995), etc.

¿Cómo distinguimos el complemento indirecto?

Para reconocer esta función, podemos acudir primero a la semántica, ¿a quién perjudica o beneficia la acción verbal?, ¿hay algún beneficiario o destinatario? Podemos preguntar al verbo *a quién* o *para quién*. Y, por último, ¿se puede sustituir por *le(s)*? En el ejemplo *ofreció ayuda a Luisa*, ¿a quién?, *a Luisa*, *le ofreció ayuda*.

Existen otros complementos que por su forma o significado pueden confundirse con el complemento indirecto como el complemento directo y el complemento circunstancial. El complemento directo personal (con *a*) coincide en su estructura con el complemento indirecto. Para distinguirlos, recuérdese que el complemento directo no lleva esta preposición *a* no ser que el referente sea personal. Vázquez caracteriza al complemento indirecto dándole un valor "humano" indisolublemente asociado a la mayoría de los valores semánticos que se le han asignado: afección, interés, mayor grado de actividad en relación con el complemento directo (1995: 75). El mismo autor considera que existe un factor diferencial que separa el complemento indirecto de otras funciones centrales: mientras sujeto y complemento directo forman parte siempre de la valencia verbal, el complemento indirecto puede no estar previsto en el plan estructural del verbo (Vázquez 1989: 125). Teschner explica que el complemento directo es el primer destinatario o beneficiario de la acción verbal, mientras que el complemento indirecto es el secundario; y nos da el ejemplo de *le di el dinero a Juan*, donde *Juan* sería el segundo beneficiario de la acción de *dar* (2000: 233).

Por otro lado, la confusión entre el complemento indirecto con *para* y el complemento circunstancial de finalidad con *para* se debe a matices semánticos y a las definiciones utilizadas para estas dos funciones. Si se parte de la definición de que el complemento indirecto indica interés, provecho, daño o destinatario en estos ejemplos: *la chica se prepara para las oposiciones* o *me dispongo para el viaje* (citados por Seco 1963: 148), *para las oposiciones* o *para el viaje* no serían complementos indirectos sino circunstanciales. Tampoco serían complementos indirectos las construcciones infinitivas y oracionales como en *vivir para trabajar* o *cierra la ventana para que no entre el aire*.

Además, podemos encontrar otras estructuras que parecen complementos indirectos, pero son circunstanciales. En el ejemplo *Luis dio una patada al balón*, *al balón* se considera una circunstancia de lugar, ya que expresa el lugar a donde Antonio dio la patada. *El balón* no es susceptible de recibir ni daño ni provecho de la acción verbal expresada por *dar una patada*, por lo tanto, no es complemento indirecto a pesar de que admite la sustitución pronominal, *le dio una patada (al balón)*. En cambio, en *Luis dio una patada a su hermano*, el complemento indirecto *a su hermano* indica la persona perjudicada o el destinatario del proceso verbal. Cifuentes y Llopis recalcan el valor semántico para distinguir esta categoría: "la función CI debe ser caracterizada, junto con su manifestación morfosintáctica, en términos de función semántica, pues desde un punto de vista exclusivamente formal no parece distinguirse de otras funciones" (1998: 70).

En la misma línea de Cifuentes y Llopis, Espinosa-García enfatiza el valor semántico para delimitar el CI y la variable de *ser afectado*, es decir, si responde "afirmativamente a la prueba *¿qué le pasa/sucede?*". El mismo autor afirma que "se acepta [...] que como objeto indirecto pueden funcionar sintagmas animados e inanimados" (Espinosa-García 1998: 126), no obstante, la RAE afirma que el CI designa generalmente personas o animales y mucho menos frecuentemente puede referirse a cosas (RAE-ASALE 2019). Así mismo, la RAE-ASALE (2009) señala que el CI hace referencia a la persona o la cosa a la que se le atribuye algo, muy a menudo en una relación de posesión o inclusión. Distinguir el complemento indirecto inanimado del circunstancial puede resultar difícil por su proximidad. Véanse algunos ejemplos de CI inanimados, marcados a continuación en 40:

(40) a. <u>A la casa</u> se <u>le</u> mojó el tejado. (RAE-ASALE 2009)
    b. <u>Le</u> puse la tilde <u>a la vocal</u>. (RAE-ASALE 2019)
    c. <u>Al tiempo</u> nada se <u>le</u> resiste. (Espinosa-García 1998: 93)
    d. <u>A la pobreza</u> no se <u>le</u> asigna ninguna virtud. (Espinosa-García 1998: 93)
    e. <u>Le</u> cortó la esquina <u>a la mesa</u>. (Espinosa-García 1998: 126)
    f. <u>Le</u> achaca sus desgracias <u>al temporal</u>. (Espinosa-García 1998: 126)

A la hora de analizar las funciones se necesita tener en cuenta el significado, la forma y las relaciones de las unidades constituyentes de la oración, ya que podemos encontrar estructuras de difícil determinación y que pueden estar a medio camino entre dos funciones.

1.3.5.1 *Sustitución pronominal, leísmo, laísmo y loísmo*

Una de las técnicas ya mencionadas para reconocer el complemento indirecto y directo consiste en la sustitución pronominal, la cual no siempre clarifica la distinción entre estas funciones por varias tendencias dialectales muy presentes en el uso lingüístico. Nos referimos a los usos del *leísmo*, *laísmo* y *loísmo*. Estos tres fenómenos se alejan de la trayectoria etimológica y normativa de los pronombres, pasando al campo de lo dialectal, con mayor o menor aceptación según las zonas geográficas y la perspectiva de la RAE.

- Leísmo

El leísmo consiste en utilizar *le(s)* para el complemento directo. No se trata de un fenómeno moderno, sino que ya se daba con frecuencia en los siglos dieciséis y diecisiete. Los primeros ejemplos se han encontrado en el *Poema del Cid*, del siglo trece. Su uso se ha extendido por todas las zonas hispanohablantes con gran variedad de verbos. La RAE solo admite como normativo el leísmo referido al masculino singular de persona, *lo*, rechazando las otras posibilidades como incorrectas y no aceptables. Véanse algunos ejemplos en 41.

(41) a. *Ana vio **a Juan**.*   *Ana lo vio.*   *Ana **le** vio.* (Leísmo permitido).
      b. *Ana ayudó **a Juana**.*   *Ana la ayudó.*   *Ana **le** ayudó.* (Leísmo no permitido).
      c. *Ana llamó **a los niños**.* *Ana los llamó.* *Ana **les** llamó.* (Leísmo no permitido).
      d. *Ana llamó **a sus hijas**.* *Ana las llamó.* *Ana **les** llamó.* (Leísmo no permitido).

En la actualidad, el leísmo se encuentra muy generalizado en los medios de comunicación y en la producción literaria. El hecho que explica su expansión obedece al significado que conlleva el pronombre *le(s)* de complemento indirecto, al referirse a persona y experimentador. El complemento directo al referirse a un ser "humano" y "definido" se aproxima al prototipo del complemento indirecto, de ahí su carácter marcado que determina el uso de la preposición y la posible incidencia del leísmo (Martínez 1998: 139). Se añade más información sobre el leísmo en el capítulo 4.

- Laísmo

El laísmo consiste en utilizar el pronombre femenino *la(s)* de complemento directo para el *le(s)* del complemento indirecto. Se utiliza más en el habla popular de algunas zonas peninsulares como en la comunidad de Madrid y Castilla. No se ha consolidado como fenómeno dialectal de uso general, por lo tanto, la RAE lo desaprueba. Véanse algunos ejemplos en 42.

(42) a. *Juan **le** dedicó un poema **a su mujer**.*   **Juan **la** dedicó un poema.* (Laísmo).
    b. *No **le** digas nada **a tu hija**.*   **No **la** digas nada.* (Laísmo).
    c. ***Le** pidió perdón **a Ana**.*   ****La** pidió perdón.* (Laísmo).
    d. *A las niñas no **les** dieron permiso.*   **No **las** dieron permiso.* (Laísmo).

- Loísmo

El loísmo consiste en usar el pronombre masculino *lo(s)* de complemento directo para el *le(s)* del complemento indirecto. Como el laísmo no se encuentra generalizado y es dialectal de algunas zonas de Castilla y Madrid, por lo tanto, la RAE también lo desaprueba. Resulta vulgar.

(43) a. ***Le** dimos el encargo **a Luis**.*   *****Lo** dimos el encargo a Luis.* (Loísmo).
    b. *No **les** digas esto **a tus amigos**.*   ** No **los** digas esto.* (Loísmo).

En conclusión, un hablante leísta usa el pronombre *le(s)* en lugar de *lo(s)/la(s)* como pronombre para el complemento directo. Los hablantes laístas y loístas, por su parte, utilizan pronombres de complemento directo en lugar de *le(s)* para el complemento indirecto. Por este uso pronominal agramatical, para los hablantes leístas, laístas y loístas, la sustitución pronominal no supone una prueba que permita diferenciar claramente el complemento directo del indirecto.

1.3.6 Complemento circunstancial

La función de complemento circunstancial, como su propio nombre indica, se refiere a una circunstancia; indica información accidental variada de tiempo, lugar, modo, cantidad, causa, compañía, finalidad, instrumento, beneficio, etc. Este complemento modifica el significado del verbo añadiendo ese valor circunstancial. Puede llevar cualquier preposición o ir sin preposición, ya que lo puede constituir un sintagma nominal, preposicional o adverbial como en *esperé una hora* (*una hora* CC de tiempo), *fue con su madre* (con su madre, CC de compañía), *estudia mucho* (*mucho* CC de cantidad). Esta función se caracteriza por la amplitud de valores que puede denotar. Santiago Guervós la describe como "una especie de cajón de sastre en el que se introduce todo aquello que no encaja en otro sitio [...] Los complementos circunstanciales se distinguían por no ser ni CD ni CI" (2007: 15).

El complemento circunstancial no está regido por el verbo, es decir, su presencia es opcional. Se puede eliminar y la oración todavía tiene sentido y gramaticalidad (aunque tenga un significado distinto). Su número es ilimitado y pueden aparecer varios en una misma oración. Mientras un verbo solo puede llevar un complemento directo o un complemento regido, los complementos circunstanciales pueden repetirse. Véanse algunos ejemplos en 44.

(44) a. *Te veo mañana.* (CC Tiempo).
b. *Estudio en Chicago.* (CC Lugar).
c. *Hablas muy bien español.* (CC Modo).
d. *Comió el arroz con palillos.* (CC Instrumento).
e. *Vive con su gato.* (CC Compañía).
f. *Lo hago por mi amiga.* (CC Causa).
g. *Ahorro para una casa.* (CC Finalidad).
h. *Ayer₁ llegó Ana a Boston₂ en tren₃ con su hija₄.* ($CC_1T, CC_2L, CC_3L, CC_4C$).

La RAE-ASALE (2019) describe la función de los complementos circunstanciales como modificadores adjuntos de los verbos, en cuanto que "ofrecen información accidental, en el sentido de no fundamental o no esencial, para acotar el predicado". Debido a este valor circunstancial y accidental, habitualmente, esta función la ejercen los adverbios y los sintagmas

¿Cómo se estructuran las oraciones? Conceptos básicos 47

adverbiales. No obstante, podemos encontrar que en otros manuales de sintaxis se usa la denominación de modificador o modalizador para referirse a determinados adverbios que indican afirmación, negación o duda. En este volumen reservamos la etiqueta de complemento circunstancial para todos aquellos adjuntos del predicado que indican las nociones semánticas ya mencionadas (tiempo, lugar, modo…), incluyendo también los adverbios que expresan nociones aspectuales (*todavía*), los de afirmación (*sí, siempre, también, cierto, obvio, verdaderamente, seguramente*), los de negación (*no, tampoco, nunca*), y los de duda (*ojalá, quizá(s), posiblemente, probablemente*, etc.).

¿Cómo se puede reconocer un complemento circunstancial?

Según sea el valor podemos preguntar al verbo *¿cuándo?, ¿dónde?, ¿cómo?, ¿cuánto?, ¿con qué?, ¿con quién?, ¿por qué?, ¿para qué?,* etc. Hay que fijarse en el significado del enunciado para clasificar este complemento.

1.3.7 Complemento de régimen (regido o suplemento)

Este complemento se caracteriza porque lo exige el verbo en cuestión que va seguido de una determinada preposición para completar su significado. A estos verbos se les denomina verbos de régimen o prepositivos porque van forzosamente seguidos por una preposición que introduce este complemento, *acceder (a), confundir (con), contar (con), creer (en), depender (de), discutir (sobre), hablar (de), preguntar (por), preocuparse (por), rebelarse (contra)*, etc. Sin la preposición, la oración carece de significado, resulta agramatical o incompleta, por ejemplo, *siempre puedo contar con mis amigos* frente a **siempre puedo contar mis amigos*.

Esta preposición varía según sea el verbo. Las preposiciones más frecuentes son *a, de* y *en*. Por ejemplo, el verbo *carecer* necesita para precisar su significado un complemento con la preposición *de* (y no otra); siempre que se carece, se carece *de algo*. Véase a continuación un resumen de estos verbos prepositivos en 45.

(45) a. Con la preposición *a*:
 acostumbrarse a, adaptarse a, afiliarse a, aspirar a, atreverse a, contribuir a, dedicarse a, jugar a, renunciar a, etc.
 b. Con la preposición ***de***:

acordarse de, advertir de, alegrarse de, asustarse de, avisar de, burlarse de, despedirse de, divorciarse de, convencer de, constar de, cuidar de, depender de, enamorarse de, hablar de, quejarse de, informar de, ocuparse de, olvidarse de, preocuparse de, separarse de, etc.

c. Con la preposición ***en***:
confiar en, creer en, ejercitarse en, entrometerse en, fijarse en, influir en, insistir en, molestarse en, pensar en, tardar en, etc.

Normalmente este complemento aparece con verbos intransitivos y pronominales. Sin embargo, se puede encontrar junto a un complemento directo. En otras palabras, puede acompañar a un verbo transitivo que además del complemento directo requiere otro complemento prepositivo para precisar su significado y marcar la acción verbal como en *introducir algo en un sitio* (CD + CReg), *sospechar algo de alguien* (CD + CReg), etc. Por otro lado, un mismo verbo puede regir solo complemento directo o solo complemento de régimen según sea la estructura de la oración. Compárense los ejemplos de 46.

(46) a. *Nadie piensa **eso**.* (CD).   *Nadie piensa <u>en eso</u>.* (CReg).
      b. *Trataremos **esos asuntos**.* (CD).   *Trataremos de <u>esos asuntos</u>.* (CReg).
      c. *Se encontró **a su jefa** en el bar.* (CD). *Se encontró <u>con su jefa</u> en el bar.* (CReg).
      d. *Cuidó **a su amiga**.* (CD).   *Cuidó <u>de su casa</u>.* (CReg).
      e. *Ana advirtió **el peligro**.* (CD).   *Ana advirtió <u>del peligro</u>.* (CReg).
      f. *Contaba **los días**.* (CD).   *Contaba <u>con Luis</u>.* (CReg).

Algunos de estos verbos admiten más de una preposición con el complemento regido, por ejemplo: *discutir de/sobre, hablar de/con, inclinarse a/por, tratar de/sobre/con,* etc. Para más ejemplos, consúltese el anexo III.

¿Cómo se puede reconocer un complemento de régimen (regido o suplemento)?

Siempre aparece precedido por la preposición que rige el verbo y no se puede eliminar sin que la oración pierda sentido. Porto Dapena subraya que la eliminación del complemento de régimen "llevaría a enunciados anómalos o a otro significado. Así, por ejemplo, *Abel se entiende* tendría un significado distinto de *Abel se entiende con Clara*" (2002: 40). Este complemento solo acepta la sustitución de un pronombre tónico como *mí, ti, él/ella, eso*, manteniendo la preposición: *se casó con Ana, se casó con ella; se queja de todo, se queja de eso*.

El complemento de régimen se encuentra a medias entre el complemento directo y el complemento circunstancial. Semánticamente guarda relación con el complemento directo, mientras que, por la forma, se parece al complemento circunstancial. Hay que fijarse para no confundirlos. A diferencia del complemento directo, no se puede sustituir por los pronombres átonos *lo/a/s*. A diferencia del complemento circunstancial, este puede eliminarse sin perder el sentido de la oración, mientras que el complemento de régimen viene exigido por el verbo y su preposición. En cuanto a su terminología, en los manuales de gramática se puede encontrar como complemento de régimen, regido o suplemento (este último acuñado por Alarcos Llorach).

1.3.8 Complemento agente

El complemento agente aparece en las construcciones pasivas para indicar el agente de la acción. En realidad, semánticamente, designa el sujeto lógico. Va introducido por la preposición *por* y, con menos frecuencia, por *de* como en *temido de muchos, conocido de todos*. Siempre aparece en pasivas con el verbo *ser* y nunca en las pasivas reflejas de *se*. Los participios pueden llevar complemento agente también. Véanse algunos ejemplos en 47.

(47) a. *El delincuente fue absuelto <u>por el juez</u>. (El juez absolvió al delincuente).*
b. *El Quijote fue escrito <u>por Cervantes</u>. (Cervantes escribió el Quijote).*
c. *Admirado <u>por muchos</u>, el Guernica es el cuadro más famoso de Picasso.*

¿Cómo podemos distinguir el complemento agente?

Necesitamos fijarnos que el verbo vaya en voz pasiva y podemos preguntarle *¿por quién?* o *¿por qué?* En el ejemplo: *este manuscrito ha sido estudiado por pocos expertos*, el verbo *ha sido estudiado* está en voz pasiva; *¿por quién ha sido estudiado el manuscrito?*, *por pocos expertos* es el complemento agente; *pocos expertos lo han estudiado*.

1.3.9 Complemento del nombre

Este complemento como su terminología indica siempre acompaña a un nombre para completar su significado. Aparece junto al nombre como un adjetivo o precedido de una preposición; en muy pocos casos como un adverbio. La preposición más frecuente es *de*, pero también puede ir con otras como *a*, *con*, *sin* y *según*. Además de referirse a un nombre, puede acompañar a un adjetivo sustantivado. Este complemento se considera una función sintáctica dependiente como los complementos de adjetivos y adverbios; es decir, no pueden funcionar por sí solos, forzosamente acompañan a otra palabra. A continuación, siguen algunos ejemplos de complementos del nombre en 48.

(48) a. *No tengo el libro de mi profesora.*
b. *Presentaste un trabajo interesante.*
c. *Nadó mar adentro.*
d. *Bebo cerveza sin alcohol.*
e. *Los limpios de corazón serán los primeros.*

¿Cómo distinguimos el complemento del nombre?
  Siempre aparece junto al nombre. Podemos preguntarnos, ¿cómo es el nombre al cual acompaña?, ¿de qué?, o ¿de quién? Por ejemplo: en *la escalera de caracol*, notamos que hay un nombre *escalera*, ¿cómo es la escalera?, *de caracol*; en *un helado de chocolate*, ¿de qué es el helado?, *de chocolate*. *De caracol* y *de chocolate* son complementos del nombre.

1.3.10 Complemento del adjetivo

Como su terminología indica, este complemento siempre acompaña al adjetivo para ampliar su significado. Puede venir precedido de una preposición, frecuentemente *de*, o estar formado por un nombre, un adjetivo o un adverbio. Véanse algunos ejemplos a continuación en 49.

(49) a. *Parece cansada de Luis.*
b. *Luisa es apta para el estudio.*
c. *Ana es alérgica al polen.*

¿Cómo se estructuran las oraciones? Conceptos básicos

    c. La falda es azul *marino*.
    d. Es un precio *muy* económico.

¿Cómo reconocemos el complemento del adjetivo?
    Siempre acompaña al adjetivo y aparece junto a él. Se puede preguntar, ¿cómo es el adjetivo al que acompaña? En el ejemplo *lleva una blusa gris perla*, ¿cómo es el *gris*?, *perla*, es un *gris perla*, un tipo de color gris; *perla* es el complemento del adjetivo *gris*. Hay que prestar atención cuando el adjetivo va complementado por un adverbio de cantidad, como en el ejemplo *Luis es algo raro*. Aquí podemos analizar *algo* como un adverbio, complemento del adjetivo *raro*, equivalente a *un poco raro*. También se puede interpretar *algo* como un sustantivo, por lo que *raro* sería un complemento del nombre *algo*, como en *tengo algo raro en la espalda*.

1.3.11 Complemento del adverbio

Dada su denominación, este complemento acompaña al adverbio para precisar su significado. Puede ir precedido de una preposición o de otro adverbio como en *muy temprano, demasiado poco, bastante despacio*. Véanse algunos ejemplos en 50.

    (50) a. *Está bien de precio*.
         b. *Se sentó detrás de mí*.
         c. *Demasiado bien lo sabe*.

¿Cómo reconocemos el complemento del adverbio?
    Este complemento siempre aparece junto al adverbio. Podemos preguntar, ¿cómo es el adverbio al que acompaña? En el ejemplo *llegó un poco tarde*, el adverbio núcleo *tarde* viene modificado por una locución adverbial *un poco*; ¿cómo es de *tarde*?, *un poco*; no es *muy tarde* ni *bastante tarde* sino *un poco tarde*.

1.3.12 Aposición

Este complemento acompaña a otro nombre proporcionando información complementaria o una explicación. La aposición solo puede ser un nombre, es decir, se trata de un sustantivo que complementa a otro sustantivo.

(51) a. En hora *punta* circula mucho tráfico.
 b. Vivo en Sevilla *capital*.
 c. Mi reloj *Citizen* funciona con luz solar.
 d. Juan, *el director*, empezó la reunión en punto.

Las aposiciones pueden ser explicativas o especificativas. Cuando van entre pausas (en el discurso oral) o separadas entre comas en la escritura se les llama explicativas y sirven para añadir una aclaración referencial al sustantivo. La aposición explicativa puede suprimirse sin alterar el significado oracional. Añade información extra. Cuando no lleva comas ni va entre pausas (de entonación), la aposición se denomina especificativa porque determina y precisa el significado del sustantivo; si se elimina, se altera el sentido de la oración. Aporta un dato específico adicional que diferencia a ese sustantivo de otro. En el ejemplo *mi hermana Luisa vive en Boston*, la aposición especificativa *Luisa* especifica que hay otras hermanas, es *Luisa* no es mi otra hermana, Ana; se especifica que es *Luisa* y no mis otras hermanas la que vive en Boston. En cambio, en *mi hermana, Luisa, vive en Boston*, la aposición explicativa aclara a *mi hermana*, sin añadir información relevante.

Cuando la aposición especificativa se forma por dos sustantivos comunes juntos, solo el primero lleva la marca de plural como en *asuntos clave, faldas pantalón, hombres rana, niños prodigio, noticias bomba, pisos piloto, sofás cama, ciudades dormitorio*, etc.

¿Cómo se distingue la aposición?

Siempre aparece junto al nombre. No debe confundirse con un complemento del nombre. La aposición es de significado equivalente al nombre que acompaña, mientras que el complemento del nombre está subordinado al nombre. En el ejemplo *el río Amazonas es el más largo del mundo*, *Amazonas* es una aposición especificativa de *río*; podríamos decir *el Amazonas es el más largo del mundo* y todavía la oración tendría sentido. Las palabras *río* y *Amazonas* están al mismo nivel sintáctico.

1.3.13 *Vocativo*

El vocativo sirve para nombrar a una persona, para llamar su atención. Se usa con valor apelativo o exclamativo. Puede aparecer dentro del enunciado (al principio, en medio o al final) y aislado. Cuando aparece dentro del enunciado, se escribe entre comas. Cuando va aislado se marca por los signos de exclamación y adquiere valor exclamativo de llamada o sorpresa. Véanse algunos ejemplos de vocativo en 52.

(52) a. *Oye, <u>Ana</u>, cállate.*
b. *<u>Hijo</u>, dime qué te pasó.*
c. *¡<u>Sara</u>, ven aquí!*
d. *¡Me duele mucho, <u>doctor</u>!*

1.3.14 *Funciones sintácticas y terminología*

A continuación, en el cuadro 1.3, se muestra un resumen de todas las funciones estudiadas, con sus abreviaciones y seguidas de algunos ejemplos. Hay que puntualizar que, si no se conocen todas estas funciones, no se podrá realizar un buen análisis sintáctico.

A lo largo del siglo veinte, han surgido numerosas corrientes y tendencias lingüísticas que han motivado la proliferación de términos sintácticos, algunos creados por gramáticos individuales. Esto, a veces, impide la claridad de los análisis y también perjudica el aprendizaje de los conceptos de sintaxis. La transmisión de los contenidos sintácticos se realiza a través de la terminología por lo que variarla arbitrariamente no nos ayuda en la docencia ni en el aprendizaje. Necesitamos simplificar (eliminando términos y conceptos innecesarios) y unificar la terminología en esta disciplina. La polisemia lleva fácilmente a la confusión. Como defienden Eguren y Fernández si hay que elegir entre términos de igual o parecida significación "se ha de optar como norma por términos de uso general generalizado en

Cuadro 1.3. Resumen de todas las funciones sintácticas con ejemplos

Funciones sintácticas	Ejemplos
1) **Sujeto, Suj**	<u>Noa</u> es guapo; <u>fumar</u> es malo; me gusta <u>nadar</u>; se cayó <u>el vaso</u>.
2) **Atributo, Atr**	Ana está <u>feliz</u>; eso es <u>vivir</u>; mi perro es <u>aquel</u>; eres <u>guapo</u>.
3) **Complemento predicativo, CPred**	Luis parece <u>cansado</u>; acabamos <u>aburridos</u>; Sara se encuentra <u>exhausta</u>; llegó <u>sano y salvo</u>; lo eligieron <u>delegado</u>; te nombraron <u>presidente</u>; se llama <u>Juan</u>; proclamaron <u>rey</u> a Felipe VI.
4) **Complemento directo, CD**	aprobó <u>el examen</u>; compré <u>una bici</u>; hay <u>leche</u>; tengo <u>un gato</u>; veo <u>a Sara</u>; se <u>lo</u> dije; <u>se</u> duchó; se lavó <u>la cara</u>; ¿<u>te</u> peinaste?
5) **Complemento indirecto, CI**	Isa (<u>le</u>) escribió <u>a su madre</u>; <u>te</u> lo dije; <u>me</u> preocupa tu salud; <u>te</u> duele la cabeza; <u>se</u> lo advertí; compró café <u>para Sam</u>.
6) **Complemento circunstancial, CC**	vivo <u>en León</u>; ceno <u>tarde</u>; está <u>muy mal</u>; me costó <u>5 euros</u>; lo hago <u>por ti</u>; voy <u>con Ana</u>; pagó <u>con tarjeta</u>; <u>no</u> te quiere; <u>sí</u> te ama.
7) **Complemento Regido, CReg**	se acordó <u>de Eli</u>; depende <u>de Juan</u>; confío <u>en ti</u>; piensa <u>en mí</u>.
8) **Complemento agente, CAg**	fue votado <u>por el pueblo</u>; será elegido <u>por el jurado</u>; la legislación se aprobó <u>por la ministra</u>; la llama se extinguió <u>por el viento</u>.
9) **Complemento del nombre, CN**	ejemplo <u>del libro</u>; estado <u>de ánimo</u>; falda <u>a rayas</u>; café <u>con leche</u>; fresas <u>sin nata</u>; voto <u>en blanco</u>; la lucha <u>por sus derechos</u>.
10) **Complemento del adjetivo, CAdj**	ancha <u>de caderas</u>; experto <u>en biología</u>; <u>bastante</u> caro; gris <u>claro</u>.
11) **Complemento del adverbio, CAdv**	vive lejos <u>de aquí</u>; vino <u>muy</u> tarde; leyó <u>bastante</u> mal.
12) **Aposición, Ap**	mi tía <u>Fefi</u> es guapa; viajamos en coche <u>cama</u>; Sara, <u>mi vecina</u>, se jubiló; me gusta mi reloj <u>Citizen</u>; mi primo <u>Jose</u> escribe poemas.
13) **Vocativo, Voc**	¡<u>Sara</u>, ponte aquí!; bébete la leche, <u>Ana</u>; oye, <u>Eli</u>; ¡ven, <u>gatita</u>!

los estudios recientes de lingüística que no den lugar a confusiones y que no hayan sido acuñados por autores individuales" (2006: 12). Por otro lado, Bosque (1989) añade que los desacuerdos entre los gramáticos que se dedican a la sintaxis son sorprendentes si se los compara con los que existen entre otros lingüistas como fonetistas o morfólogos; los sintactistas comparten pocos puntos de acuerdo y prácticamente solo coinciden en la existencia de las categorías léxicas.

La tendencia actual sigue la terminología sintáctica tradicional, con la incorporación de algunos términos que se consideran más precisos (como el complemento regido) según los estudios de la RAE. En este volumen seguimos la terminología de la RAE desarrollada desde 1973. Como ejemplo ilustrativo de las discordancias en la terminología sintáctica se muestran

Cuadro 1.4. Terminología de las funciones según diversos autores (adaptado de Cartagena 1989: 441)

RAE, 1973	**Lenz**, 1944	**Gili Gaya**, 1973	**Alarcos**, 1973	**Alcina y Blecua**, 1980
complemento directo, CD u objeto directo, OD	complemento acusativo o directo	complemento directo	implemento	complemento directo
complemento indirecto, CI u objeto indirecto, OI	complemento dativo o indirecto	complemento indirecto	complemento	complemento indirecto
complemento circunstancial, CC	atributo adverbial	complemento circunstancial	aditamento	elemento autónomo
complemento regido, CReg	atributo adverbial	complemento circunstancial	suplemento	elemento regido
atributo, Atr	atributo	atributo	adyacente	atributo
complemento predicativo, CPred	predicativo	atributo	atributo y complemento predicativo	predicativo

a continuación, en el cuadro 1.4 las variaciones terminológicas para las funciones entre algunos gramáticos seleccionados.

En este manual seguimos la terminología que gira en torno a la noción de función sintáctica que utiliza la RAE, siguiendo una visión estructural funcional. Aunque en algunos manuales la terminología varíe, los conceptos suelen ser los mismos. Aquí proponemos que se siga la propuesta de la RAE, sin entrar en desacuerdos estériles.

1.4 Orígenes de las categorías, las funciones léxicas y el orden oracional

Desde un punto de vista diacrónico, la evolución léxica y morfosintáctica del español tuvo sus orígenes en el *latín vulgar*. Este latín hablado por el vulgo, por los soldados y por el pueblo, en general, comenzó a cambiar y dividirse hasta convertirse, primero, en dialectos fragmentados y, posteriormente, en lenguas independientes a las que denominamos *lenguas romances o románicas*. Estas lenguas comenzaron a manifestarse como tales por escrito en el siglo once aproximadamente. Antes de esas fechas no tenemos documentación de lo que se hablaba en las áreas romanizadas europeas. Es muy seguro que estas lenguas se hablaban antes de este siglo como *romance*, un latín vulgar muy modificado según las zonas geográficas y según las lenguas y dialectos autóctonos, impuestos durante oleadas de invasiones y conquistas.

En cuanto al léxico, podemos destacar tres orígenes predominantes: en mayor medida el latín y el árabe, en segundo término, las lenguas amerindias y, por último, los préstamos de otras lenguas (anglicismos, galicismos, italianismos, etc.). En español, la mayor parte de nuestro vocabulario se heredó del latín, lengua madre, seguida del árabe, lengua dominante o de superestrato entre 711 y 1492. Se calcula que se adoptaron unos 4000 arabismos, el 8 % del vocabulario total (Cano 1988: 53) entre los cuales se encuentran palabras tan comunes como *alcohol, álgebra, algodón, arroz, azafrán, azúcar, azul, café, guitarra, islam, jirafa, limón, lima, naranja, ojalá, tabaco, zanahoria, zoco* y cientos más. La compenetración y las fases de bilingüismo entre estas dos culturas se manifestaron en la gran cantidad de voces que pasaron al caudal léxico en todos los hábitos de la vida (agricultura, arquitectura, comercio, comida, medicina…), lo cual, distingue en gran parte al español de otras lenguas romances no peninsulares. La convivencia de siete siglos dejó importantes huellas en el vocabulario y en la cultura, pero no afectó a la gramática, ya que la naturaleza gramatical tan dispar del árabe y del romance castellano no permitió tal asimilación.

Por otro lado, también tenemos el legado de las lenguas amerindias a partir de la colonización de las Américas, en 1492. Entre ellas, por el desarrollo geográfico y cronológico de la conquista, se destacan las lenguas antillanas, el nahua de México y el quechua de Perú. La nueva realidad americana con su fauna, flora y costumbres permitió que se tomaran voces amerindias de los lugares por los que iban pasando los colonizadores. En muchos casos, han coexistido palabras de diferentes fuentes amerindias cuyo uso se limita a zonas dialectales específicas como por ejemplo *ají, chile, maíz, choclo, aguacate, palta, maní, cacahuate, cacahuete,* etc. Muchos de estos indigenismos se usan hoy en día en el español estándar, otros están restringidos a dialectos americanos. Resulta difícil contabilizar cuántos aparecen hoy en el diccionario de la RAE. Según algunos estudios, del 3.7 % de las entradas dialectales, los americanismos formarían entre un ocho o un doce por ciento (BBC 2016).

Dejando a un lado la evolución del léxico y pasando al plano morfosintáctico, se puede afirmar que la mayoría de las categorías que existen hoy en nuestra lengua: nombres, adjetivos, verbos, adverbios, preposiciones, pronombres, etc., ya las tenía el latín. Se produjeron innovaciones como la creación de nuevas preposiciones como *para*; del artículo definido, de nuevos pronombres personales y formas de tratamiento; de nuevas formas verbales: los tiempos compuestos, etc., pero en esencia, el esqueleto gramatical de las categorías de palabras permaneció similar en todas las lenguas romances. Se produjeron más cambios a nivel fonético y fonológico, se modificó la pronunciación, la entonación; se amplió el vocabulario, pero las categorías gramaticales subsistieron sin cambios drásticos.

Las funciones sintácticas sufrieron bastantes transformaciones en la evolución del latín al español. Para empezar, en latín, las relaciones entre las palabras se indicaban con casos. Un caso era una terminación específica de una palabra para indicar cuál era su función en la oración. Si la palabra funcionaba como sujeto (nominativo) tenía una terminación, si era un complemento directo (acusativo) otra, y así sucesivamente hasta seis casos (*nominativo, vocativo, acusativo, dativo, genitivo* y *hablativo*). No importaba en qué parte de la oración se encontraba la palabra, la terminación indicaba su función. Se declinaban con casos los sustantivos, adjetivos y pronombres. Los sustantivos se organizaban en cinco grupos o declinaciones (de forma similar a las tres conjugaciones verbales del español, en *-ar, -er, -ir*). Así, por ejemplo, un adjetivo podía llegar a tener hasta 38 formas diferentes dependiendo del caso, del género y número del sustantivo al que acompañaba, del grado y de su declinación.

Estas terminaciones o morfemas desinenciales se perdieron cuando el latín se fragmentó en las distintas zonas de la Romania y, poco a poco, fue convirtiéndose en las distintas lenguas romances. Todavía nos queda un ejemplo de caso vigente: el de los pronombres personales de tercera persona para el complemento directo, *lo*(*a/s*) y el indirecto *le*(*s*)/*se*. Así mismo, hoy en día se siguen utilizando los términos *vocativo, acusativo* y *dativo* (de los casos latinos) para designar la función de vocativo y complementos directo e indirecto respectivamente. Dependiendo del manual o del lingüista se pueden encontrar todavía vigentes estas denominaciones.

La reducción casual del latín provocó el aumento del uso de las preposiciones, algunas ya existentes otras de nueva creación, e hizo más relevante la colocación de palabras en la oración. Además, se crearon palabras y construcciones nuevas (artículos, pronombres de tercera persona, perífrasis verbales, la voz pasiva perifrástica, etc.). A pesar de estos cambios evolutivos, el romance castellano siguió muy de cerca la gramática latina. Los cambios en el plano morfosintáctico o en las estructuras gramaticales fueron menores en comparación a los cambios fonéticos y fonológicos, y de vocabulario. No obstante, es la morfosintaxis la que demarca las diferencias que acaban por convertir un dialecto en una lengua y por diferenciar lenguas entre sí.

A la hora de hablar de los orígenes morfosintácticos del español, no podemos eludir la cuestión del género. En latín existían tres géneros: masculino, femenino y neutro. En español moderno, el neutro se perdió pero aún quedan restos en los demostrativos *esto, eso, aquello,* por ejemplo. Aquellos sustantivos con género neutro se acoplaron al masculino (*nombre, tiempo, voto*) o al femenino (*deuda, hoja, leña, obra, pauta*). Algunos fueron inconsistentes durante la Edad Media (sobre todo los terminados en consonante y en -*e*) e incluso algunos hoy siguen siendo ambiguos (*azúcar, mar, calor, color*) (Núñez 2012: 95).

El debilitamiento morfológico de los casos fue esencial en la evolución de las lenguas romances. El latín pasó de una lengua muy morfológica o *sintética*, donde los casos indicaban las relaciones entre palabras, a convertirse, en dialectos fragmentados con una morfología más reducida y una sintaxis más reforzada. Las lenguas resultantes, como por ejemplo el español o el portugués, progresivamente aumentaron la presencia de conectores, regularizaron el orden sintáctico y acentuaron la concordancia para contrarrestar el debilitamiento de los casos y la ambigüedad resultante. Como consecuencia, las lenguas romances tienden a ser *analíticas* (con más refuerzo sintáctico) frente al sintetismo del latín (de predominancia morfológica).

En resumen, en la evolución del latín al castellano, los cambios morfosintácticos más destacados se produjeron a raíz de la reducción sistemática de casos del latín vulgar que afectó mayoritariamente a los sustantivos, adjetivos, pronombres, preposiciones y verbos. La misma información que en latín se daba con los casos, al perderse estos, pasó a indicarse con recursos sintácticos. Esto causó modificaciones gramaticales tales que permitió que los dialectos latinos se convirtieran en lenguas independientes. Se crearon nuevos pronombres y fórmulas de tratamiento (como *vos* y *vosotros*), el artículo definido, nuevas formas verbales y estructuras oracionales; se simplificó el género y las formas adjetivas, afectando a la concordancia. Todo ello posibilitó que se transformara la sintaxis y, consecuentemente, la gramática del español, diferenciándose de sus otras hermanas romances.

1.4.1 Cambios en el orden oracional

En latín las palabras no necesitaban ir en un orden oracional preciso, ya que las terminaciones o casos indicaban las relaciones entre ellas. La estructura oracional era muy flexible. No obstante, había una tendencia hacia el orden S-CD-V, es decir, sujeto, complemento directo y verbo. En muchas ocasiones en los textos latinos, hay que rastrear el verbo hasta el final de la oración o el párrafo para encontrarlo. Esto se puede apreciar en estos ejemplos de oraciones cortas adaptados de Wheelock (2005: 10).

(53) a. ROTAM FORTUNAE NON **TIMENT**. (Cicerón)
La rueda de la fortuna no temen (ellos). No temen la rueda de la fortuna.
b. CLEMENTIA TUA MULTAS VITAS **CONSERVAT**. (Cicerón)
Tu clemencia muchas vidas salva. Tu clemencia salva muchas vidas.
c. FORTUNA ADVERSA VIRUM MAGNAE SAPIENTIAE NON **TERRENT**. (Horacio)
La fortuna adversa a un hombre de gran sabiduría no le aterra.
La fortuna adversa no aterra a un hombre de gran sabiduría.

El español mantuvo cierta flexibilidad en el orden oracional que ya se daba en latín, pero con una preferencia generalizada a S-V-CD, sujeto, verbo y complemento directo (u otros complementos) o simplemente V-CD (con el sujeto omitido). La morfología verbal indica claramente el sujeto de la oración por lo que su omisión resulta frecuente. Cuando esta combinación, (S)-V-CD, se ve alterada, en realidad, se debe a motivos enfáticos y estilísticos. En comparación al latín, el español presenta una flexibilidad menor pero mayor si lo comparamos al inglés.

La posición relativa de cada palabra en la oración viene marcada por razones diversas: por su valor funcional, el énfasis discursivo, el estilo personal, la intencionalidad significativa de los hablantes, diferencias dialectales y también por hábitos sintácticos, rítmicos o de pronunciación. El español no presenta exigencias de colocación fija como el inglés o el francés. Se puede afirmar que el orden de colocación es bastante flexible, exceptuando los artículos, preposiciones y conjunciones que van siempre delante del término al que acompañan.

Los sustantivos, adjetivos, artículos, pronombres y verbos guardan entre sí una relación de concordancia. Esta libertad sintáctica no supone

¿Cómo se estructuran las oraciones? Conceptos básicos

una anarquía en el orden oracional, ya que la colocación sigue un proceso lógico, una línea de pensamiento, que frecuentemente es progresivo o de estructura *lineal*: al sujeto le sigue el verbo y a este los complementos. Aunque no siempre es así y se anteponen o posponen elementos oracionales por otras razones, como ya se ha mencionado, creando una estructura *envolvente*. Lo que parece un "desorden" oracional sigue una lógica lingüística. A modo ilustrativo, obsérvese la libertad de colocación en la siguiente oración donde las cuatro unidades (sujeto, verbo, complemento directo e indirecto) aparecen combinadas en veinticuatro variaciones posibles según el uso general y normativo de la lengua. Las que llevan asterisco (*) indican un estilo afectado, enfático o poético, con un valor discursivo intencionado.

(54) a. *El estudiante trajo un libro para mí.*
b. *El estudiante trajo para mí un libro.*
c. **El estudiante un libro trajo para mí.*
d. **El estudiante un libro para mí trajo.*
e. **El estudiante para mí un libro trajo.*
f. **El estudiante para mí trajo un libro.*
g. *Un libro trajo el estudiante para mí.*
h. *Un libro trajo para mí el estudiante.*
i. *Un libro para mí el estudiante trajo.*
j. *Un libro para mí trajo el estudiante.*
k. **Un libro el estudiante trajo para mí.*
l. **Un libro el estudiante para mí trajo.*
m. *Trajo el estudiante un libro para mí.*
n. *Trajo el estudiante para mí un libro.*
ñ. *Trajo un libro para mí el estudiante.*
o. *Trajo para mí el estudiante un libro.*
p. *Trajo para mí un libro el estudiante.*
q. *Para mí trajo el estudiante un libro.*
r. *Para mí trajo un libro el estudiante.*
s. *Para mí el estudiante trajo un libro.*
t. **Para mí el estudiante un libro trajo.*
u. **Para mí un libro el estudiante trajo.*
v. **Para mí trajo un libro el estudiante.*
w. **Para mí un libro trajo el estudiante.*

En español el primer elemento de la oración suele ser el más relevante o enfático. Aunque el verbo suele ir entre el sujeto y los complementos, a veces puede aparecer antepuesto por cuestiones de estilo o de significado como en *¿vino Ana?, vuelve la lluvia*; otras veces porque el sujeto está omitido o se desconoce, *voy a casa, nevó mucho*. Cuando hay varios complementos, el orden lógico y frecuente suele ser: directo, indirecto y circunstanciales. Cuando se antepone el complemento directo al verbo, por razones estilísticas, se necesita la reduplicación pronominal como en *la novela <u>la</u> leí, el vaso no <u>lo</u> rompí*. Solo en este caso se da la redundancia pronominal con el complemento directo. Cabe mencionar que el complemento directo se coloca después del verbo (V-CD) en la mayoría de los casos casi automáticamente, como posición ya regulada.

Partiendo de la idea de que el orden sintáctico en español presenta bastante flexibilidad, la posposición del sujeto al verbo resulta bastante común. Eso ocurre con frecuencia, por ejemplo, en las oraciones interrogativas, *¿vino Ana?, ¿te gustó el té?, ¿cómo se llama tu novia?, ¿necesita agua la gatita?* Este orden V-S puede expresar sutiles diferencias de significado y de énfasis. En las frases declarativas que responden a una pregunta, la posposición del sujeto al verbo lleva un sentido discursivo especial, cuando el hablante no cuenta con ningún referente o contexto anterior, ni los interlocutores cuentan con información compartida. Por ejemplo, ante la pregunta *¿quién vino?* podemos contestar *vino Ana*, con el sujeto pospuesto; mientras que ante *¿vino Ana?*, la respuesta podría ser *sí, (Ana) vino* con el sujeto antepuesto al verbo. Resultaría raro y foráneo contestar a *¿quién vino?* con *Ana vino en lugar de *vino Ana* (más ejemplos en Koike y Klee 2013). Por lo cual podemos afirmar que la falta de un referente o de información compartida condiciona la posposición del sujeto al verbo, dejando la información más nueva e importante para el final de la frase. En las oraciones interrogativas el orden de palabras depende del contexto discursivo y de si la información es compartida o novedosa. En estas, Camacho puntualiza que "la información novedosa (o foco) debe alinearse con el límite derecho de la cláusula, donde se asigna el acento nuclear a nivel de toda la cláusula" (2018: 382).

Necesitamos recalcar que la pérdida de los casos latinos conformó en gran medida la sintaxis del español en cuanto que favoreció cierto orden oracional, aumentó el uso de las preposiciones y reforzó la concordancia. La mayoría de las preposiciones latinas se conservaron en castellano, pero con la reducción de los casos, estas adquirieron nuevos valores y se usaron con más frecuencia. Algunas se crearon por composición como *para*, *desde*, *hacia*, otras se derivaron de nombres como *bajo*, *cabe* o se tomaron prestadas del árabe como *hasta*. La mayoría de las preposiciones en latín iban con los casos acusativos (de complemento directo) y ablativo (de complemento circunstancial).

Hay que resaltar que el latín clásico no usaba la preposición *a* con el acusativo (complemento directo) de persona, (ni con el dativo, complemento indirecto) como en *casó a sus hijas, a sus hijas*, complemento directo. La terminación, el caso, de la palabra indicaba la función y no se necesitaba una preposición. En latín vulgar, con el debilitamiento de los casos y la creciente ambigüedad, se empezó a utilizar la preposición AD (> *a*) con acusativo para indicar el complemento indirecto. Es decir, un ejemplo como AMICUS DAT ROSAM AMICAE, *el amigo le da la rosa a la amiga*, siendo AMICAE el indirecto, pasó a AMICUS DAT ROSAM **AD** AMICAM, con **AD** AMICAM, *a la amiga*, como el indirecto.

En el español medieval, este uso de la preposición *a* para designar al complemento indirecto pasó a generalizarse al complemento directo de persona. Aunque este uso no era obligatorio como se aprecia en el *Cantar del Mío Cid* de aproximadamente el año 1207 *yo case sus fijas con yfantes de Carrion* (verso 2956) donde el complemento directo *sus fijas* no lleva *a*. Esto indica que en el siglo XIII no se había popularizado este cambio y puede ser que solo se utilizara en los casos donde se podía confundir el sujeto con el complemento directo de persona o personificado. Fue a finales del Siglo de Oro cuando la preposición *a* se volvió obligatoria para introducir el complemento directo de persona (Penny 2002: 114). En ejemplos como *mordió el perro al gato*, la preposición es necesaria para indicar cuál es el agente ante la ambigüedad de *mordió el perro el gato*, ¿quién muerde a quién? Todavía en el español moderno se observan vacilaciones entre usar o no *a* con complementos directos no humanos, pero sí animados o personificados como en *lavé el/al perro, llevé el/al gato al veterinario, ama a/su país*, etc. En general, cuando se habla de mascotas se prefiere el uso de la preposición *a*, otorgándole al animal un matiz más humano y afectivo, compárese: *¡saca el perro de aquí!* con *saca al perrito a pasear*.

Por otro lado, y también concerniente a la preposición *a*, en latín no existía la estructura de verbo de movimiento con *a* más infinitivo como en español moderno *acercarse a, llegar a, ir a, salir a, subir a, venir a, volver a*, etc., en oraciones como *Ana entró a saludarnos*. Con los verbos de movimiento, en latín, sí se utilizaba la estructura de *a* < AD más acusativo como en AD URBEM VENIO "llego/vengo a la ciudad" para indicar destino o recorrido, pero no como una perífrasis verbal. La estructura verbo de movimiento con *a* más infinitivo fue una innovación del castellano. A partir de finales del siglo quince se hizo obligatoria la *a* en esta estructura (Ranson 2018: 321). Antes de esta fecha los textos medievales presentan inconsistencias en cuanto al uso de esta *a*, como se puede ver en estos ejemplos de 55.

(55) a. *Al bueno de mio Cid en Alcoçer le van çercar*. (*Cantar del Mio Cid*, 1207, v. 655)
   A mi buen Cid lo van **a** cercar en Alcocer.
   b. *e fueron poner sus escalas*. (*Fuentes cronísticas de la historia de España*, 1344)
   y fueron **a** poner sus escaleras.
   c. *e fizole ir al baño a lavar la cabeza*. (*Atalaya de las crónicas*, 1443)
   y le hizo ir al baño **a** lavarse la cabeza.
   d. *Tirant torna acompanyar a l'Emperadriu e **a** sa filla*. (*Tirant lo Blanc*, 1490)
   Tirant volvió **a** acompañar al emperador y a su hija.

Esta nueva estructura supone otro ejemplo más que corrobora la transformación de un sistema morfológico y sintético, propio del latín, a otro más sintáctico y analítico, como el del español.

Ejercicios y actividades de autoevaluación

(1) En el siguiente texto indique qué tipos de palabras (categorías) aparecen subrayadas.

Ordené sacar mi caballo del establo. El criado no me comprendió. Fui yo mismo al establo, ensillé el caballo y monté. A lo lejos oí el sonido de una trompeta, le pregunté lo que aquello significaba. Él no sabía nada, no había oído nada. En el portón me detuvo para preguntarme:
- ¿Hacia dónde cabalga el señor?
- No lo sé –respondí–. Solo quiero irme de aquí, solamente irme de aquí. Partir siempre, salir de aquí, sólo así puedo alcanzar mi meta.
- ¿Conoce, pues, su meta? –preguntó él.
- Sí –contesté yo–. Lo he dicho ya. Salir de aquí, esa es mi meta.

La partida. Franz Kafka.

Modelo: *ordené: verbo*

a)	mi	h)	de	o)	aquí
b)	establo	i)	aquello	p)	siempre
c)	me	j)	no	q)	alcanzar
d)	mismo	k)	en	r)	pues
e)	el	l)	detuvo	s)	sí
f)	y	m)	dónde	t)	ya
g)	lejos	n)	solo	u)	meta

(2) Indique qué tipo de palabras (categorías) aparecen en las siguientes oraciones.

Modelo: *en, preposición*
1. En esta universidad estudia mi hija.
2. Siempre hay fiestas en la casa de tu vecino.
3. Ahora se van todos.
4. El blanco no me favorece.

(3) Lea el siguiente texto y señale todas las **preposiciones** y **conjunciones** que aparezcan.

Tanasio cayó de un árbol a la edad de seis años y se golpeó la cabeza con la única piedra que por allí había. A partir de ese día solo fue capaz de hablar en un idioma que tardaría años en inventarse.

Microrrelato de Gabriel del Molino Romero.

(4) Lea el siguiente texto y señale todos los **pronombres** y **artículos** que aparezcan.

La Sra. Felisa nació al terminar la guerra civil en Cáceres. Se casó con el Sr. Manolo y emigraron a Madrid. Vivían junto a mis padres. Apenas sabía yo leer y la Sra. Felisa me pedía que le leyese el prospecto de una medicina, el remitente de una carta recibida o el modo de empleo del café soluble. "No encuentro mis gafas" me decía. Un día descubrí que la Sra. Felisa no sabía leer. "Qué tonta, con lo fácil que es" pensé. Ella sentía vergüenza. Yo, siento indignación por todas las mujeres que hoy siguen sin encontrar sus gafas.

No encuentro mis gafas, Juana Esquivel Ocaña.

(5) Relacione las **categorías** con las palabras enumeradas.
   a) nombre   b) adjetivo   c) verbo   d) adverbio
   e) preposición   f) conjunción   g) interjección   h) pronombre
   Modelo: *estudiar … c) verbo*

   1. extra   2. pronto   3. ojalá   4. mañana
   5. hola   6. suspense   7. posición 8. extinto
   9. próximo   10. bien   11. sí   12. ni
   13. ya   14. tal   15. porque   16. hasta
   17. tras   18. además   19. arte   20. tinto

(6) Señale las **locuciones preposicionales** en las siguientes oraciones.
   1. La legislación estuvo a cargo de treinta expertos de diferentes países.
   2. Se introdujeron nuevos acuerdos a partir del 2020.
   3. Declaró en el juicio bajo pena de perjurio.
   4. Se organizaron varias actividades con motivo de la celebración de las Olimpiadas.
   5. Me tropecé con tu vecino camino del concierto.
   6. Las mujeres corren peligro de ser discriminadas por culpa de algunas políticas machistas.
   7. Vuela ya rumbo a EE. UU.
   8. A juzgar por su gran experiencia estamos seguros de que su labor culminará con éxito.
   9. La atención se ha centrado sobre este tema a costa de los restantes.
   10. Los voluntarios pueden desanimarse por causa de la falta de reconocimiento.

(7) Reconozca y señale las **perífrasis verbales** en este texto.
   Todo el día había estado lloviendo y ya debían de ser las cinco. Había quedado establecido que a las siete comenzarían a actuar. Sin embargo, Marcial seguía dándole vueltas al asunto y no estaba del todo decidido. Llegó a pensar que había que abandonar el proyecto, que todo era absurdo, pero de nuevo volvía a considerar que no se podía hacer otra cosa. "Hay que ser fuerte" –se decía a sí mismo. "Debo intentarlo".

No obstante, quiso asegurarse y decidió llamar por teléfono a su compañero, que por entonces debía de estar preparándose para salir, pero cuando fue a descolgar el auricular, vio que había dejado de llover y una firme decisión volvió a apoderarse de su ánimo.

(8) Lea el siguiente texto e indique qué tipo de **sintagmas** aparecen subrayados.
No importan mi nombre ni mi raza, mi país, ni mi credo. Tengo quince años y me caso el sábado. Yo quería estudiar más, como los chicos; ser maestra y enseñar a las niñas como yo.
Ellas educarían a otras, estas a las siguientes, y así siempre. Solo así las chicas como yo se convertirán en mujeres que decidan su destino, no como ahora. Pero correrá la sangre si no me caso; seguramente, la mía. Si tengo hijas, lucharé para que estudien más tiempo. Si tengo hijos, lucharé para que eduquen también a mis nietas. Pero este sábado... me casan.

Este sábado, Idoia Ordorika Ozkoidi.
Modelo: *No, sintagma adverbial*

a)	mi nombre	i)	ahora
b)	quince años	j)	la sangre
c)	más	k)	la mía
d)	a las niñas	l)	si tengo hijas
e)	a otras	m)	para que estudien más tiempo
f)	siempre	n)	a mis nietas
g)	solo	ñ)	me casan
h)	en mujeres		

(9) Indique cuál es el **sujeto** de las siguientes oraciones.
Modelo: *Me preocupa la posición del gobierno.*
Sujeto: *la posición del gobierno*
1. Me lo comprará mi amigo por mi cumpleaños.
2. Crece mucho maíz en esta parte del país.
3. Me desagrada mucho su egocentrismo.
4. No me gustan los champiñones.
5. Me duele mucho la cabeza.
6. ¿Te molesta el ruido de la tele?

(10) Lea el siguiente texto y marque todos los **sujetos**.
Él nos va a matar a todos. Lo tiene planeado desde el principio. Debemos actuar ya. Hay que asesinarlo antes de que él lo haga. No hay que darle tiempo. Aprovechemos, hagámoslo esta noche. Dijo uno de los personajes del cuento mientras el autor estaba dormido. Nadie lo creyó.

Microrrelato. Santiago Pedraza.

(11) ¿En cuál de los siguientes enunciados no hay **sujeto**?
　1. Se veía a los niños en clase a través de los cristales.
　2. Había mucha gente en el supermercado.
　3. Nunca llovió tanto como el invierno pasado.
　4. No nos interesan tus opiniones sobre política.
　5. Esta novela hay que comprarla cuanto antes.
　6. Se prohíbe fumar.
　7. No se puede tirar basura en el parque.
　8. Se venden coches usados.

(12) Indique cuál es el **predicado** de las siguientes oraciones.
　　　　Modelo: Todos <u>*aprobaron el examen*</u>.
　1. Hoy iremos todos a verte al hospital.
　2. Nos entregarán el paquete mañana.
　3. No hay papel higiénico en el supermercado.
　4. En esa caja están las cartas de tu abuelo.
　5. Mi amiga y yo te recogeremos del aeropuerto.
　6. Me preocupan tus modales.
　7. Te gusta la brisa del mar.
　8. Nos molesta que fumes en casa.
　9. No queda más leche desnatada.
　10. No me costó mucho este televisor.

(13) Indique el **sujeto** y el **predicado** en las siguientes oraciones.
　　　　Modelo: <u>*Nadie*</u>　<u>*suspendió la prueba*</u>.
　　　　　　　　Suj　　　　Pred
　1. A Isa le huelen mucho los pies.
　2. Se ha roto la copa de vino.
　3. Por las noches le dolía con frecuencia la cabeza.
　4. Me preocupas mucho, hijo mío.
　5. Se olvidó de las llaves en casa.
　6. Se me olvidaron los deberes en el coche.
　7. Nevó poco en la sierra este invierno.
　8. Había muchos estudiantes en la clase de fonética.
　9. Se han marchitado las plantas del jardín.
　10. A mi madre le da miedo la oscuridad.
　11. Se han estropeado los plátanos.
　12. Me fastidia mucho tu falta de consideración hacia los mayores.

(14) ¿Cuáles oraciones tienen la función de **atributo**? Indíquelo.
   Modelo: *Eva es <u>española</u>*.
   1. Estos niños son el futuro del país.
   2. Mis padres son un poco raros.
   3. Mi hermana ya no es fumadora.
   4. Vivir es amar.
   5. Está muy cansada la profesora.
   6. Nadie está contento con su suerte.
   7. Están nerviosos los estudiantes por los exámenes.
   8. Se puso muy enferma después de su viaje a México.
   9. Toda la familia está bien.
   10. Todos nosotros estamos hartos de su falta de profesionalidad.

(15) ¿En qué oraciones encontramos la función de complemento **predicativo**? Indíquelo.
   Modelo: *Los estudiantes esperaron <u>tranquilos</u> al profesor.*
   1. A Rafa lo votaron delegado de la clase.
   2. Ana miró incrédula el accidente de coche.
   3. Mi amiga me llamó desconsolada por su divorcio.
   4. Sara se encuentra agotada después de la carrera de 10 km.
   5. Los niños andan contentos corriendo por el parque.
   6. El jurado consideró justo el veredicto de culpabilidad.
   7. Nombraron a mi amiga directora general de su empresa.
   8. Siempre encuentro la casa desordenada.
   9. Comenzamos el día preocupados por las noticias del covid.
   10. ¿Estás cansado de este ejercicio?

(16) Distinga entre el **atributo** y el complemento **predicativo** en las siguientes oraciones.
   1. Mis abuelos están bien de salud.
   2. Los vecinos de Sam parecen entusiasmados por la venta de su casa.
   3. ¿Son ya las once de la noche?
   4. Ana está muy callada desde ayer.
   5. Pintaron a la mujer desnuda.
   6. La mujer está desnuda en la foto.
   7. Los niños caminaban alegres hacia el parque.
   8. La boda es en el viñedo de mis tíos en Oregón.
   9. Las gafas están en el cajón de la mesa de la cocina.
   10. Fotografió a su padre dormido.
   11. ¡Rafa, andas muy despistado últimamente!

(17) ¿Tienen **complemento directo** las siguientes oraciones? Márquelo.
1. No sirvas el té demasiado caliente.
2. Los muebles los importaron directamente de China.
3. Obama sucedió a Bush en la presidencia de los EE. UU.
4. Mi hermana le cuidó los hijos a su amiga el fin de semana pasado.
5. No le dio ninguna información a la policía.
6. Se le ocurrió una magnífica idea para no hacer la tarea.
7. En el hospital, lo mantuvieron despierto toda la noche.
8. En el aeropuerto, nos tomaron las huellas dactilares.
9. La noticia apareció en todos los periódicos.
10. Luis no se afeitó la semana pasada.
11. A Ana no le gusta afeitarse las piernas.
12. No te has maquillado nada para la boda, Isa.
13. Con la pandemia de covid, no nos podemos abrazar como antes.
14. La tarea ya se la entregué a la profesora.
15. A Juan le tocó la lotería.

(18) ¿Cuál de los siguientes sintagmas preposicionales con *a* puede ser **complemento directo**?
1. A mis estudiantes les gusta la sintaxis.
2. A la salida nos tomamos un té en esa nueva cafetería.
3. A mi madre le gustan mucho los dátiles.
4. A las dos de la mañana llegaron mis amigos de su viaje.
5. Por mi cumpleaños, a mí me han felicitado todos.
6. Eligieron a mi profesora de español para la beca Fulbright en Uruguay.
7. Al interés lo supera la virtud.
8. No le digan esto a nadie.
9. Iremos a todos los lugares recomendados en la guía.
10. A ti no te importa el accidente de tus abuelos.
11. ¿Modifica el adverbio al verbo?
12. A las mariposas no les sienta bien el frío.

(19) ¿Necesitan la preposición *a* del **complemento directo** personal estas oraciones?
1. No veo ___ nadie en la clase de música.
2. Tenemos ___ nuestra hija en el hospital.
3. Tienen ___ muchos enfermos de covid en la clínica del pueblo.
4. Hay ___ muchos candidatos para pocos puestos de trabajo.
5. Quiero presentar ___ mi mejor amiga a mi hermano.
6. Necesito ___ una niñera para los sábados por la tarde.

¿Cómo se estructuran las oraciones? Conceptos básicos

  7. El jurado sustituyó ___ Luis por Ana para las elecciones.
  8. Echo de menos ___ mi perrito Coco.
  9. Cuando fuimos al parque, no vimos ___ muchos patos en el estanque.
  10. El poeta canta ___ la vida en ese soneto.
  11. La moto adelantó ___ el autobús.
  12. Buscamos ___ un carpintero con muchos años de experiencia.

(20) Subraye el **complemento directo** y sustitúyalo por un pronombre personal.
  Modelo: *Ayuda a Ana con la tarea. Ayúdala con la tarea.*
  1. ¿Viste a Manolo ayer?
  2. Voy a llamar a Pedro antes del martes.
  3. Te presenté a mi nuevo profesor la semana pasada.
  4. Los estudiantes no entendieron las explicaciones del profesor.
  5. En mi barrio han construido un nuevo pabellón de deportes.
  6. Mañana recibirán los premios.
  7. Nos dieron los resultados del análisis de sangre.
  8. ¿Te enviaron el paquete a casa o al trabajo?
  9. La policía detuvo a los dos estafadores de criptomonedas.
  10. ¡No asustes al niño con la calavera de Halloween!

(21) Fíjese en los pronombres personales e indique si son **complementos directos**.
  Modelo: *¡No me mires así! Me: CD.*
  1. ¡Vete a casa ahora!
  2. Ana se afeitó las piernas de nuevo para ir a la playa.
  3. El profesor nos observa con atención.
  4. Me pusieron el termómetro en la boca al entrar en la clínica.
  5. Mañana nos dirán los resultados del campeonato.
  6. Me maquillaron la cara para el desfile.
  7. Me veo muy delgada.
  8. Te falta poco para las vacaciones.
  9. Ayer te invité a un buen almuerzo.
  10. ¿Te han castigado alguna vez tus padres?
  11. ¡Siempre te amaré!
  12. Nos compraron un perrito por sacar buenas notas.

(22) Cuando los complementos directo e indirecto aparecen antepuestos al verbo se necesita la **repetición pronominal**. Elija el pronombre adecuado en estas oraciones y estructure de nuevo la oración con un orden lógico no enfático, S-V-CD.
  Modelo: *Las llaves las/les dejé en el cajón.*
  Dejé las llaves en el cajón.

1. Aquí a nadie se le/lo regala nada.
2. La bufanda la/le olvidé en clase.
3. A mi hermana la/le robaron el bolso en el supermercado.
4. A mis amigos les/los deseo todo lo mejor.
5. A tu novio le/lo vimos ayer en el restaurante.
6. A mi profesor le/lo dije toda la verdad.
7. A Juan le/lo llamaré por teléfono mañana.
8. A Carlos te le/lo presentaré en la fiesta.

(23) ¿Aparecen casos de **leísmo** en las siguientes oraciones? Corríjalos.

Modelo: *Ese jersey le compramos en H&M.* ***Lo** compramos.*

1. No le digas eso a tu amigo.
2. Le gustas mucho a Juan.
3. A tu novio no le vi en la fiesta de cumpleaños de Saúl.
4. A tus compañeros no les vimos en la clase de ayer.
5. A tu profesor le visité en su despacho antes del examen.
6. Siempre se le ocurren buenas ideas a Ana.
7. Pedro le escribió un poema a su hija.
8. ¡No le escuches! (A Rafa).
9. Llámale después de las cinco de la tarde. (A Mario).
10. Le abandonaron en la carretera. (El perro).
11. Le dejaron el pelo largo. (A Tomás).
12. ¡No le interrumpas! (A tu padre).

(24) Lea el siguiente microrrelato y subraye todos los **complementos directos** que aparezcan.

Iba moviendo el dedo del pie lentamente por el tablero, que estaba en su silla de ruedas, lo deslizaba por las letras despacio, hasta escribir la siguiente frase: "las mujeres tendrán voz".
Florencia entró, como cada mañana, abrió la ventana y acarició el rostro de la niña, mirarla le producía una suave ternura. Cogió el tablero, le enseñó nuevas letras, así se comunicaban y ella había podido liberar su voz. La niña tenía cinco años y sufría una parálisis cerebral. Un día Gabriela Brimmer, crecería iría a la Universidad y daría su voz a todas las mujeres.

El tablero y la voz, Antonia Mora Vico.

(25) ¿Qué partes de estas oraciones funcionan como **complementos indirectos**? Márquelos.

Modelo: *Me lo diste ayer. Me: CI.*

1. ¿No te duele la espalda después de la mudanza?
2. A nadie le amarga un dulce.

¿Cómo se estructuran las oraciones? Conceptos básicos

3. A mí nunca me llama el director del colegio.
4. Le hemos comprado una bicicleta nueva de carreras.
5. Te llamas Juan como tu padre.
6. ¡No te tengo miedo!
7. No te importan las consecuencias de tu comportamiento.
8. A la profesora le llevamos una manzana el día del maestro.
9. Nos han prohibido terminantemente fumar en los pasillos.
10. ¡Siempre nos echan la culpa!
11. No se lo digas a nadie.
12. Me compré este reloj de plata en una tienda de antigüedades.
13. Tengo que afeitarme la barba todos los días.
14. ¡No le des más importancia, Lola!
15. A mí me toca pagar hoy.

(26) Marque todos los **complementos circunstanciales** que aparezcan en las oraciones y diga de qué tipo se tratan.
   Modelo: *Me llamaste ayer. Ayer: CC Tiempo.*
1. Leo el periódico todos los días por la tarde.
2. Por la mañana no tengo mucha hambre.
3. Ana toca muy bien el violín.
4. Mañana viajaremos en tren con tu profesor para el viaje de fin de curso.
5. Estas zapatillas me costaron $50 en las rebajas del supermercado la semana pasada.
6. El viernes vamos a la biblioteca con Sam.
7. Nunca me han dado un regalo para mi santo en julio.
8. En Nueva York no se vive muy bien por el precio de los alquileres.
9. Hoy llegué temprano a clase, antes que mis compañeros.
10. ¡Ven aquí enseguida!
11. Esta tarde a las tres se reúne el director con los estudiantes expulsados.
12. Por todas partes había grafitis contra el presidente.
13. Escríbeme pronto por email antes del fin de semana.
14. Hoy por ti, mañana por mí, así es la vida.
15. Esta regla sirve igualmente para todas las palabras mencionadas.
16. ¿Nos vemos por la tarde para (tomar) un café?
17. Para el año próximo se jubilará mi padre.
18. Tienes que salir para el pueblo por la mañana temprano.

(27) Lea el texto y marque todos los **complementos circunstanciales**, especificando de qué tipo son.
   El coronel rasga el sobre y lee con su habitual gesto inexpresivo. Se pone de pie, va hacia la ventana y rompe la nota en pedacitos. Le dice al soldado:

–En tiempos de los romanos, cuando un mensajero traía malas noticias, era costumbre pasarlo por las armas. ¿Usted ha leído algo de historia? Se vuelve hacia el soldado con una sonrisa interrogante.
–No, mi coronel, pero sé leer cartas –responde el mensajero, sacando su pistola.

Abecedario, Juan Armando Epple.

(28) Indique si la preposición subrayada introduce un **complemento de régimen** (o suplemento). Explique por qué.

Modelo: *Bajamos <u>al</u> segundo piso del edificio.*
No es CReg, es CC Lugar.

1. Tenemos que adaptarnos <u>a</u> las nuevas condiciones de la pandemia.
2. Juegas muy bien <u>al</u> fútbol, Sam.
3. Nos fuimos <u>a</u> las 11 de la noche.
4. No renuncies <u>a</u> tus sueños.
5. Luis soñó <u>con</u> sus abuelos anoche.
6. Iré contigo <u>al</u> partido de baloncesto.
7. Mis vecinos acaban de llegar <u>de</u> México.
8. Me arrepiento mucho <u>de</u> haberte insultado.
9. Ana viene <u>del</u> supermercado.
10. Los estudiantes se quejan <u>de</u> la comida de la cafetería.
11. Fíjate bien <u>en</u> las señales de tráfico.
12. He vivido <u>en</u> Oregón 20 años.
13. No tardes <u>en</u> llegar para la cena.
14. El profesor habla mucho <u>de</u> su vida en Irlanda.
15. Este chiste está para morirse <u>de</u> la risa.

(29) Indique si son **complementos circunstanciales** o **de régimen** los sintagmas preposicionales de las siguientes oraciones.

Modelo: *Se ocupa <u>del gato del vecino</u> <u>de lunes a jueves</u>.*
Del gato del vecino: CReg. De lunes a jueves: CC Tiempo.

1. Al final, tuvimos que hacer de brujas en la obra de teatro.
2. Hablábamos de tus vacaciones veraniegas.
3. Hablamos poco con los vecinos.
4. Mi amiga Ana habla por los codos.
5. Bea se encontró con sus amigos en la facultad.
6. Tom se encontró a Ana esta mañana temprano.
7. La profesora piensa mucho en el futuro de sus estudiantes.
8. Todos pensamos cosas raras de vez en cuando.
9. No dudes tanto de las intenciones de tu novia.

10. Trataremos de estos asuntos en la próxima reunión.
11. Los padres se preocupan de la educación de sus hijos.
12. ¿Por qué te ríes del chiste? No tiene gracia.

(30) Señale el **complemento agente** en las siguientes oraciones.
Modelo: *Se ha sustituido la máquina de escribir <u>por la computadora</u>.*
1. El holocausto fue provocado por los nazis.
2. La historia siempre se escribe por los ganadores de guerras.
3. Al autobús lo desviaron por un atajo.
4. El taxi fue desviado por un atajo por la policía.
5. El planeta Venus fue observado atentamente por los astrónomos chilenos.
6. El Quijote fue escrito por Cervantes.
7. Drácula existió y fue temido de sus gentes durante muchos años.
8. Se cultivan pocas fresas en esta zona por los incendios forestales.
9. La escritora fue muy criticada por los periodistas.
10. Se han detectado los focos del virus.
11. Los brotes de la epidemia de covid serán estudiados por los especialistas y virólogos.
12. Esa mezquita fue construida en el año 785 por los árabes.
13. Se despidió de sus amigos con lágrimas en los ojos.
14. Casi trescientos restaurantes españoles fueron premiados con Estrellas Michelín.

(31) Señale todos los **complementos del nombre** que aparezcan en el siguiente texto.
En un desierto lugar del Irán hay una no muy alta torre de piedra, sin puerta ni ventana. En la única habitación (cuyo piso es de tierra y que tiene la forma de círculo) hay una mesa de madera y un banco. En esa celda circular, un hombre que se parece a mí escribe, en caracteres que no comprendo, un largo poema sobre un hombre que en otra celda circular escribe un poema sobre un hombre que en otra celda circular... El proceso no tiene fin y nadie podrá leer lo que los prisioneros escriben.
Un sueño, Jorge Luis Borges.

(32) Señale en las siguientes oraciones todos los **complementos del nombre, del adjetivo** y **del adverbio**.
Modelo: *El viento es el correo <u>amoroso de las flores</u>.* (Gómez de la Serna)
Amoroso y *de las flores*: dos CNs.
1. No me gusta el café con leche.
2. Me compré un vestido a rayas.
3. La cabeza es la pecera de las ideas. (Gómez de la Serna)
4. El vestido azul celeste no tiene mangas.

5. Ana se sentó detrás de mí.
6. Conoce a su vecino muy bien.
7. Se encuentra bastante mal por la fiebre.
8. El gato se encuentra debajo de la mesa durmiendo.
9. Tu madre está muy preocupada por tus notas.
10. ¿Vives cerca de la casa de Carlos?

(33) ¿Funcionan como **aposición** o como **complemento del nombre** las partes subrayadas de la oración?

        Modelo: *Mi hermana <u>gemela</u> se acaba de casar.*
        Gemela: aposición.

1. Llamaron a tu hermana Ester en honor a su abuela.
2. Tu reloj Citizen funciona sin batería.
3. Me regalaron por navidad un reloj de pared.
4. Mis amigos, los Sánchez, viven muy cerca de nuestra casa.
5. Los vecinos de los Sánchez vendieron la casa la semana pasada.
6. Atravesó el río Guadalupe a nado.
7. En Tejas, a las orillas del río Guadalupe se encuentran cocodrilos gigantes.
8. En su casa tiene una silla estilo barroco.
9. Mi hermana Yesica es peluquera.
10. Se pueden ver las caras de cuatro presidentes en el monte Rushmore en Dakota.

(34) Lea el siguiente texto y especifique qué **función** tienen las palabras subrayadas.

Érase una vez un grupo <u>de viejas</u> e ilustres amigas que se reunieron para contarse <u>sus logros</u> y sus vidas. <u>Cenicienta</u> <u>les</u> contó que se hizo <u>arquitecta</u>. Porque en lugar de limpiar <u>castillos</u>, prefiere construir<u>los</u>. <u>Blancanieves</u>, que según los enanitos es <u>una rompe corazones</u>, optó por hacerse <u>cardióloga</u>. <u>Caperucita</u> se hizo miembro <u>del Parlamento Europeo</u>. Y ya <u>no</u> teme <u>a ningún lobo</u>.

<u>La Bella Durmiente</u>, que llevaba <u>cien años</u> durmiendo, se quedó <u>asombrada</u> con la igualdad y los éxitos conseguidos <u>por las mujeres</u>. Y <u>le</u> pareció <u>un sueño</u> que <u>por fin</u> haya cambiado <u>el cuento</u>.

        Cómo ha cambiado el cuento, Beatriz Domínguez Palarea.

(35) Lea el siguiente texto y especifique qué **función** tienen las palabras subrayadas.

Caminaba <u>erguida</u> pese a cargar <u>con leña</u>. Aquel día era <u>diferente</u>: iría <u>al colegio</u>. Esto le daba <u>esperanza</u>. Lucharía <u>por sus derechos como mujer</u>, más bien, como ser humano. <u>Hoy</u> el sol brillaba <u>en lo alto</u>. Diría <u>a su padre</u> que <u>no</u> se casaría por un par <u>de cabras</u>. <u>La medicina</u> sería su mejor matrimonio. Enseñó las hierbas <u>recogidas</u> y cultivadas, habló <u>de propiedades medicinales</u>, maravilló la mirada <u>de sus progenitores</u> mostrando lo que sabía. Cambió <u>su suerte</u> al intercambiar sus plantas <u>medicinales</u>

¿Cómo se estructuran las oraciones? Conceptos básicos 77

por los animales que les ofrecían sus vecinos. Supo que todas las personas podían cambiar su suerte.

Cambiar la suerte, Rocío Martín García.

(36) Reconstruya las siguientes oraciones que aparecen desordenadas.
Modelo: *amor, es, el (2), único, de, camino, redención, nuestra.*
El amor es el único camino de nuestra redención. (Jacinto Benavente)
1. naturaleza, todas, la, cubre, obras, barniz, con, de, un, belleza, sus. (A. Schopenhauer)
2. hambriento, fe, la, carne, perro, un, solo, en, tiene. (A. Chejov)
3. mejillones, las, luto, de, son, almejas, los. (R. Gómez de la Serna)
4. montada, película, es, mal, la, una, vida. (F. Trueba)
5. felicidad, en, memoria, buena, consiste, la, y, salud, mala, tener. (E. Feuillere)
6. lo de (2) está que todo moda (2) pasa. (C. Channel)

(37) Lea las siguientes oraciones del español medieval y analice el **orden** de las palabras. ¿Cómo se diferencia este orden del español moderno normativo?
1. Mandó ver sus yentes mio Çid el Campeador. (Cantar del Mio Cid, 1207, v. 417)
2. Los moros & las moras vender non los podremos / que los descabeçemos nada non ganaremos; cojámoslos de dentro, ca el sennorío tenemos / posaremos en sus casas & d'ellos nos serviremos. (Cantar del Mio Cid, 1207, vv. 619–622)
3. Et quando mató Belid Alfons el Rey Don Sancho a traición. (Corónicas navarras, h. 1209)
4. Despertó el dueño de la casa e sintiólos. (Calila e Dimna, 1251)
5. Et el león levantóse, et començó de andar et de catar a diestro et a siniestro fasta que vido la liebre venir, et dixole: -¿Dónde venís et dó son las bestias? (Calila e Dimna, 1251)
6. A las cosas çiertas vos comendat et las vanas dexat. (*El Conde Lucanor*, Doña Truhana, h. 1331–35)

(38) Lea las siguientes oraciones del español medieval. Intente identificar el **complemento directo** y si aparece introducido por la preposición *a*. ¿Cómo serían estas oraciones en español moderno?
1. En un ora & un poco de logar CCC moros matan. (Cantar del Mio Cid, 1207, v. 605)
2. Et quando çercó el Rey Don Sancho su hermano en Çamora. (Corónicas navarras, h. 1209)

3. Prisó el Rey Don Sancho de Castieylla a Rodic Diaz et criolo. (Corónicas navarras, h. 1209)
4. Adam ouo dos fillos, Kaym et Abel. Mató Kaym ad Abel. (Liber Regum, h. 1211)
5. Ffizo ha Apolonio, su amigo, llamar. (Libro de Apolonio, h. 1250)
6. Ningún omne meresçía muerte de traydor por matar su señor et su padre. (El Conde Lucanor, h. 1331–35)
7. Et con aquella riqueza que ella cuydava que avía, asmó cómmo casaría sus fijos et sus fijas. (El Conde Lucanor, Doña Truhana, h. 1331–35)
8. Vide tres damas hermosas que d'amores han requesta. (Marqués de Santillana, h. 1388)
9. Des que ove bien mirado estas senyoras que digo. (Suero de Ribera, h. 1500)
10. A hablar la duquesa voy / quedad con Dios. (Lope de Vega, El Molino, 1604: 436)

(39) Encuentre diez **conjunciones** en la sopa de letras: *apenas, aunque, ni, para que, pero, porque, pues, que, ya que, sino*.

R	E	Y	X	A	F	C	P	B	E	L
P	N	W	A	Q	U	V	X	U	T	V
F	S	H	L	P	J	N	J	M	E	P
B	W	L	S	O	Y	A	Q	M	R	S
J	P	K	M	R	Z	P	O	U	I	Q
T	A	I	D	Q	S	E	T	I	E	G
S	R	A	H	U	I	N	O	D	P	Y
L	A	E	H	E	N	A	Q	A	Q	A
Q	Q	P	E	R	O	S	N	S	I	Q
U	U	U	L	Z	M	N	Y	H	B	U
E	E	B	Q	W	V	I	I	H	D	E

Actividades de autoevaluación

En estas actividades que siguen solo hay **una** respuesta correcta.

(1) ¿Qué oración carece de **sujeto** (es impersonal)?
   a. No se lo digas a nadie.
   b. Se venden bicicletas a buen precio.
   c. A mi novio le huelen los pies.
   d. En la costa llueve mucho.

(2) ¿En qué oración se ha omitido el **sujeto**?
   a. Tengo muchas dudas sobre este ejercicio.
   b. No le gusta nada la leche.
   c. Me duele la cabeza.
   d. Se hacen fotocopias a precios módicos.

(3) ¿En qué oración *problemas* **no** forma parte del **predicado**?
   a. Esa pareja tiene problemas de comunicación.
   b. No me molestes con tus problemas económicos.
   c. Los problemas siempre se los resuelve su padre.
   d. No me importan los problemas entre tus vecinos.

(4) Indique en qué oración *libro* forma parte del **predicado**.
   a. No me gusta este libro sobre virología.
   b. Me compré un libro sobre esoterismo.
   c. Se me olvidó el libro de la clase en casa.
   d. ¿Cuánto te costó el libro?

(5) ¿En qué oración tenemos solo **predicado**?
   a. Se lo dije a todos.
   b. Caía la lluvia sin descanso.
   c. Se cayó al suelo el vaso de leche.
   d. No había muchos estudiantes en esa clase.

(6) ¿En qué oración *lento* funciona como **adverbio**?
   a. Es un hombre lento para correr en el campeonato.
   b. Todos me parecen más lentos que yo.
   c. Habla muy lento cuando está en clase.
   d. Con los movimientos lentos de *tai chi* nos relajamos mucho.

(7) ¿En cuál de las siguientes oraciones **no** aparece el **complemento directo**?
   a. La novela me costó diez euros.
   b. Ayer te vimos en el supermercado con tu novio.

c. El jugador metió un gol cinco minutos antes del final del partido.
d. No puedo comerme toda la lasaña yo solo.

(8) ¿En qué oración el pronombre *me* funciona como **complemento directo**?
   a. Todos los asistentes me pidieron autógrafos.
   b. No me molestan los ladridos del perro del vecino.
   c. Me veo muy pálida últimamente.
   d. Con todo este tráfico, me duele la cabeza.

(9) ¿Cuál de los sintagmas preposicionales es **complemento directo**?
   a. Ayer le escribí a tu prima por su cumpleaños.
   b. Mañana llegamos a Buenos Aires.
   c. ¡Visita a tus padres con más frecuencia!
   d. El fantasma de su abuelo se le apareció a Inés.

(10) De los siguientes sintagmas preposicionales introducidos por la preposición *a*, ¿cuál funciona como **complemento directo**?
   a. Ana se parece a su madre.
   b. Faltó mucho a las clases del trimestre pasado.
   c. Nos invitó a una cena espléndida por su cumpleaños.
   d. Al bebé lo bañan dos veces al día.

(11) ¿En qué oración el pronombre *le* funciona como **complemento directo** (leísmo)?
   a. Se le ocurrió una idea genial para el ensayo final.
   b. Le tiemblan los ojos cuando bebe mucho café.
   c. ¿A Juan le llamaste por teléfono?
   d. Le encantan los batidos de plátano y coco.

(12) ¿En qué oración el pronombre *le(s)* funciona como **complemento indirecto**?
   a. Le picaron los mosquitos por todo el cuerpo.
   b. Les llamó tarde en la noche la policía a causa del accidente.
   c. A Sam le veo más delgado últimamente.
   d. Les felicitamos por su nuevo trabajo en Google.

(13) ¿En qué oración aparece el **complemento directo** antepuesto?
   a. A las mujeres jóvenes les pican más los mosquitos por los estrógenos.
   b. A mí me parecen falsas esas noticias del periódico.
   c. A tu madre no se lo presenté.
   d. A ti te maquillaron muy bien para la fiesta de fin de año.

¿Cómo se estructuran las oraciones? Conceptos básicos 81

(14) ¿En qué oración aparece la función de **complemento indirecto**?
   a. Ayer le atropelló un coche. (A Pedro).
   b. Nos dejó a todos impresionados.
   c. ¡Lávate bien las manos con jabón!
   d. La familia echa de menos mucho al fallecido.

(15) ¿Qué sintagma preposicional funciona como **complemento circunstancial**?
   a. Nos recibieron con globos y aplausos después del partido.
   b. No creo en la historia oficial de ese asesinato.
   c. Mi profesora se extraña de la ausencia de Tom.
   d. Tus padres se alegran de tus notas en la clase de matemáticas.

(16) ¿En qué oración aparece la función de **complemento de régimen** o **suplemento**?
   a. El tren saldrá a las diez en punto el sábado.
   b. Cuesta un veinte por ciento menos al por mayor.
   c. Se adapta muy bien al nuevo vecindario.
   d. Subió las escaleras a tientas sin luz.

(17) ¿En qué oración aparece la función de **complemento predicativo**?
   a. Mañana lo nombrarán presidente de la compañía.
   b. Será elegido por unanimidad.
   c. El arco iris es la bufanda del cielo. (Ramón Gómez de la Serna)
   d. Ruth habla siempre despacio.

(18) ¿En qué oración tenemos un **complemento agente**?
   a. No lleves al perro por este camino.
   b. El campeonato del fútbol se ganó por el Real Madrid.
   c. Por ti me he sacrificado todos estos años.
   d. No vamos a solucionar este problema por ahora.

(19) ¿Qué sintagma preposicional funciona como **complemento del nombre**?
   a. Con tanta cafeína, no voy a poder dormir esta noche.
   b. Los coches de color rojo pagan más en las aseguradoras.
   c. Acuérdate de tu cita con el dentista.
   d. Mañana el profesor nos hablará del examen final.

(20) ¿En qué oración tenemos un **complemento del nombre**?
   a. Te queda muy bien esa falda a cuadros.
   b. ¡No renuncies a tus estudios por esta enfermedad!

c. La novela consta de diez capítulos más una introducción.
  d. Esa blusa la vendían barata a diez euros en las rebajas.
(21) ¿En qué oración aparece la función de **vocativo**?
  a. Dime, hija, qué has hecho.
  b. Pedro va ahora mismo al garaje.
  c. La madre de José está en el hospital.
  d. Ya se compró Juan un coche nuevo.
(22) El **sujeto** de la oración *su sueldo son cien mil dólares al año* es...
  a. Su sueldo.
  b. Dólares.
  c. Cien mil dólares.
  d. Ninguna de las opciones mencionadas.
(23) La palabra *azul* en *me gusta tu traje azul marino oscuro* es...
  a. Un adjetivo que modifica a traje.
  b. Un adjetivo que modifica a marino.
  c. Un adjetivo que modifica a oscuro.
  d. Ninguna de las opciones mencionadas.
(24) En la oración *hago míos sus deseos*, podemos decir que...
  a. *Míos sus deseos* es el complemento directo.
  b. *Míos* es un complemento circunstancial de posesión.
  c. *Míos* es complemento predicativo de *sus deseos*.
  d. *Míos* es el complemento directo.
(25) El **complemento directo** en *me presentaron esta tarde al director* es...
  a. No puede saberse fuera de contexto.
  b. *Me*.
  c. *Al director*.
  d. *Esta tarde*.
(26) En la oración *me gustó mucho la lasaña* **no hay**...
  a. Sujeto.
  b. Complemento directo.
  c. Complemento indirecto.
  d. Ninguna de las opciones mencionadas.

(27) En la oración *¿qué carta me tiene que ser enviada?*, **no hay**...
   a. Complemento directo.
   b. Sujeto.
   c. Complemento indirecto.
   d. Ninguna de las opciones mencionadas.

(28) ¿Qué diferencias sintácticas existen entre *le dejó ver* y *le intentó ver*?
   a. *Le* es complemento indirecto de dejar.
   b. Le funciona como complemento indirecto de intentar.
   c. Le es complemento directo de dejar.
   d. Ninguna de las opciones mencionadas.

CAPÍTULO 2

¿Cómo se estructura la oración simple?

Se puede definir la oración como la unidad máxima del análisis sintáctico, caracterizada por la unión de un sujeto y un predicado (aunque el sujeto no siempre se requiere); en otras palabras, algo de lo que se habla (sujeto) y lo que se dice o predica sobre ello (predicado). Hay muchas definiciones de oración, la RAE (2001) la define como palabra o conjunto de palabras con que se expresa un sentido gramatical completo. Hernández Alonso la describe como una "unidad capaz de transmitir un mensaje, un enunciado autónomo y suficiente, intencionado y comprensible" (1984: 38). Alcaide Lara enfatiza que "la oración se caracteriza principal y esencialmente por presentar una relación de predicación, sujeto-predicado" (1990: 232). Si nos atenemos a criterios gramaticales y semánticos podemos destacar los siguientes rasgos para describir una oración:

a) Autonomía sintáctica y semántica.
b) Estructura: sujeto y predicado.
c) Presencia de un verbo conjugado, en forma personal.
d) Ordenación de palabras.
e) Expresa un juicio o un pensamiento con sentido completo.
f) Entonación característica.

Las oraciones pueden alcanzar bastante complejidad sintáctica, debido a la dificultad de las combinaciones posibles entre los sintagmas formantes, la terminología y las interacciones estructurales con otras cláusulas para formar oraciones compuestas y de mayor extensión. En términos generales, toda oración puede describirse como la relación entre dos sintagmas que mantienen entre sí la relación de sujeto y predicado; esta es la definición más utilizada y la que más frecuentemente se aplica a las prácticas lingüísticas. No obstante, esta relación de predicación puede venir expresada en estructuras carentes de sujeto (como en las oraciones impersonales, *llueve, no hay leche, hace calor, es tarde*), e incluso, de verbo (*¡qué mala suerte!, ¡qué asco!, ¡maldito!, ¡las cuentas claras y el chocolate espeso!, ¡al pan, pan, y al vino, vino!* etc.). Estas estructuras marginales carentes de verbo se estudian como construcciones interjectivas equivalentes a oraciones completas donde se ha elidido el verbo: *¡qué mala suerte (tengo)!, ¡qué asco (me da)!, ¡maldito (seas)!, ¡(a mí me gustan) las cuentas claras y el chocolate espeso!, ¡al pan (se le llama) pan, y al vino (se le llama) vino!*; estos dos últimos dichos populares invitan a hablar con claridad, sin rodeos.

A la hora de dividir una oración, las dos unidades sintácticas básicas son el sujeto y el predicado. Estos dos elementos se relacionan sintácticamente por la concordancia: el sujeto concuerda en persona y número con el verbo del predicado. Semánticamente, el predicado exige la presencia de un sujeto compatible, con unas determinadas características (por ejemplo, *estudiar* exige un sujeto humano), y alcanza su sentido pleno cuando indica una acción, proceso o estado de dicho sujeto.

Con la excepción de las oraciones impersonales, todas las oraciones poseen un sujeto y un predicado. A veces el sujeto puede elidirse, por ejemplo, en *estudias mucho*, el sujeto *tú* queda sobreentendido y no se necesita. En otros casos, el sujeto queda implícito y se deduce del contexto. Para reconocer el sujeto el único criterio válido consiste en determinar la concordancia con el verbo; si no hay concordancia, ese elemento no puede ser el sujeto.

El predicado lo constituye el sintagma verbal formado a su vez por el verbo y sus complementos. En el caso de un verbo copulativo (*ser, estar*) el atributo acompaña al verbo y describe un predicado nominal, ya que el contenido semántico de la predicación lo aporta el atributo. Estos verbos copulativos sirven de unión, de cópula, y carecen de peso semántico; es el atributo el que aporta una propiedad o estado al sujeto, concordando en género y número con él (por ejemplo, *la niña es muy alta, el café está frío*). También en esta estructura de predicado nominal se incluyen los verbos semicopulativos o semiatributivos que no son *ser* o *estar* pero que igualmente funcionan de unión entre el sujeto y el atributo que, en estos casos, se denomina complemento predicativo. Así, por ejemplo, en *Ana está nerviosa* el verbo es copulativo y *nerviosa* atributo, mientras que en *Ana parece nerviosa, anda nerviosa, se puso nerviosa, sigue nerviosa, se encuentra nerviosa*, etc., los verbos *parece, anda, se puso, sigue, se encuentra* son semicopulativos y *nerviosa* complemento predicativo (léase capítulo uno para más información sobre esta función).

El análisis de cualquier oración siempre parte del reconocimiento de estos dos elementos: el sujeto y el predicado (salvo las impersonales que carecen de sujeto). Dado que son los dos constituyentes esenciales, la representación arbórea se inicia con una estructura en dos ramas, correspondientes al sujeto, sintagma nominal, y al predicado, sintagma verbal, desde el inicio. Es decir, el primer nivel de análisis comienza con la distinción entre el sujeto y el predicado (véase ejemplo 1).

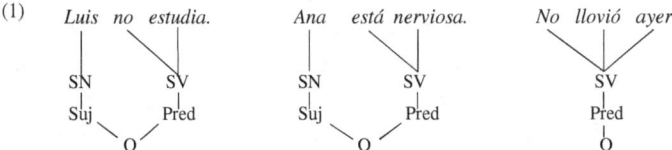

2.1 ¿Cómo se clasifican las oraciones según su estructura?

Las oraciones pueden clasificarse de distintas maneras según los criterios que usemos. En primer lugar, si nos fijamos en la estructura interna, las oraciones se dividen en simples y compuestas (o complejas). Una oración simple está formada por un solo verbo. Por el contrario, la oración compuesta posee dos o más verbos con sus correspondientes sujetos. Las oraciones compuestas pueden mantener entre si una relación de igualdad jerárquica o de dependencia y subordinación; a las primeras se les llama coordinadas, porque están al mismo nivel u orden de independencia sintáctica, a las segundas se les llama subordinadas ya que mantienen cierta dependencia entre sí.

Por ejemplo, *la profesora corrigió las actividades* es una oración simple; *la profesora corrigió las actividades y puso las notas* es una oración compuesta coordinada formada por dos proposiciones o cláusulas con los verbos *corrigió* y *puso* respectivamente; *la profesora preguntó quién hizo las actividades* es una oración compuesta subordinada, donde *quién hizo las actividades* depende del verbo *preguntó*, es su CD, *preguntó eso*.

En segundo lugar, podemos clasificar las oraciones según posean o no sujeto; si no lo tienen se llaman impersonales. Aquellas donde el sujeto esté elidido, implícitamente, no se consideran impersonales. Solo lo son aquellas donde no existe sujeto.

En tercer lugar, si nos fijamos en el verbo, en la naturaleza del predicado, podemos distinguir entre las oraciones copulativas y las predicativas. Las oraciones copulativas necesitan un verbo copulativo (*ser* o *estar*) y un atributo, de ahí que también se les llame oraciones atributivas. A veces *ser* o *estar* pueden funcionar como verbos predicativos, es decir, sin atributo, como en *Ana está en la biblioteca, la boda es por la mañana, la cena fue ayer*. Por otro lado, tenemos las oraciones semicopulativas que llevan un verbo semicopulativo (*encontrarse, quedarse, llamarse, parecer, ponerse, resultar, verse*) y complemento predicativo, como en *Ana se encuentra enferma hoy*. Todas las oraciones que no se clasifican como copulativas o semicopulativas son predicativas. En el grupo de las predicativas podemos distinguir las activas, con el verbo en voz activa, y las pasivas, con el verbo en voz pasiva, por ejemplo, *Cervantes escribió El Quijote* (activa) frente a *El Quijote fue escrito por Cervantes* (pasiva). Además, según la naturaleza del verbo, si es transitivo, intransitivo, si expresa reflexividad, reciprocidad o impersonalidad, las oraciones pueden denominarse transitivas, intransitivas, reflexivas, recíprocas o impersonales. Léase la sección que sigue para más información sobre esta clasificación.

En cuarto y último lugar, las oraciones pueden clasificarse también por la intención del hablante y la modalidad oracional, es decir, por el propósito de la comunicación. Pueden ser negativas o afirmativas cuando niegan o afirman algo; enunciativas cuando indican o enuncian un comunicado; interrogativas cuando expresan una pregunta; exclamativas cuando comunican una exclamación; imperativas o exhortativas cuando transmiten una orden o mandato. A estas cuatro modalidades básicas (enunciativas, interrogativas, exclamativas e imperativas), algunos autores añaden las desiderativas y dubitativas que expresan deseo y duda respectivamente.

¿Cómo se estructura la oración simple?

En resumen, todos estos factores: el número de verbos, la naturaleza del predicado, la existencia del sujeto y la intención del hablante determinan cómo clasificamos las estructuras oracionales. A continuación se explican paso a paso estas distinciones.

2.2 ¿Qué estructuras aparecen en la oración simple según el verbo?

La oración gramatical simple se define como la menor unidad lingüística con sentido completo e independiente. El rasgo más característico es que posee un solo verbo. Por la naturaleza de este verbo y sus complementos, es decir, el predicado, las oraciones simples se clasifican en dos grandes grupos: las copulativas o atributivas y las predicativas.

2.2.1 *La oración copulativa o atributiva*

La oración copulativa o atributiva se forma con un verbo copulativo (*ser* y *estar*) que sirve de unión entre el sujeto y su atributo. Mediante la atribución se indican cualidades del sujeto. El atributo concuerda en persona y número con el sujeto. Desde el punto de vista semántico, este tipo de predicado se considera nominal ya que el núcleo del predicado recae en el atributo. Véanse algunos ejemplos de oraciones copulativas en 2.

(2) a. *Ana está muy enferma desde la semana pasada.*
    b. *La película fue estupenda.*
    c. *Mis hermanas estaban alteradas esta mañana por el accidente.*

En estos ejemplos, *enferma*, *estupenda* y *alteradas* funcionan como atributos. Además del atributo, los verbos copulativos pueden llevar otros complementos circunstanciales pero nunca pueden acompañar a los complementos propios de los verbos predicativos (CD, CI, CAg y CReg). La atribución también puede expresarse por medio de otros verbos cuasicopulativos o cuasiatributivos (también denominados semicopulativos o semiatributivos) que sin ser propiamente atributivos funcionan como tales y van seguidos del complemento predicativo (equivalente al atributo). Entre los verbos que pueden ir en estructuras cuasiatributivas encontramos: *andar, considerarse, creerse, encontrarse, quedarse, hacerse, hallarse, llamarse, llegar, parecer, ponerse, resultar, verse, vivir*, etc. Véanse algunos ejemplos en 3.

(3) a. *Esta niña **está** muy ilusionada*. (Atributiva).
b. *Esta niña **parece** cansada*. (Cuasiatributiva).
c. *Esta niña **andaba** cansada*. (Cuasiatributiva).
d. *Mi hermana **es** muy guapa*. (Atributiva).
e. *Mi hermana **se cree** muy inteligente*. (Cuasiatributiva).
f. *Ana **llegó** preocupada*. (Cuasiatributiva).
g. *Bea **viene** preocupada*. (Cuasiatributiva).

En estas oraciones *ilusionada* y *muy guapa* son atributos en estructuras copulativas, mientras que *cansada*, *muy inteligente* y *preocupada* funcionan como complementos predicativos en estructuras cuasiatributivas. Por otro lado, los verbos copulativos por excelencia, *ser* y *estar*, pueden ir en estructuras no copulativas, es decir, predicativas. La distinción entre atribución (que proporciona cualidades) y la predicación (que indica comportamientos) no resulta siempre precisa, por lo que necesitamos fijarnos en el contexto, en la estructura oracional y sus matices significativos. Formalmente, la atribución y la predicación se expresan en muchas ocasiones con las mismas formas verbales. Compárense los ejemplos en 4.

(4) a. *Tom está muy nervioso*. (Atribución).
b. *Tom **está** en la biblioteca*. (Predicación).
c. *Ana es bastante feliz con sus padres*. (Atribución).
d. *Ana vive bastante feliz con sus padres*. (Semiatribución).
e. *Ana **vive** en casa de sus padres*. (Predicación).
f. *La boda fue muy bonita, con muchas flores*. (Atribución).
g. *La boda quedó muy bonita en esa iglesia*. (Semiatribución).
h. *La boda **fue** en México hace siete días*. (Predicación).
i. *La clase de yoga **es** a las dos de la tarde en el gimnasio*. (Predicación).
j. *La clase **está** en el gimnasio*. (Predicación).

En algunos proverbios o frases hechas, en las estructuras copulativas o atributivas, se suprime el verbo sin que cambie el significado como por ejemplo en refranes populares como *año de nieves, año de bienes (año de nieves es año de bienes); perro ladrador, poco mordedor (perro ladrador es poco mordedor); de tal palo, tal astilla (de tal palo es tal astilla); cual el padre, tal el hijo (cual es el padre, tal es el hijo)*, etc.

Merece destacarse que, a diferencia del español que cuenta con dos verbos atributivos, *ser* y *estar*, en las lenguas romances, y en otras lenguas modernas, la atribución se indica con un solo verbo como *essere* en italiano, *etre* en francés, *a fi* en rumano y *to be* en inglés. Este doble tipo de atribución verbal crea muchos problemas para los aprendices de español como segunda lengua ya que, a veces, las diferencias significativas entre el uso de *ser* y *estar* no quedan claramente delimitadas. Véanse algunos ejemplos contrastivos de *ser* y *esta*r en 5.

(5) a. *El niño* **es** *sucio. El niño* **está** *sucio.*
 b. *Tu madre* **es** *guapa. Tu madre* **está** *guapa.*
 c. *La clase* **es** *en la biblioteca. La clase* **está** *en la biblioteca.*
 d. *Mi casa* **es** *aquí, la de color gris. Mi casa* **está** *aquí, en esta calle.*

En algunas de estas oraciones podemos ver que hay diferencias de significado entre cualidades permanentes con *ser* y accidentales con *estar*, aunque no siempre se pueden establecer estas distinciones, por ejemplo, en oraciones como *Luis está muerto*, el verbo *estar* no indica una cualidad transitoria. También podemos añadir que *ser* indica características inherentes y *estar* características adquiridas o añadidas. Cuando se habla del estado civil, se pueden usar tanto *ser* como *estar*, *soy viuda, estoy viuda*, a veces, el uso de una u otra forma varía según los dialectos pero la RAE acepta las dos estructuras.

Desde el punto de vista sintáctico, solo *estar* puede acompañar al gerundio, ¡*está nevando!*; mientras que *ser* acompaña a sustantivos *soy profesora*, no se puede **estar profesora*, con excepciones de expresiones aisladas y coloquiales con *estar* (*tu amiga está bomba, estás pez*). Tanto *ser* como *estar* pueden ir seguidos de adverbios y de adjetivos como en *Luis es de Cuba, Luis está en Cuba; la fruta es verde, la fruta está verde*. Cuando van acompañados del adjetivo es cuando se producen más cambios de significado y se crean más dificultades de aprendizaje para los estudiantes de español. Algunos adjetivos (pocos en número) cambian su significado según vayan con el verbo *ser* o *estar*. Así *ser listo*, inteligente, se distingue de *estar listo*, preparado; *ser claro*, de color claro, frente a *estar claro*, cuando no se admite duda; *ser bueno o malo* de carácter se distingue de *estar bueno o malo* de salud; *ser rico* de dinero, *estar rico* de sabor; *ser despierto, abierto o cerrado* de personalidad frente a *estar despierto*, no dormido, *estar abierto o cerrado*, cuando abren o cierran un lugar; *ser atento* significa ser amable mientras que *estar atento* prestar atención. Véanse más ejemplos en 6.

(6) a. *Tu hijo es listo. Tu hijo está listo para la universidad.*
    b. *Esta luz es muy clara. La solución está clara.*
    c. *Isa es buena. Isa está buena.*
    d. *Este personaje es muy malo. Este personaje está malo.*
    e. *Ana es rica. La sopa está bastante rica.*
    f. *Mi hermana es despierta. Mi hermana está despierta.*
    g. *Mi amiga es muy atenta. Mi amiga no está atenta en clase.*

Desde el punto de vista semántico, *ser* define e indica propiedades inherentes, localiza en el tiempo, asimismo equivale a otros sinónimos como *existir, ocurrir, suceder* y *celebrarse*. Se usa para describir el origen, la profesión, el carácter y físico de una persona y la forma de un objeto. Véase el ejemplo 7 con más oraciones con *ser*.

(7) a. *¿Cuándo es la cena? La cena es a las seis de la tarde.*
    b. *El concierto es mañana domingo.*
    c. *Luis es alto, delgado y muy simpático.*

Mientras tanto *estar* hace referencia a un estado, al resultado de un proceso y localiza en el espacio; puede equivaler a *permanecer, localizar, ubicar(se), ocupar un lugar*. Normalmente indica una cualidad transitoria, accidental o temporal. Etimológicamente viene del latín STARE, que significaba *estar de pie, ponerse de pie, posicionarse*. Se utiliza también para expresar estados de ánimo y el resultado de una acción como en las oraciones de 8.

(8) a. *¿En qué mes estamos? Estamos en febrero.*
    b. *El café está frío y demasiado dulce.*

c. Los huevos ya **están** fritos.
d. **Estás** muy cansada después del viaje.
e. Ahora **estoy** de camarero en la cafetería de la plaza.

A estas diferencias que nos permiten distinguir los usos y valores de *ser* y *estar*, añadimos las variaciones dialectales que presenta el español americano, sobre todo el mexicano, con un uso innovador de *estar* que acapara el espacio semántico de *ser*. Es decir, en contextos donde se espera el verbo *ser* por uso y norma, se utiliza *estar*. Eso suele ocurrir en contextos de cópula con adjetivo, por ejemplo, en *tu vestido *está bonito* por *tu vestido es bonito*, **¡está brutal!* por *¡es brutal!*, cuando **estábamos chiquitos* por *cuando éramos chiquitos*, **está caro* por *es caro*, etc. Para más información sobre el uso innovador de *estar* léanse los trabajos de Malaver (2000), Ortiz-López (2000), Gutiérrez (1994), Silva-Corvalán (1986) y Behrend (1986).

A continuación compárense los análisis de estas dos oraciones copulativas en 9. Las dos pueden clasificarse como oraciones simples, copulativas, intransitivas, en voz activa, también son enunciativas y afirmativas.

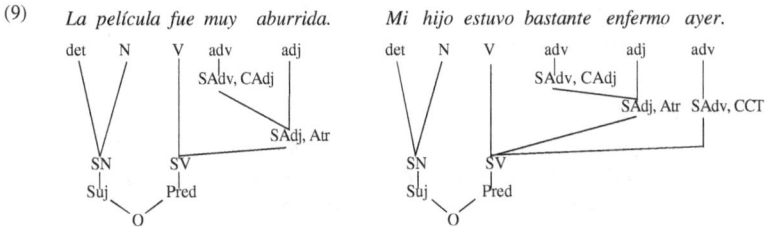

(9) La película fue muy aburrida.   Mi hijo estuvo bastante enfermo ayer.

2.2.2 La oración predicativa

Las oraciones predicativas expresan acciones o comportamientos en los que el sujeto participa; a diferencia de las copulativas, las predicativas no indican cualidades del sujeto. Estas oraciones se construyen con un verbo predicativo (aquellos que no son (semi)copulativos) y pueden ir en voz activa o pasiva. La voz informa acerca de la relación semántica del verbo con su sujeto y sus complementos; si el sujeto hace la acción es agente, voz activa; si la acción recae sobre el sujeto entonces se trata de un sujeto paciente y se establece la voz pasiva. Podemos afirmar que la voz activa es la forma no marcada del verbo, ya que la voz pasiva, en cambio, requiere de algunos mecanismos propios (como el verbo en voz pasiva, el sujeto paciente, el complemento agente o el *se* pasivo). Véanse ejemplos de oraciones simples predicativas en 10.

(10) a. *China ha aumentado su producción diaria de acero.* (Voz activa).
b. *Ya te lo dije ayer.* (Voz activa).
c. *No me gusta el sabor de esta bebida.* (Voz activa).
d. *Ana nació un martes trece.* (Voz activa).
e. *La novela fue publicada por la editorial Planeta.* (Voz pasiva).
f. *Los niños perdidos en la selva fueron rescatados por los militares.* (Voz pasiva).

Necesitamos destacar que las oraciones simples solo llevan un verbo, exceptuando los casos de las perífrasis verbales que, aunque con dos verbos, se analizan como un solo elemento. Entre las perífrasis verbales más frecuentes encontramos aquellas seguidas de infinitivo y de gerundio como *tengo que estudiar, debo estudiar, hay que estudiar, quiero estudiar, puedo estudiar, sigo estudiando, llevo estudiando, continúa estudiando*, etc. Para más información léase la definición de perífrasis verbal en el capítulo 1. Véanse ejemplos de oraciones simples predicativas con perífrasis verbales en 11.

(11) a. **Puede llover** *torrencialmente en los próximos días.* (Voz activa).
b. **Anda diciendo** *tonterías sobre sus profesores favoritos.* (Voz activa).
c. *¿***Sabes nadar** *al estilo mariposa?* (Voz activa).
d. **Viene dormido** *después del largo viaje de ocho horas en coche.* (Voz activa).

A continuación, en 12, compárense los análisis de dos oraciones simples predicativas con perífrasis verbales: *Ana sigue levantándose temprano* y *todos los días tengo que llegar a las ocho*. Las dos son oraciones activas y afirmativas; la primera es enunciativa y la segunda interrogativa.

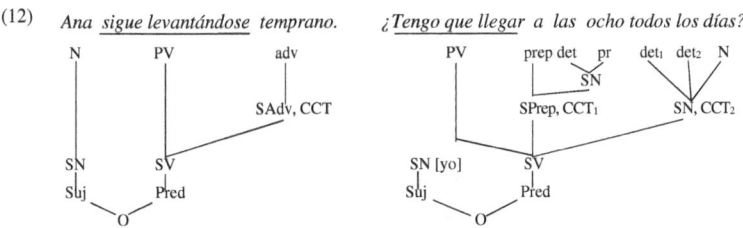

Según las relaciones sintácticas y semánticas, las oraciones en voz activa se clasifican en los siguientes tipos: transitivas e intransitivas, reflexivas, recíprocas e impersonales.

2.2.2.1 Oraciones transitivas e intransitivas

Las oraciones transitivas siempre requieren el CD en su estructura. Si no hay CD, la oración es intransitiva. Es decir, la transitividad se basa en la presencia de un CD. Los verbos, por sí mismos, no son siempre transitivos o intransitivos, sino que se utilizan como transitivos o intransitivos según la estructura oracional. Necesitamos añadir que hay verbos que frecuentemente funcionan como intransitivos (*caminar, existir, ir, nacer, palidecer, vivir,* etc.); mientras que otros suelen usarse como transitivos, ya que sin un CD no adquieren un significado pleno, por ejemplo, *dar (miedo, permiso, limosna...), hacer* (algo, *años, calor, prodigios, ruido, señas, sol...*), *tener* (algo, *dinero, fiebre, frío, hambre, miedo, sed, sueño*), etc. Véanse algunos ejemplos en 13 con el CD marcado.

(13) a. *Todos los alumnos hicieron **el examen** en la fecha anunciada.* (Transitiva).
      b. *Ana cena **paella** hoy en casa.* (Transitiva).
      c. *Ana no cena hoy en casa.* (Intransitiva).
      d. *Mi abuela cantaba **ópera** muy bien de joven.* (Transitiva).
      e. *Mi abuela cantaba muy bien de joven.* (Intransitiva).

A veces la línea de separación entre un verbo transitivo e intransitivo no parece tan clara, por lo que necesitamos fijarnos en la estructura oracional, es decir, si hay o no CD. Por otra parte, existen otros verbos que pueden funcionar de las dos maneras, transitiva e intransitivamente, sin que varíe su significado, como se ve en el ejemplo 14.

(14) a. *Viví **mi carrera profesional** en Miami* (trans.) / *Viví en Miami* (intr.).
b. *Ana corrió **el maratón** muy despacio* (trans.) / *Ana corrió muy despacio* (intr.).
c. *Saltaste **la valla** con mucha agilidad* (trans.) / *Saltaste con mucha agilidad* (intr.).
d. *Mi padre baila **tango** muy bien (trans.) / Mi padre baila muy bien* (intr.).

En caso de duda a la hora de distinguir el CD, ayuda preguntar *¿qué?* al verbo de la oración, así, por ejemplo, en la oración *escribió un resumen*, ante la pregunta *¿qué escribió?*, la respuesta *el resumen* es el CD, *lo escribió*, y, por tanto, una oración transitiva; mientras que en *nació en mayo* no se puede preguntar **¿qué nació?*

Necesitamos recordar que los verbos defectivos como *gustar* no van acompañados de un CD sino de un CI, por lo que no aparecen en estructuras transitivas. Entre estos verbos se encuentran *agradar, apetecer, caer mal o bien, convenir, desagradar, doler, encantar, faltar, fascinar, gustar, importar, interesar, molestar, parecer, sobrar*, etc. Véanse algunos ejemplos en 15.

(15) a. *No me gustan los vinos franceses.* (Suj = *los vinos franceses*, CI = *me*).
b. *Nos faltan muchos expertos en este campo.* (Suj = *muchos expertos*, CI = *nos*).
c. *A Ana le interesa mucho el feminismo.* (Suj = *el feminismo*, CI = *A Ana, le*).
d. *¿Te molesta el humo?* (Suj = *el humo*, CI = *te*).

A continuación, en 16, compárense los análisis de estas dos oraciones: *la niña lleva una camisa roja de seda*, transitiva, y *no podemos vernos a las tres hoy*, intransitiva. Las dos pueden clasificarse como oraciones simples, en voz activa, enunciativas, siendo la primera afirmativa y la segunda negativa.

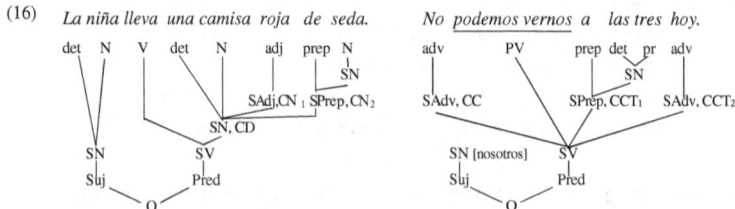

En la sección siguiente continuamos con otro tipo de oraciones simples predicativas: las oraciones reflexivas y recíprocas, que además también se consideran transitivas, puesto que su estructura siempre requiere un CD.

2.2.2.2 Oraciones reflexivas y recíprocas

Las oraciones reflexivas y recíprocas se clasifican como variantes de las oraciones transitivas ya que siempre llevan un CD. Se definen por la reflexividad o reciprocidad de la acción verbal. En las reflexivas el sujeto realiza y recibe la acción del verbo, como en *Ana se lava* (es decir, *Ana lava a Ana*, se lava a sí misma). En las recíprocas son varios sujetos los que realizan y reciben la acción mutuamente, como en *Ana y Luis se lavan entre ellos* (*Ana lava a Luis* y *Luis lava a Ana*). Para distinguir las recíprocas en la estructura oracional podemos añadir *entre sí, uno(as) a otro(as), mutuamente, entre ellos* o *recíprocamente*, sin que se altere el significado. La diferencia semántica de reciprocidad viene marcada por la presencia de varios sujetos que actúan e intercambian la acción verbal. Véanse algunos ejemplos en 17.

(17) a. *Tom nunca se afeita los lunes.* (Reflexiva).
b. *Mi amiga se peina varias veces al día.* (Reflexiva).
c. *El doctor Díaz y la doctora Sanz se tutean desde hace poco.* (Recíproca).
d. *Sara e Isa se besan en la obra de teatro.* (Recíproca).

Tanto las reflexivas como las recíprocas se pueden clasificar en dos grupos: directas e indirectas, dependiendo de si el CD coincide o no con el sujeto. Son directas cuando el pronombre-CD coincide con el sujeto como en *Ana se afeita*, mientras que son indirectas cuando el pronombre realiza la función de CI, ya que otra palabra en la oración funciona como CD; en *Ana se afeita las piernas, las piernas* es el CD y el pronombre *se* es CI. En otras palabras, la clasificación de directas o indirectas depende de la función del pronombre personal en las estructuras reflexivas y recíprocas. Compárense los siguientes ejemplos en 18, con el CD marcado.

(18) a. *Sara **se** maquilla todos los días.* (Reflexiva dir., CD = *se*).
b. *Sara se maquilla **los ojos** todos los días.* (Reflexiva ind., CD = *los ojos*, CI = *se*).
c. *Paco y Pili **se** besan a escondidas.* (Recíproca dir., CD = *se*).
d. *Paco y Pili se dan **besos** a escondidas.* (Recíproca indir., CD = *besos*, CI = *se*).
e. *Ana **se** abrazó en la clase de yoga.* (Reflexiva dir., CD = *se*).

f. *Ana y Lis **se** abrazaron en la clase de yoga.* (Recíproca dir., CD = *se*).
g. *Ana y Lis **se** dieron **muchos abrazos**.* (Recíproca indir., CD = *muchos abrazos*, CI = *se*).
h. *Ana abrazó **a Lis** en la clase de yoga.* (Transitiva, no reflexiva, CD = *a Lis*).

En el análisis lingüístico es importante destacar las oraciones que son propiamente reflexivas, las auténticas reflexivas, con significado reflexivo, cuando el sujeto hace y recibe la acción verbal, de aquellas que, formalmente, parecen reflexivas pero no lo son. Aunque coinciden en la forma porque se construyen con verbos pronominales, estas oraciones predicativas carecen de valor reflexivo, como en *Lis se fue, Ana no se atreve, el paciente no se quejó, mi amigo no se presentó*, etc. Estos verbos pronominales necesitan un pronombre para completar su significado, pero no son verbos reflexivos; entre ellos podemos destacar: *acordarse, alegrarse, asombrarse, atreverse, arriesgarse, bajarse, emocionarse, enfadarse, enojarse, esconderse, estirarse, irse, marcharse, quejarse, sentarse, subirse, suicidarse, volverse,* etc.; (véanse ejemplo 19 y el anexo II con más verbos de este tipo). Estos verbos pronominales aparecen con mucha frecuencia en español.

(19) a. *Muchos banqueros **se suicidaron** con la crisis del 1929.* (Intransitiva, no reflexiva).
b. *El gatito **se cayó** del árbol.* (Intransitiva, no reflexiva).
c. *No **nos acordamos** de la tarea.* (Intransitiva, no reflexiva).
d. *¿**Te sentaste** al lado del director?* (Intransitiva, no reflexiva).

Por otra parte, encontramos otros verbos que aparentemente parecen reflexivos sin serlo que van acompañados de un pronombre ético o de interés (CI), el cual indica que la acción se realiza en beneficio, interés o provecho del sujeto. En este caso, tampoco se trata de verbos reflexivos ni estructuras reflexivas; léase 20 con el pronombre ético CI marcado.

(20) a. *Mi abuelo **se** pasea con su perro / Mi abuelo pasea.* (Intransitiva, no reflexiva).
b. *Ana **se** comió toda la piza / Ana comió toda la piza.* (Transitiva, no reflexiva).
c. ***Nos** tememos lo peor / Tememos lo peor.* (Transitiva, no reflexiva).
d. *¿**Te** bebiste el litro de vino? / ¿Bebiste el litro de vino?* (Transitiva, no reflexiva).

Para distinguir bien las construcciones reflexivas, la oración reflexiva necesita admitir un refuerzo reflexivo del tipo *a mí mismo, a ti mismo, a sí mismo(s)*, por ejemplo, *me miro en el espejo (a mí misma)*. El verbo pronominal *olvidarse*, por ejemplo, no lo admite **te olvidaste a ti mismo*, por lo tanto, no se considera un verbo reflexivo ni esta oración *te olvidaste de la tarea* es reflexiva.

Merece destacarse que ni los verbos reflexivos ni los recíprocos pueden ir con un *se* pasivo o impersonal; tampoco los verbos pronominales. Eso se debe a que no podemos repetir dos veces **se se*, por ejemplo **se se ducha por la mañana normalmente*, **se se atrevía a todo*. Necesitamos usar *uno/a*, pronombre indefinido, en estas estructuras: *uno se ducha por la mañana normalmente, se atrevía uno a todo*.

En 21 se pueden comparar los análisis de dos oraciones: *Pili se cortó las uñas con las tijeras*, reflexiva indirecta, y *los novios se besaron en la boca*, recíproca directa. Las dos pueden clasificarse como oraciones simples, transitivas, en voz activa, enunciativas y afirmativas.

(21)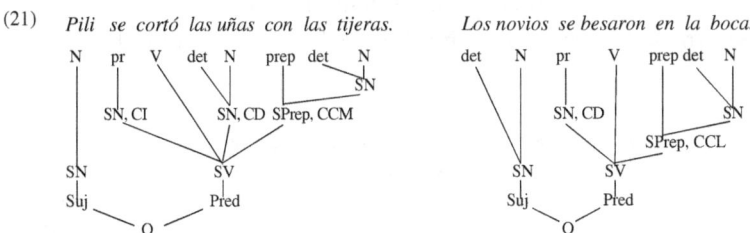

2.2.2.3 Oraciones pasivas

En las oraciones pasivas el verbo está en voz pasiva y el sujeto padece la acción verbal en lugar de hacerla, por eso se le llama sujeto paciente. Se podrían definir como aquellas en las que el sujeto no realiza la acción sino que la recibe. En realidad, podemos describir las oraciones pasivas como oraciones activas transformadas formal y significativamente, por ejemplo, la oración *Cervantes escribió El Quijote*, en voz activa, pasaría a voz pasiva como *El Quijote fue escrito por Cervantes*. En la transformación de activa a pasiva, el CD de la activa, *El Quijote*, pasa a ser el sujeto paciente o pasivo de la pasiva; mientras que el sujeto de la activa, *Cervantes*, pasa a ser el complemento agente de la pasiva, *por Cervantes*. El verbo activo, *escribió*, cambia a forma pasiva, *fue escrito*. No todos los verbos pueden cambiar a voz pasiva, solo lo hacen aquellos que son transitivos. Compárense las siguientes oraciones en 22.

(22) a. *El jurado ya ha elegido **al ganador**.* (Voz activa).
 b. ***El ganador** ya ha sido elegido por el jurado.* (Voz pasiva).
 c. *La policía nunca **me** ha multado.* (Voz activa).
 d. *Nunca he sido multado (**yo**) por la policía.* (Voz pasiva).

Según la manera en que se construya el verbo podemos distinguir entre la pasiva propia y la pasiva refleja. La propia, la perifrástica, se forma con el verbo *ser* seguido del participio del verbo correspondiente, como en *las propuestas fueron aceptadas por el gobierno*. La pasiva refleja, o también llamada impropia, se construye con el pronombre *se* más el verbo conjugado en voz activa, como en *se aceptaron las propuestas*. Cuando el complemento agente está presente se les denomina primera de pasiva, cuando no se expresa, segunda de pasiva. Véanse algunos ejemplos de estructuras pasivas en 23.

(23) a. *El coche **fue desviado** por la policía.* (Pasiva propia).
 b. *El paciente **ha sido trasladado** al hospital de la ciudad.* (Pasiva propia).
 c. ***Se venden** libros de literatura a buen precio.* (Pasiva refleja o impropia).
 d. *Ya **se detectaron** los focos de la pandemia.* (Pasiva refleja o impropia).

La pasiva refleja se usa mucho en el español moderno y ya se utilizaba desde los primeros textos del castellano. Los hablantes han tendido a recurrir a esta estructura con el *se* pasivo reflejo para expresar conceptos en los que el sujeto no es agente sino receptor de la acción verbal. En estas estructuras el verbo solo puede ir en la tercera persona (singular o plural) en voz activa y acompañado de *se*, que marca la pasividad.

Aquellas construcciones pasivas reflejas con el verbo en singular, a veces, pueden interpretarse como impersonales reflejas, ya que sus estructuras coinciden y dependen de la interpretación sintáctica. Por ejemplo, en *se alquila casa en la playa* o *se compra oro*, por su forma, pueden describirse como pasivas reflejas (*casa* y *oro* son los sujetos: *la casa* es alquilada y *el oro* es comprado) o también como impersonales (*casa* y *oro* serían complementos directos, alguien desconocido alquila *casa* y compra *oro*). Las dos interpretaciones valen, no obstante, los gramáticos prefieren analizarlas como pasivas reflejas, ya que esta construcción es característica del español. Véanse algunos ejemplos de pasivas reflejas en 24.

(24) a. *Se falsificaron* varios pasaportes europeos. (Pasiva refleja).
b. *No se ven* muchas oportunidades de trabajo en estos momentos. (Pasiva refleja).
c. *Se busca* camarera. (Pasiva refleja o impersonal refleja).
d. *Se aprobó* el presupuesto para el próximo año. (Pasiva refleja o impersonal refleja).

Las pasivas llevan necesariamente un verbo transitivo, mientras que las impersonales no requieren forzosamente la transitividad verbal. Las pasivas pueden llevar el verbo en singular o en plural, *se hacen fotocopias, se ven cosas raras, se vende fruta, se necesita niñera*, mientras que las impersonales solo en singular, *se comenta la noticia, se habla de eso, se ve a Sara desde el balcón, se vive mal con tanta contaminación, se está bien aquí, se duerme poco con este ruido, no se llegó a un acuerdo*, etc. Los verbos *se vive, se está, se duerme, se llegó* son intransitivos por lo que estas construcciones nunca se podrían considerar pasivas reflejas.

En el uso común del español predomina la voz activa. La voz pasiva propia se utiliza poco en la lengua hablada y ha quedado relegada a la lengua escrita y literaria. Desde el punto de vista semántico se ha preferido destacar más la actividad de un agente (voz activa) que la pasividad del paciente (voz pasiva). Desde el latín vulgar se fueron perdiendo las formas verbales de la voz pasiva por lo que expresiones como *ser usado, es comido, fue enseñado, ha sido hablado, será acabado*, etc., resultan impropias y han decaído a favor del *se* pasivo, *se usa, se come, se enseñó, se ha hablado, se acabará*, etc.

A diferencia del inglés y del francés, debemos resaltar que la voz pasiva se utiliza poco en español. Algunas de las razones para explicar su escaso uso se atribuyen a la preferencia del español por enfatizar el protagonismo del sujeto agente (voz activa) y a razones formales ya que las estructuras pasivas propias coinciden con las oraciones copulativas. De hecho, algunos gramáticos han negado la existencia de la voz pasiva en español y se la ha caracterizado como una estructura atributiva o forma perifrástica de participio, así, por ejemplo, Gómez Torrego (1999) menciona que la mayor parte de las gramáticas niegan la existencia de la voz media y la pasiva. Nebrija, por ejemplo, solo admitía la voz activa para la lengua castellana.

Hoy por hoy, se aceptan las dos voces, la voz activa y la pasiva en las gramáticas modernas. En cambio, la voz media no se acepta abiertamente y su vigencia se critica con discrepancias entre académicos.

Algunos lingüistas distinguen esta voz media, llamada así porque semánticamente se encuentra entre la voz activa y la pasiva, cuando el sujeto gramatical se involucra afectivamente en la acción, introduciendo una subjetividad en la acción verbal de la cual carecen las oraciones reflexivas o pasivas. La voz media no tiene marcas morfológicas por lo cual no es fácil identificarla. Jiménez Juliá destaca la "afección interna" que denota y describe la voz media como "un recurso antropocéntrico [...] pues permite introducir la dimensión subjetiva en el discurso de un modo ágil y sencillo" (2015: 504). Esta voz media se asocia a los verbos pronominales y a los dativos de interés. Algunos autores prefieren clasificar los verbos de esta voz media como cuasipasivos. Véanse algunos ejemplos de voz media en 25.

(25) a. *Tom se afeitó esta mañana.* (Voz activa, reflexiva, *se* = CD, *Tom* = suj. agente).
b. *Tom **se afeitó** en la barbería del hotel.* (Voz media, *se* = pasivo, *Tom* = suj. paciente).
c. *Shakespeare murió en 1616.* (Voz activa).
d. *Shakespeare **se murió** en 1616.* (Voz media, *se* = CI, dativo ético).
e. *Estuvo una hora entera en el baño.* (Voz activa).
f. ***Se estuvo** una hora entera en el baño.* (Voz media, *se* = CI, dativo ético).
g. *Voy a estudiar todos los ejercicios.* (Voz activa).
h. *Voy a **estudiarme** todos los ejercicios.* (Voz media, *me* = CI, dativo ético).

En nuestros análisis oracionales nos limitaremos a indicar la voz activa o pasiva, reconocida por la RAE y la gran mayoría de los gramáticos. Todos los ejemplos de 25, excepto 25b, se pueden clasificar como construcciones en voz activa, ya que como se ha mencionado, la voz media presenta bastante controversia y no la utilizamos para los análisis del presente volumen.

En el *Esbozo* de la Real Academia se menciona que las lenguas francesa e inglesa emplean la voz pasiva en proporciones mayores que el español y que ya desde el *Cantar del mío Cid*, del siglo trece, se preferían las construcciones activas (1973: 451). El uso de la voz pasiva debería limitarse a casos muy concretos cuando se desconoce el sujeto o cuando por razones de estilo se le quiere omitir intencionadamente. En las traducciones del inglés, sobre todo de textos periodísticos, necesitamos evitar este uso pasivo y, en

¿Cómo se estructura la oración simple?

su lugar, acudir a la voz activa o a las construcciones con el *se* de la pasiva refleja o con el *se* impersonal.

A continuación, en 26, siguen los análisis de dos oraciones pasivas: *Eli fue ayudada por un enfermero*, pasiva propia de primera (con complemento agente, *por un enfermero*) y *se han recogido las últimas hojas de los árboles*, pasiva impropia (o pasiva refleja) de segunda (sin complemento agente). Las dos pueden clasificarse como oraciones simples, en voz pasiva, enunciativas y afirmativas.

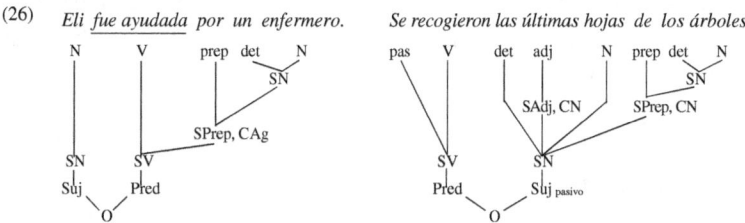

2.3 ¿Qué estructuras aparecen en la oración simple según el sujeto?

La oración simple se clasifica dependiendo del hecho de si posee o no sujeto, la naturaleza del verbo y según la modalidad oracional, es decir, la actitud del hablante. En esta sección se analizan las distintas construcciones que distinguimos en virtud de la existencia del sujeto.

Cuando las oraciones sí tienen sujeto se las puede denominar bimembres, ya que cuentan con un sujeto y un predicado (dos miembros). El sujeto puede mostrarse explícito o implícito. En otros casos encontramos oraciones unimembres donde no hay sujeto y solo predicado (un miembro) y son, por tanto, impersonales. Es importante no confundir las oraciones con sujeto implícito, elidido o elíptico con las oraciones que no tienen sujeto y se clasifican como impersonales, "sin persona" o sujeto. En muchas ocasiones, en español, el sujeto se deduce gracias al contexto o la flexión verbal. El sujeto se puede elidir debido, en gran medida, a la forma verbal que permite reconocer tanto la persona como el número del sujeto. Si decimos *vamos a casa* o *tengo que estudiar*, ya sabemos que los sujetos son *nosotros* y *yo* respectivamente por la conjugación verbal. Otras lenguas como el inglés o el francés no permiten la omisión del sujeto.

Una oración con el sujeto elidido sigue siendo una oración bimembre (con sujeto y predicado), no se trata de una oración impersonal. En las oraciones subordinadas con verbo en infinitivo como *Ana quiere ir al gimnasio*, el sujeto de *ir al gimnasio* sigue siendo *Ana*, aunque no esté explícito y no se vuelva a repetir **Ana quiere que Ana vaya al gimnasio*. En esos casos como en muchos otros, entendemos que hay un sujeto omitido, reconocemos el referente de ese sujeto, y, consecuentemente, no podemos clasificar estas estructuras de impersonales.

2.3.1 Oraciones impersonales

La definición de oración impersonal se reduce a aquella que carece de sujeto. No hay persona o cosa que haga la acción verbal. No hay un agente. La oración impersonal no tiene sujeto, el cual ni se puede recuperar ni omitir. No existe ningún referente que haga la acción verbal. Por lo tanto, la estructura del análisis sintáctico se basa exclusivamente en un predicado o sintagma verbal, con el verbo siempre conjugado en la tercera persona singular. Véanse algunos ejemplos en 27.

(27) a. *No llueve mucho en esta zona.*
b. *Hace mucho calor en el norte de África.*
c. *Había muchas botellas vacías en el patio.*
d. *¿Se habla inglés en Belice?*
e. *Ya es de noche.*

Las oraciones impersonales se pueden clasificar en tres tipos: las de fenómenos meteorológicos, las gramaticalizadas y las impersonales reflejas con *se*.

2.3.1.1 Oraciones impersonales con verbos meteorológicos

Estas oraciones carecen de sujeto, se refieren a fenómenos atmosféricos o de la naturaleza y se construyen con los verbos llamados unipersonales

¿Cómo se estructura la oración simple?

(verbos que nunca poseen sujeto, son impersonales naturales) como *amanecer, anochecer, granizar, helar, llover, nevar, oscurecer, relampaguear, tronar*. También pueden ir con el verbo *hacer* cuando indica condiciones atmosféricas como en *hizo frío, hace fresquito, hacía mucho aire*.

2.3.1.2 Oraciones impersonales gramaticalizadas

Estas oraciones no tienen sujeto y se construyen con verbos que pueden usarse de forma impersonal pero no necesariamente en todos los contextos. Básicamente van con los verbos *haber, hacer* y *ser*, por ejemplo, en *hubo mucha gente, hace dos días, es tarde, es invierno*.

El verbo *haber* además de funcionar como auxiliar puede ser impersonal. Cuando se usa como impersonal, el complemento que lo acompaña es el complemento directo, no su sujeto, por lo que no se necesita la concordancia entre el verbo y este complemento. No obstante, en muchos dialectos tanto en España como en el español trasatlántico, se encuentra el uso incorrecto cuando el complemento directo es plural y se percibe como sujeto. Por confusión, el hablante conjuga el verbo en plural. Este uso debe evitarse ya que no es normativo ni gramatical. Véanse algunos ejemplos en 28.

(28) a. *Había muchos estudiantes en mi clase.* **Habían muchos estudiantes en mi clase.*
b. *Hubo cuatro accidentes esta semana.* **Hubieron cuatro accidentes esta semana.*

En construcciones con sentido genérico, también podemos encontrar otros verbos de forma impersonal como *estar, hacerse, parecer, tratarse*; véanse algunos ejemplos en 29.

(29) a. *¡Está a punto de llover!*
b. *Se nos hizo tarde.*
c. *Parece muy temprano.*
d. *No se trataba de rencillas políticas.*

2.3.1.3 Oraciones impersonales reflejas con *se*

Estas oraciones se consideran impersonales porque carecen de sujeto y van con el *se* impersonal. Estas estructuras se asemejan a las pasivas con *se* y su uso se ha generalizado por el rechazo general del español hacia la voz pasiva. El significado impersonal ayuda a contextualizar situaciones en las que intencionadamente no se quiere mencionar el sujeto. Siempre se forman con el verbo en singular. Véanse algunos ejemplos de impersonales reflejas en 30.

(30) a. *Se habla de las próximas elecciones.*
b. *Se duerme mal con el calor.*
c. *No se gana mucho en esa empresa.*
d. *Hoy no se puede salir a la calle de noche.*
e. *Antes se fumaba en todas partes.*
f. *Cada vez se trabaja menos.*
g. *No se ve a los perros en el parque.*
h. *Ya se les ha dado el aviso de despido a los trabajadores.*
i. *Se multará a los conductores sin permiso.*

Las oraciones impersonales, siempre con un verbo en singular, coinciden con la forma de la pasiva refleja en singular, por lo que *se vende bar* y *se requiere mascarilla* pueden interpretarse como impersonales (*bar* y *mascarilla* son CD) o como pasivas (*bar* y *mascarilla* son sujetos pacientes). Solo en las construcciones impersonales/pasivas reflejas donde el verbo transitivo se conjuga en singular se puede admitir esta doble interpretación, aunque los gramáticos prefieren la clasificación de pasiva refleja. Recuérdese que cuando el verbo se conjuga en plural, estas estructuras solo se aceptan como pasivas reflejas como en *se venden bares*. Además, solo los verbos transitivos pueden ir en una oración pasiva refleja. Las impersonales requieren el verbo en singular y pueden llevar verbos transitivos e intransitivos.

La similitud formal entre la impersonal refleja y la pasiva refleja ocasiona que se popularicen expresiones en el habla como **se alquila habitaciones*, **se hace fotocopias*, **se vende naranjas*, que, aunque muy frecuentes, se consideran gramaticalmente inadecuadas; se recomienda *se alquilan habitaciones, se hacen fotocopias, se venden naranjas*, con el verbo en plural concordando con su sujeto paciente plural en una estructura pasiva refleja. En la lengua literaria se prefiere el uso de la pasiva refleja (como en *se arreglan bicis*), siguiendo la tradición del idioma y las fuentes clásicas. La impersonal refleja es, según Gili Gaya, "moderna y frecuente en el habla usual" (1989: 128). Por lo que podemos concluir que desde el punto de vista

¿Cómo se estructura la oración simple?

normativo se prefiere la pasiva refleja tipo *se arreglan bicis*, con concordancia entre el verbo y su sujeto pasivo, a la impersonal *se arregla bicis*.

2.3.1.4 Otras oraciones impersonales

Algunas gramáticas, por razones semánticas, también incluyen como impersonales aquellas oraciones con sentido genérico y sin un sujeto concreto. El sujeto elíptico resulta indeterminado y se sobreentiende; se supone que hay un sujeto humano no expresado, que no alude a ninguna persona concreta. El verbo suele ir en la primera y tercera persona plural (nosotros/as y ellos/as) o en la segunda singular (tú). Estas impersonales de sujeto tácito en tercera persona plural excluyen al hablante; véanse algunos ejemplos en 31. Dado que, en muchos casos, podemos conocer el sujeto por el contexto o por la situación comunicativa, en nuestros análisis las consideramos "falsas" impersonales o impersonales semánticas. El sujeto genérico, desconocido o que no interesa mencionar se puede añadir en cualquier momento en cuanto las intenciones comunicativas lo requieran.

(31) a. *Hablan muy mal de tus padres.*
 b. *Llaman a la puerta.*
 c. *Me dan el alta del hospital mañana por la tarde.*
 d. *Trabajan mucho en este bufete.*
 e. *Admiten a cualquiera en ese club.*
 f. *A veces hablamos por hablar.*
 g. *En las grandes ciudades hoy día vas por la calle de noche con miedo.*

Otro tipo de falsas impersonales o impersonales semánticas se forman con el pronombre *uno/a* como sujeto indefinido, *uno ya está cansado*. Estas estructuras con *uno* se suelen usar para incluirse a uno mismo, al hablante, en la acción verbal, pero en situaciones hipotéticas es igualmente posible incluirse o excluirse según la RAE-ASALE (2009), como en el ejemplo *si uno está en un país extranjero debe adaptarse a sus costumbres*. La RAE llama a estas estructuras con *uno* impersonales genéricas o mediopersonales. Suelen admitir expresiones adverbiales como *generalmente, habitualmente, por lo común* y otras similares. Además del pronombre *uno/a*, pueden llevar también *gente* como sujeto colectivo. Con estas impersonales genéricas se expresa que la situación descrita se predica de cualquier individuo o de la gente en general; el sujeto *uno/a* o *gente* expresa una colectividad indeterminada, difusa y genérica.

En estas falsas impersonales, el pronombre indefinido *uno/a* suele usarse con los verbos pronominales y reflexivos para evitar la repetición de **se se* (*uno se acostumbra a todo, una se despeina con este viento*), ya que estos verbos no pueden ir con el *se* impersonal ni el *se* pasivo. La variación de género *uno/a* depende del sexo del hablante, sin embargo, no es obligatoria la forma femenina cuando es una mujer la que habla, por lo que una mujer podría decir *se conmueve uno con esas escenas* (Gili Gaya 1989: 78). En este caso, *uno* ha adquirido realmente un valor indeterminado y neutro ya que se aplica a ambos géneros. La impersonalidad semántica de *uno* se compara al empleo de *one* en inglés en casos parecidos de generalización del sujeto (*one gets used to everything* 'uno se acostumbra a todo', *one should always respect the elders* 'uno debe respetar a los mayores').

El español presenta diversos procedimientos para expresar la impersonalidad. Según Llorente "la formulación impersonal no tiene carácter necesario" (1982: 202) ya que cualquier acto comunicativo se puede transmitir en forma personal haciendo referencia a un agente, actuante o sujeto. Las razones para prescindir del sujeto varían; puede ser que se desconozca, se quiera omitir deliberadamente (por discreción, prudencia, conveniencia) o se eluda por razones estilísticas. En ocasiones, no es oportuno mencionarlo ya que tanto el hablante como el oyente lo desconocen, lo sobreentienden o, simplemente, el sujeto no tiene interés para los interlocutores. Llorente proporciona algunos ejemplos que van de la expresión personal a la impersonal: *los vascos comen mucho, la gente vasca come mucho, el vasco come mucho*, frente a *en el País Vasco comen mucho, en el País Vasco se come mucho*. Para Llorente, las oraciones con sujetos con *uno* y *gente* no se consideran impersonales, ya que presentan un sujeto explícito, aunque semánticamente de naturaleza imprecisa y genérica.

Las falsas impersonales con *uno/a*, *gente*, con verbos en primera y tercera persona plural, y en segunda singular, gramaticalmente no son oraciones impersonales ya que el verbo predica de un sujeto. No obstante, este sujeto, por su significado, indica un referente desconocido, genérico o indeterminado para el hablante.

¿Cómo se estructura la oración simple?

Compárese en 32 el análisis sintáctico de dos oraciones simples impersonales: *hay demasiados helados en la nevera*, impersonal gramaticalizada transitiva, y *se vive muy bien en esta ciudad*, impersonal refleja intransitiva. Las dos oraciones están en voz activa y son enunciativas afirmativas.

(32)

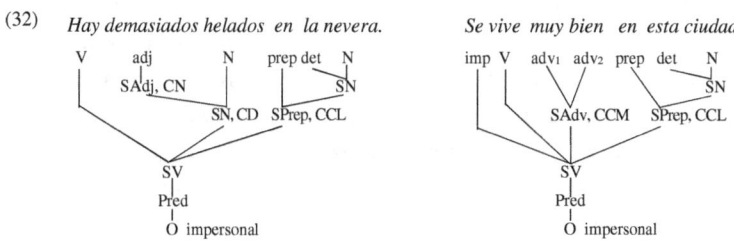

2.4 ¿Cómo se analiza la oración simple según la intención del hablante?

Las oraciones además de tener una estructura gramatical y sintáctica también indican actos concretos de comunicación para reflejar la intencionalidad del hablante. La finalidad comunicativa puede basarse en la declaración de un enunciado, en preguntar algo, en exclamar, en mandar algo y en articular deseos, dudas o posibilidades. Estos parámetros indican la modalidad significativa, la intención del hablante o, como algunas gramáticas llaman por su nombre latino, el *modus* de una oración (frente al *dictum*, la constitución del predicado). Por lo que podemos añadir que el análisis sintáctico se centra en estos dos aspectos: el *modus*, basado en la actitud del hablante, y el *dictum*, en la composición del predicado.

En este apartado consideramos todas las modalidades semánticas posibles de la intencionalidad del hablante en una oración simple. Así podemos distinguir los siguientes seis tipos de oraciones: enunciativas (o declarativas), interrogativas, exclamativas, imperativas (o exhortativas), desiderativas y dubitativas; todas ellas con una entonación propia atendiendo a la actitud psicológica del emisor. Estas seis modalidades comunicativas no agotan todas las denotaciones posibles en una oración pero sí reflejan las intenciones lingüísticas más generales.

Ya que esta clasificación se centra en criterios semánticos, a veces, se necesita cierta flexibilidad para interpretar lo que el hablante quiere decir según su estilo, su intencionalidad y la contextualización pragmática. Así, por ejemplo, cuando un hablante le dice a su interlocutor (en una habitación con la ventana abierta) *¿hace frío no?* para provocar una reacción, la de levantarse y cerrar la ventana, la pregunta se puede interpretar como una orden indirecta, una inferencia, *¡cierra la ventana!* Otro ejemplo sería exclamar *¡qué linda es tu amiga!* cuando realmente se quiere decir con sarcasmo que tu amiga no es nada bonita, usando una afirmación para implicar una negación; o una madre le pregunta a su hijo que no estudia nada *¿no estás cansado de estudiar?* expresando con ironía en una pregunta una orden implícita, *¡estudia!* En estos actos de habla se superponen varios valores discursivos ya que la información codificada no se corresponde con la información intencional del hablante. Según la situación comunicativa y los códigos socioculturales del momento, se puede interpretar la misma forma oracional con varios significados.

A la hora de clasificar las oraciones según la modalidad significativa en enunciativas, interrogativas, exclamativas, imperativas, desiderativas y dubitativas, necesitamos considerar el contexto y las variables pragmáticas. Estos tipos de oraciones no se excluyen entre sí; *¡ojalá no llueva mañana!* puede clasificarse como exclamativa y desiderativa a la vez. Así mismo *¿quieres callarte?* puede interpretarse como interrogativa e imperativa (equivalente a *cállate*); *me importa un bledo tu coche* como enunciativa afirmativa o enunciativa negativa (*no me importa tu coche*) dependiendo del contexto. Véanse algunos ejemplos de superposición de significados según el contexto pragmático en 33.

(33) a. *Hace calor.* (Enunciativa o imperativa).
(Para pedir que se ponga el ventilador, equivalente a *pon el ventilador*).
b. *¡No hables tan alto!* (Exclamativa imperativa negativa o afirmativa).
(A alguien que habla muy bajo con sarcasmo equivalente a *¡habla más alto!*).
c. *¿Quieres comer?* (Interrogativa o imperativa).
(A un niño que no quiere comer equivalente a *come*).
d. *¡Cuidado, no te abrigues!* (Exclamativa negativa o afirmativa).
(En un día de mucho frío con sarcasmo equivalente a *¡abrígate!*).

2.4.1 Enunciativas o declarativas

Las oraciones enunciativas, también denominadas declarativas o aseverativas, se usan para afirmar o negar algo de forma objetiva. El hablante informa objetivamente de un pensamiento o de cualquier acto de comunicación. Suelen ir con el verbo en indicativo y pueden ser afirmativas o negativas, lo cual también se aplica a los otros tipos de oraciones. Las afirmativas indican la confirmación de lo expresado mientras que las negativas apuntan a una disconformidad del enunciado mediante una marca léxica que puede ser un adverbio de negación como *no, nunca, jamás, tampoco*; un pronombre como *nadie, nada, ninguno*; y una conjunción como *ni*. A veces también mediante expresiones que de forma positiva adquieren un significado negativo como *me importa un bledo, comino, pepino, pimiento*, etc. Véanse algunos ejemplos en 34.

(34) a. *Por supuesto, Ana lo niega rotundamente.* (Afirmativa).
b. *¡Ni me lo menciones!* (Negativa).
c. *Ninguno lo sabe.* (Negativa).
d. *Nada quiero de ti ni de tus padres.* (Negativa).
e. *Tampoco entregaste la tarea esta semana.* (Negativa).

Las afirmativas no requieren una estructura específica, pero las negativas necesitan llevar un elemento de negación. El que más se usa es el adverbio *no*. A diferencia de lo que ocurre en inglés o en otras lenguas donde dos negaciones afirman (*I did not do nothing* equivale a *I did something*), en español la doble negación simplemente enfatiza el valor negativo expresado: *no haré nada, no vi a nadie, no quiero nada más*. De hecho, es frecuente encontrar esta doble negación en una sola oración; a veces incluso se niega por triplicado, *no me gusta ni el té ni el café*, y cuatriplicado como en *no, nunca jamás sobornó a ningún juez*. En comparación, ya sabemos que en inglés "no se puede usar más de una forma negativa por oración" (Wheatly 2006: 207).

Solo en algunos pocos casos dos marcas negativas adquieren un valor positivo. Eso ocurre con el grupo *no + sin*, como en *ascendió en la compañía no sin ayuda*, es decir, con ayuda. También puede darse cuando la negación recae sobre adjetivos con prefijos negativos como en *esto no es ilegal*, *el pueblo no está deshabitado*, con el significado de *esto es legal* y *el pueblo está habitado* respectivamente y en afirmativo. Cuando *no* acompaña al adverbio *más* en el grupo *no más* el significado indica *solo* o *solamente* con valor positivo por lo que en *me dio diez dólares no más* equivale a *me dio solo diez dólares*. Véanse algunos ejemplos de estructuras negativas a primera vista pero con significado afirmativo en 35.

(35) a. *Eli se ha hecho rica **no sin** mucho esfuerzo*. (Valor afirmativo, *con mucho esfuerzo*).
b. *Es una enfermedad **nada anormal***. (Valor afirmativo, *es normal*).
c. *El video dura **no más** de un minuto*. (Valor afirmativo, *solo dura un minuto*).
d. ***No más** avísame con tiempo*. (Valor afirmativo, *solo avísame con tiempo*).
e. *El **no** ya lo tenemos asegurado*. (Valor afirmativo, *no* es un sustantivo).

A veces el adverbio *no* denota énfasis y no niega sino que se usa con valor enfático y expletivo, frecuentemente en oraciones exclamativas. Este *no* puede suprimirse sin que afecte el sentido del enunciado; véanse algunos ejemplos en 36:

(36) a. *¡Cuánto **no** daría por otro viaje a Tokio!* (= Cuánto daría por otro viaje a Tokio).
b. *Es mejor reír que **no** llorar*. (= Es mejor reír que llorar).
c. *¡Hasta que **no** vio a su hija no se acostó!* (= Hasta que vio a su hija no se acostó).
d. *Se negó a hablar hasta que **no** llegó el juez*. (= Se negó a hablar hasta que llegó el juez).
e. *¡Por poco **no** me devoran las pirañas!* (= Casi me devoran las pirañas).
f. ***No** bien descampe, salimos fuera*. (= En cuanto descampe, salimos fuera).

Por otro lado, también encontramos otras construcciones con forma positiva pero con valor negativo como por ejemplo en *me importa un rábano ese comentario* con el significado de que no me importa ese comentario; *me fui sin comer*, es decir, no habiendo comido.

2.4.2 Interrogativas

Estas oraciones se usan para preguntar o reclamar información al interlocutor sobre aquello que se desconoce total o parcialmente. A veces, el hablante recurre a este tipo de estructuras oracionales para conseguir otros efectos significativos que van más allá de la interrogación. Así, por ejemplo, cuando una madre le pregunta a su hija: *¿dónde está mi barra de* *labios, Sara?* (sabiendo que la tiene Sara), esa oración más que preguntar, afirma y declara. Se trata pues de una interrogativa retórica, se formula, sin esperar una respuesta para reforzar el punto de vista del hablante.

Las oraciones interrogativas se construyen con verbo en indicativo y pueden clasificarse como directas, indirectas, totales y parciales. Las directas siempre llevan los dos signos de interrogación, uno de apertura y otro de cierre (¿?) y se formulan directamente al interlocutor, por ejemplo, *¿necesitas ayuda?* Las indirectas no se marcan con los signos de interrogación; van en oraciones compuestas, introducidas por verbos que indican nociones de lengua o pensamiento como *contar, cuestionar, decir, pensar, preguntar*, por lo que transmiten la pregunta de forma indirecta como *dime dónde vives*. Normalmente son cláusulas sustantivas dependientes de la principal. Siempre llevan un elemento que indica la pregunta indirecta; puede ser un adverbio interrogativo como *dónde, cuándo, cómo, si,* o un pronombre como *qué, cuál(es), quién(es)* o un adjetivo interrogativo como *cuánto/a/s*. Las indirectas permiten minimizar la intensidad de preguntar directamente o con brusquedad al interlocutor. Así resulta más cortés preguntar: *Me podría decir qué le duele* frente a *¿qué le duele?*

Las interrogativas totales preguntan por todo el contenido y se pueden responder con un *sí* o *no*. No llevan ninguna partícula interrogativa y pueden construirse de forma directa o indirecta, por ejemplo, *¿llegó el paquete?* (directa), *pregunta si ya llegó el paquete* (indirecta). Las interrogativas parciales preguntan por una parte del enunciado y siempre incluyen una partícula interrogativa; también pueden ser directas e indirectas como en *¿quién ha llamado?* (directa), *dime quién ha llamado* (indirecta). Véanse más ejemplos de todas estas combinaciones en 37.

(37) a. *¿Vives con tus padres?* (Interrogativa directa total).
    b. *Me preguntó si vivía con mis padres.* (Interrogativa indirecta total).
    c. *¿Cuántos años tienes?* (Interrogativa directa parcial).
    d. *Te importaría decirme cuántos años tienes.* (Interrogativa indirecta parcial).

2.4.3 *Exclamativas*

Las oraciones exclamativas se usan para realzar sentimientos, emociones o sorpresas. El hablante manifiesta toda su emoción posible por encima del valor lógico de lo expresado. Pueden verse como oraciones enunciativas transformadas, por ejemplo, la enunciativa *esta actriz es muy guapa* puede convertirse en la exclamativa *¡qué guapa es esta actriz!*

Normalmente se usan con un verbo en indicativo pero, a veces, pueden ir con un verbo en subjuntivo, pero en esos casos el enunciado adquiere un significado desiderativo, así *¡que Dios lo ayude!* equivaldría a *deseo que Dios lo ayude*. En otras ocasiones la exclamación puede consistir solamente en una interjección, *¡ah!, ¡oh!, ¡ay!, ¡uf!,* o en expresiones breves como *¡auxilio!, ¡basta!, ¡cuidado!, ¡Dios mío!, ¡felicidades!, ¡madre mía!, ¡por fin!, ¡olé!;* en estos casos se les denomina exclamativas sintéticas por su forma reducida.

Las exclamativas se caracterizan por la marca gráfica de los dos signos de admiración (¡!), de apertura y cierre, la partícula exclamativa *¡qué!*, el cambio del orden de los elementos oracionales y la entonación exclamativa. Véanse algunos ejemplos adicionales en 38.

(38) a. *¡Qué dulce está este café!*
b. *¡Ay! ¡Qué susto me has dado!*
c. *¡Qué lástima!*
d. *¡Vivan los novios!*

2.4.4 *Imperativas o exhortativas*

Las oraciones imperativas, también llamadas exhortativas, se usan para indicar un mandato, petición o ruego. El hablante intenta influir en el oyente para que actúe. Se suelen construir con un verbo en imperativo y cuando van negadas en subjuntivo como en *haz el ejercicio* o *no hagas el ejercicio* respectivamente. Además del verbo en imperativo se pueden expresar con otras estructuras:

A) Con el verbo en presente de indicativo: *ahora te comes esto, te vas a tu cuarto castigado.*

B) Con el verbo en futuro de indicativo: *no robarás, no codiciarás los bienes ajenos.*
C) Con oraciones interrogativas: *¿quieres sentarte? (= Siéntate).*

En el español coloquial y de uso popular es muy frecuente ver otras estructuras imperativas como las siguientes.

D) Con la preposición *a* más infinitivo: *a callar, a comer, a hacer los deberes, a trabajar.*
Este uso es frecuente en la lengua conversacional. A veces se suprime la *a* para abreviar: *callar, hacer los deberes* pero este uso no es normativo.
La RAE explica que es válido el empleo del infinitivo con valor de imperativo dirigido a una segunda persona cuando aparece precedido de la preposición *a*, propio de la lengua oral coloquial, como en *¡tú, a bailar!, ¡niños, a desayunar!*

E) Con el infinitivo: *no fumar, no tocar, lavar a mano, no estacionar.*
La RAE aclara que "no se considera correcto, en el habla esmerada, el uso del infinitivo en lugar del imperativo para dirigir una orden a una segunda persona del plural, como se hace a menudo en el habla coloquial". Es decir, **venir aquí niños, *callar todos* se considera agramatical. No obstante, sí se admite cuando el infinitivo con valor exhortativo se usa en indicaciones, advertencias, recomendaciones o avisos dirigidos a un interlocutor colectivo e indeterminado, como ocurre en las instrucciones de aparatos, las etiquetas de los productos, los carteles, en las recomendaciones de tipo cívico o en las prohibiciones de determinadas acciones en lugares públicos: *no entrar, no usar lejía, tirar basura en la papelera.* Según la RAE en estos casos se trata de "estructuras impersonales en las que no se da una orden directa, sino que se pone de manifiesto una recomendación, una obligación o una prohibición de carácter general", por lo que estas construcciones equivalen a oraciones como *no se debe entrar, no se recomienda usar lejía, hay que tirar la basura en la papelera.*

F) Con el gerundio: *marchando una de gambas, corriendo, ¡andando!, ¡volando!*

Este uso es más frecuente en el español coloquial. Según la RAE-ASALE (2009) el gerundio con valor imperativo se emplea como fórmula exhortativa cercana a las interjecciones en contextos en los que se ordena algo como en *¡vámonos, volando!*, *¡arriba, corriendo!*, *¡circulen, andando!*, *¡silencio, grabando!*

Por otro lado, también existe la expresión formada por un gerundio más *que es gerundio* usada con valor exhortativo en todas las áreas hispanohablantes y de valor humorístico como en *arreando que es gerundio, andando que es gerundio, abreviando que es gerundio*.

Como se ha visto, las oraciones imperativas o exhortativas pueden expresarse de varias maneras con varias fórmulas verbales. A continuación en 39 pueden leerse más ejemplos.

(39) a. *¡(Venga), arriba, a la escuela!*
 b. *No llegues tarde.*
 c. *No matarás.*
 d. *Prohibido fumar.*

2.4.5 Desiderativas

Las oraciones desiderativas indican un deseo. Algunas gramáticas también las llaman oraciones optativas, por el valor subjetivo del enunciado y por el sentido de irrealidad ya que carecen del valor verdad. Se suelen construir con un verbo en subjuntivo no subordinado, muy frecuentemente con la interjección *ojalá*, y con verbos como *desear, esperar, querer* y *anhelar*. También pueden estructurarse con el pronombre *quién* (acentuado) más el imperfecto o pluscuamperfecto de subjuntivo: *¡quién estuviera en tu lugar!*, *¡quién lo hubiera pensado!* Se pueden considerar como un subgrupo de las exclamativas por tener la misma entonación característica y por marcarse normalmente con los signos de admiración. A diferencia de las oraciones imperativas, las desiderativas no se dirigen a un destinatario particular y no excluyen ni la primera persona singular (yo), *¡ojalá gane el premio!* ni las variaciones pasivas, *¡sea alabado el Señor!*, *¡hágase su voluntad!*

¿Cómo se estructura la oración simple?

Entre las desiderativas se pueden diferenciar aquellas que indican un deseo realizable o posible como *¡ojalá te den ese trabajo!, ¡que así sea!, ¡que descanses!, ¡que haya paz!, ¡que no sea nada grave!* Y, por otro lado, otras que expresan un deseo de muy difícil consecución o irrealizables como *¡quién tuviera esa oportunidad!, ¡si fuera millonario!, ¡quién hubiera podido invertir en Amazon hace 10 años!*
  En las oraciones desiderativas con *que* y subjuntivo tipo *¡que te mejores!, ¡que tengas suerte!* se sobreentiende un verbo de deseo elidido, *¡(deseo) que te mejores! ¡(espero) que tengas suerte!* Por otra parte, también contamos con enunciados desiderativos que no tienen verbos ya que se trata de interjecciones (de felicitación, saludo o alabanza), *¡enhorabuena!, ¡feliz cumpleaños!, ¡buenos días!, ¡buen viaje!, ¡a por todas!*; de expresiones hechas como *mis mejores deseos*; con los adverbios *arriba* o *abajo* como en *¡arriba el rey!, ¡abajo la reforma!* y con *a… con, ¡a la horca con todos!, ¡a la escuela con tus hermanos!* Necesitamos destacar que el *que* desiderativo no se acentúa en estas oraciones porque es una conjunción, mientras que *quién* sí por tratarse de un pronombre. Véanse más ejemplos de oraciones desiderativas en 40.

(40) a. *¡Ojalá no llueva mañana!*
b. *¡Que cumplas muchos más!*
c. *¡Quién pudiera!*
d. *¡Si ganara la lotería!*

2.4.6 Dubitativas

Las oraciones dubitativas expresan duda, posibilidad o probabilidad. Se las distingue porque frecuentemente presentan partículas léxicas de duda como *acaso, quizá(s), tal vez, probablemente, posiblemente*. Cuando no llevan estas partículas pueden ir con formas verbales que marcan el valor de duda o probabilidad, por ejemplo, con el futuro simple, *serán unos diez participantes*, con *no creo que* como en *no creo que sea vegetariano*, o con *deber de* más infinitivo, *Ana debe de estar en el trabajo*. Véanse más ejemplos en 41.

(41) a. *Quizá me cambie de trabajo.*
c. *Acaso no sea más que un truco.*
d. *Ya habrán salido los niños del cole.*
e. *Ese cuadro de Picasso debe de costar una fortuna.*

Es importante diferenciar las dubitativas de las enunciativas en casos como *ya han dado las tres* (declarativa) frente a *ya habrán dado las tres* (dubitativa); *creo que no asistirá* (declarativa) frente a *no creo que asista* (dubitativa). También hay que distinguir entre los usos de *deber* y *deber de* más infinitivo ya que indican distintos valores modales, por ejemplo, las oraciones *debo terminar antes de la una* y *debo cumplir con los requisitos*, indican obligación, son enunciativas; mientras que *debo de haber olvidado las llaves en casa* o *debe de haber otra solución* indican duda o probabilidad, por lo tanto, son dubitativas. Cuando el hablante duda o supone algo necesita usar *deber de*.

En este apartado hemos examinado las estructuras oracionales relacionadas con la modalidad significativa y la actitud del hablante ante un acto de comunicación (*modus*), destacando los valores de interrogación, exclamación, mandato, deseo y duda. A continuación en 42 se puede ver el análisis estructural de dos de estas modalidades oracionales: *¿se ha hecho usted daño en el dedo?*, interrogativa directa total, y *tal vez mañana venga mi tía Fefi*, dubitativa.

(42)

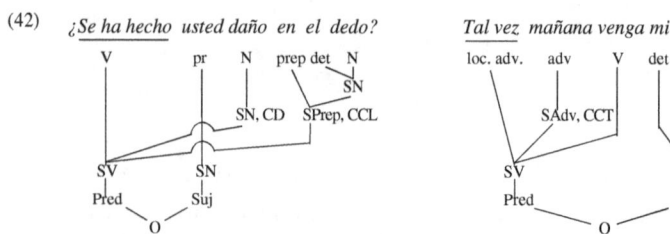

Ahora ya contamos con todas las herramientas para analizar una oración desde el punto de vista del predicado (del verbo y sus complementos), del sujeto (si existe o no) según el *dictum* y desde la perspectiva del hablante, de su intencionalidad en el acto del habla según el *modus*. Por lo que para clasificar las oraciones del ejemplo 42 diríamos que *¿se ha hecho usted daño en el dedo?* sería una oración simple, interrogativa, directa, total (según el *modus*) y predicativa, transitiva, afirmativa, en voz activa (según el *dictum*). *Tal vez mañana venga mi tía Fefi* sería una oración simple, dubitativa, predicativa, intransitiva, afirmativa en voz activa, combinando el *modus* y *dictum*. En la figura 2.1 se pueden ver todas las clases de oración simple según el *modus* (intención del hablante) y el *dictum* (el predicado).

Para facilitar el análisis oracional con diagramas arbóreos se sugieren los siguientes pasos en la estructuración de niveles. Se incluyen el análisis morfológico (las categorías de palabras, nombre, adjetivo, verbo, etc.) y el sintáctico (sujeto y predicado, sintagmas y funciones). Por razones pedagógicas y de claridad, el análisis se puede realizar en estos cuatro pasos.

a) Primero: sujeto y predicado
b) Segundo: sintagmas (SN, SV, SAdj, SAdv y SPrep).
c) Tercero: funciones (Suj, Atrib, CPred, CD, CI, CC, CReg, CN, CAdj, CAdv).
d) Cuarto: categorías de palabras (nombre, pronombre, verbo, adjetivo, adverbio, preposición, conjunción, determinante, locución).

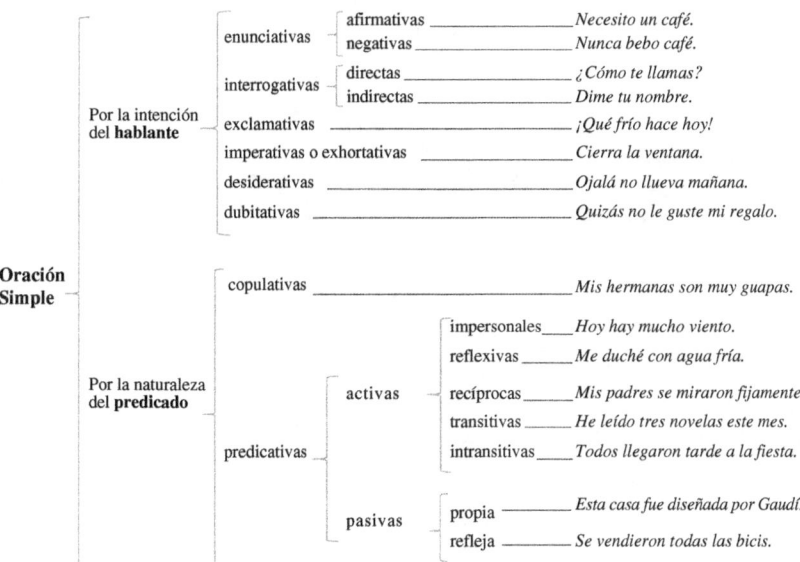

Figura 2.1. Clasificación de la oración simple con ejemplos

No obstante, este modelo o guía resulta orientativa y habrá personas que prefieran empezar por las categorías y de ahí seguir en orden contrario. Existen otras variantes o formas de proceder ante el análisis sintáctico. Como ya se mencionó en el capítulo uno, algunos manuales prefieren el subrayado o diagramas arbóreos de arriba abajo (en vez de abajo arriba como en este volumen). Según nuestra experiencia docente, el diagrama arbóreo estructural nos parece el método más útil y claro; da mejores resultados y es más fácil de asimilar. Sea como sea, para un buen análisis se necesitan identificar bien los conceptos básicos (clases de palabras y funciones sintácticas) con la terminología adecuada. En el siguiente capítulo, estudiaremos las estructuras de las oraciones compuestas.

Ejercicios y actividades de autoevaluación

(1) Indique si son **simples** o **compuestas** las siguientes oraciones.
    1. Debes visitar a tus padres con más frecuencia por navidad.
    2. Sigue lloviendo desde el mes pasado.
    3. El perro ha parado de dar saltos con los niños.
    4. La película está a punto de terminar en unos minutos.
    5. Nunca me han multado por conducir rápidamente.
    6. ¿Me das tu número de teléfono?
    7. Ana ha viajado en tren por toda Europa.
    8. Me gustaría leer tu trabajo sobre las plantaciones de café.
    9. Mario no suele dejar su coche aparcado fuera del garaje.
    10. Lee mucho para aprender más vocabulario.
    11. ¿Puedes llevarme en coche a la biblioteca?
    12. Isa se puso a llorar por el final trágico de la novela.

(2) ¿Cuáles de estas oraciones simples son **copulativas** o **cuasicopulativas**?
    1. La sopa está muy salada.
    2. El Museo del Prado se encuentra en el centro de Madrid.
    3. La mascota de mi hija es una gatita llamada Ali.
    4. Mis amigos se encuentran bastante ocupados hoy con sus exámenes finales.
    5. El otro día estuve con un presentador de televisión muy famoso.
    6. Este regalo es para ti, por tu cumpleaños.
    7. Terminamos la clase muy cansados después de dos horas sin descanso.
    8. Estamos pendientes de las elecciones presidenciales este año.
    9. El café está muy amargo sin azúcar.
    10. Seré estudiante de medicina el próximo septiembre.

(3) Sustituya el verbo *ser* y *estar* por otros verbos que puedan funcionar de forma **semicopulativa**.
    Modelo: *Mi amiga está preocupada hoy.*
    Mi amiga <u>viene</u> preocupada hoy.
    1. Los niños estaban muy contentos durante la fiesta de cumpleaños.
    2. Todos los estudiantes fueron respetuosos.
    3. La fuente del parque está seca.
    4. Hoy, está muy soleado el día.
    5. Ayer estuve muy enfermo con un resfriado.
    6. Los vecinos de mi calle están nerviosos por los robos en el vecindario.
    7. Mi abuelo está muy enfermo de covid.
    8. El ciruelo de mi jardín está marchito.

(4) Indique si los verbos *ser* y *estar* funcionan como **atributivos** o **predicativos**.
   1. En esa foto, mi madre está con unas gafas de sol.
   2. El director está casi siempre en su despacho.
   3. Esta flor es para ti.
   4. Estuve ayer en la peluquería con mi amiga Ana.
   5. ¿Estás contenta con tu coche nuevo, Carmen?
   6. La conferencia es mañana por la mañana a las ocho.
   7. Las graduaciones son normalmente en junio.
   8. La enfermera está ocupada en estos momentos.

(5) ¿Cuáles de estas oraciones simples son **transitivas** o **intransitivas**?
   1. Nos faltan dos semanas para las vacaciones de verano.
   2. De pequeña muchas veces te caías de cabeza.
   3. Luis se cortó el pelo al rape.
   4. Me apetece un buen bocadillo de calamares.
   5. En el jardín de mi casa crece mucha menta.
   6. A Nora le sacaron una uña sin anestesia.
   7. ¿Te duchas con agua fría en verano?
   8. Nos molesta mucho la impuntualidad.
   9. ¿Ya te comiste todo el helado?
   10. La niña se sentó en el banco con su perrito.

(6) ¿Cuáles de estas oraciones simples son **reflexivas**? Si lo son subraye el **CD**.
   1. No nos fiamos de este clima.
   2. Se pasea por el parque todos los días con su perro mastín.
   3. Ana se pintó las uñas de color azul.
   4. Cleopatra se bañaba con leche de burra.
   5. ¿Te afeitaste el bigote?
   6. ¡Fíjate en las respuestas de los ejercicios!
   7. Carlos se miró en el espejo el ojo morado.
   8. ¿Nos vamos ya al concierto?
   9. La actriz se casó con el cámara después del rodaje de la película.
   10. En nochevieja el perro se asustó con los cohetes.

(7) ¿Cuáles de estas oraciones simples son **recíprocas**? Si lo son subraye el **CD**.
   1. Los futbolistas se insultaron durante el partido.
   2. Nos vimos desde las ventanas de nuestros apartamentos.
   3. Mis padres se abrazaron con emoción en su aniversario de boda.
   4. ¿Se suicidaron los protagonistas de la película?
   5. Los gatos se pelearon por su territorio en el garaje.
   6. Los jugadores se pasaron la pelota los unos a los otros.

7. Ana se enamoró locamente de Carlos el verano pasado.
8. Mis hermanas se enfermaron las dos a la vez.
9. En la universidad el profesor y los alumnos se tutean.
10. Los narcos de la serie televisiva se mataron a balazos.

(8) ¿Cuáles de estas oraciones simples están en **voz pasiva**?
1. El perro fue visto por los vecinos de mi calle.
2. Luis se levantó muy cansado esta mañana.
3. La escuela ha sido destruida por el tornado.
4. Se han vendido más coches usados que nunca este año.
5. El uso de pesticidas está regulado en Europa por las autoridades.
6. La universidad de Yale fue fundada en 1701.
7. El director del colegio será recibido por el presidente del gobierno.
8. ¿Se ha publicado ya la noticia por el periódico local?

(9) ¿Cuáles de estas oraciones simples se clasifican como **impersonales**?
1. Cada vez se trabaja menos.
2. Se requiere el uso de mascarillas en las clases.
3. No se les prohibió la entrada.
4. Se sentó muy cansada en la silla después del trabajo.
5. Es temprano todavía para clase.
6. No hay más días festivos hasta la navidad.
7. Crecen muchas flores en tu jardín.
8. Hablan muy bien de ti.
9. Sara se parece mucho a su abuelo materno.
10. La gente sonríe menos y menos cada día.

(10) De las siguientes oraciones, cuáles pueden ser **impersonales reflejas**.
1. En nuestra universidad se estudia poco.
2. De eso no se debe hablar.
3. No se oyen las voces de los niños en el patio.
4. Se conduce muy mal con sueño.
5. Por fin se arreglaron las goteras de la cocina.
6. Se han prohibido algunos libros en Texas, Misuri y Carolina del Sur.
7. Aquí no se fuma.
8. Cada vez se sonríe menos.

(11) Indique las **oraciones impersonales**. Subraye el **sujeto** si lo hay.
1. Siempre me han gustado los cuadros de Picasso.
2. Es tarde para llamadas sin importancia.
3. Aquí, en esta casa tan humilde, vivió Abraham Lincoln.

4. Por el camino, vimos a tus abuelos.
5. Me duele bastante la espalda después de esos ejercicios.
6. No hay nadie en la clínica en estos momentos.
7. En aquel tiempo se quemaba a las brujas por órdenes de la Inquisición.
8. Te apestan las zapatillas después del partido de fútbol.
9. Parece que no va a llover hoy.
10. Hace muy mal tiempo ahora en el Caribe.

(12) Clasifique las oraciones **impersonales** en tres grupos:
   a) De fenómenos atmosféricos.
   b) Gramaticalizadas (con verbos haber, hacer y ser).
   c) Reflejas (con se).
   Modelo: *Durante el juicio se le acusó de mafioso.*
   C, impersonal refleja.
   1. El miércoles hubo huelga de controladores aéreos._____
   2. Nunca llueve en las zonas desérticas de Arizona._____
   3. Ojalá no sea demasiado tarde para estos deberes._____
   4. En esa biblioteca se estudia mejor que en casa._____
   5. Es muy temprano para la cosecha de aceitunas._____
   6. Mañana va a hacer muy buen tiempo._____
   7. Ahora mismo no hay mesas disponibles en el bar._____
   8. No se vive mal en las afueras de esta ciudad._____
   9. Aquí no se puede entrar con perros grandes._____
   10. No hace mucho calor en esta época del año._____

(13) Indique si estas oraciones son **impersonales, pasivas o reflexivas**.
   Modelo: *se peinó con dos trenzas. Reflexiva.*
   1. Se han construido muchas casas nuevas en mi vecindario.
   2. Nunca llueve en el desierto.
   3. La actriz se maquilló antes del rodaje.
   4. No se come muy bien en este restaurante.
   5. Ana se vistió con la ropa de su madre.
   6. Me corté el dedo con el cuchillo.
   7. No se habla alemán en Bélgica.
   8. Se venden patatas a buen precio.
   9. El Titanic se hundió en 1912 cerca de Terranova.
   10. El cubismo se fundó por Picasso.

(14) Indique si son **enunciativas** o **dubitativas** las siguientes oraciones.
   1. ¿Acaso conoces a ese profesor?
   2. La aspiradora debe de estar en el garaje.
   3. Debes estudiar para el examen.

4. Tal vez no me tome vacaciones este verano.
5. Se jubilará en cinco años probablemente.
6. ¿Encontrarás la salida del supermercado?
7. Quizá ya haya aterrizado el avión desde Nueva York.
8. ¡Quién sabe!

(15) ¿Cuál es la la **intención del hablante** en estas oraciones simples?
Modelo: *A tu hermana no le gustan los aguacates.*
Oración simple enunciativa negativa.
1. ¿Cómo te llamas?
2. Quizás Bea ya haya regresado a su casa.
3. ¡No quiero comer más tomates!
4. ¡Nunca abras esa puerta!
5. Jamás me olvidaré de este verano y de tus hermanas.
6. ¡Qué susto me has dado!
7. Este fin de semana tal vez vaya de viaje.
8. ¡Ojalá tuviéramos esa diversidad de restaurantes en mi ciudad!
9. Noa logró el ascenso no sin esfuerzo.
10. ¿Tienes alguna novela policiaca interesante?

(16) Clasifique estas oraciones simples según todos los criterios estudiados: la naturaleza del predicado, la existencia del sujeto y la intención del hablante. Siga el modelo.
Modelo: *Nunca nieva mucho en esta zona.*
Simple, predicativa, intransitiva, impersonal, en voz activa, enunciativa y negativa.
1. En invierno se duerme más que en verano.
2. ¡Qué bien se está aquí al solecito!
3. Mi padre fuma desde muy joven.
4. A nosotros no nos molesta el cambio de horario.
5. ¿Qué tema vas a elegir para tu redacción?
6. Lis y Ali se detestan mutuamente.
7. Se rumorea sobre el divorcio de la actriz.
8. ¿Te molesta el humo del tabaco?
9. Esos libros ya los leí en la escuela.
10. Nunca se sienta al lado de su padre en las celebraciones familiares.

(17) Lea el siguiente texto y subraye todos los **complementos directos**.

Cuando fui a cruzar la Avenida 18 de julio en Buenos Aires —acaso tres o cuatro veces más ancha que la de la Castellana en Madrid— anduve buscando a tientas ayuda y al fin encontré otra mano.

Cogido de esa mano amiga crucé la ancha avenida, escuchando los cláxones y el zumbido de los automóviles. Una vez cruzado, ya en la otra acera, alguien se desprendió de mi mano y dijo: "Muchas gracias".

Fabulario. Borges Ciego. José María de Quinto.

(18) Lea el siguiente texto y subraye todos los **sujetos** y **complementos directos**. Marque las oraciones transitivas.

La flecha disparada por la ballesta precisa de Guillermo Tell parte en dos la manzana que está a punto de caer sobre la cabeza de Newton. Eva toma una mitad y le ofrece la otra a su consorte para regocijo de la serpiente. Es así como nunca llega a formularse la ley de gravedad.

La manzana. Ana María Shua.

(19) Complete los siguientes **análisis** morfosintácticos de oraciones simples.

a) No hay nada nuevo bajo el sol.

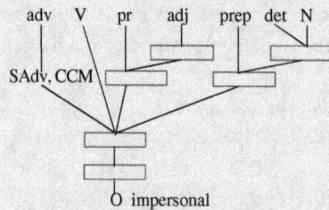

b) Cada vez se trabaja menos.

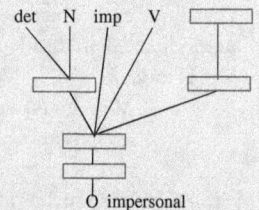

c) Dentro de dos días nos cortan el pelo.

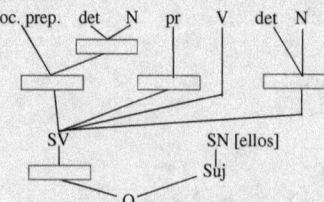

d) También ha venido Ana, mi vecina.

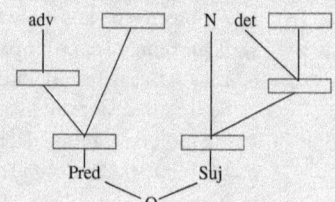

(20) Haga el análisis morfosintáctico de las siguientes oraciones y clasifíquelas.
   a) Se le cayó el vaso de las manos.
   b) Esa casa debía de tener muchas goteras.
   c) Por primera vez he dormido bien en una semana.
   d) No se repararon las tuberías del baño.
   e) De vez en cuando me apetece un dulce.

¿Cómo se estructura la oración simple?

Actividades de autoevaluación

En estas actividades que siguen solo hay **una** respuesta correcta.

(1) Señale la **oración simple**.
   a. Fumar no es bueno para la salud.
   b. Tengo que estudiar mucho para este examen.
   c. No creo que nieve este invierno.
   d. Voy al gimnasio para estar en forma.

(2) Señale la oración **compuesta**.
   a. Estuve ordenando mi habitación ayer.
   b. Podemos estudiar juntas para la presentación en clase.
   c. ¿Sigues trabajando en la misma cafetería de tu barrio?
   d. Come menos grasa ahora para adelgazar un poco.

(3) ¿En qué oración simple no aparece una **perífrasis verbal**?
   a. Me avisaron de que se cancelaban las clases por la nieve.
   b. La gatita acaba de salir al patio detrás de tu hermana.
   c. Debe de haber algún error con la transferencia bancaria desde el extranjero.
   d. ¡Por favor, deja de fumar cerca de mí!

(4) Señale la oración con una **perífrasis verbal**.
   a. Hemos vivido aquí veinte años.
   b. Fumar es muy malo para la salud.
   c. La gatita lleva dormida tres horas.
   d. ¿Has visitado el museo de bellas artes?

(5) ¿En qué oración simple encontramos una estructura **copulativa**?
   a. El ascensor está estropeado desde el lunes.
   b. ¿Quiénes estaban contigo en el cine?
   c. Todos estábamos de pie al principio de la fiesta.
   d. La clase es a las dos todos los martes y jueves.

(6) Señale en qué oración simple tenemos un verbo **semicopulativo**.
   a. La mentira siempre vive asustada.
   b. No ando muy rápidamente.
   c. ¿Estás de nuevo embarazada?
   d. ¡No debe de ser de la misma ciudad!

(7) Señale en qué oración simple tenemos un **atributo**.

a. El museo está cerca de la universidad.
b. ¡Vas a ser una profesora excelente!
c. Esto es por tu bien.
d. El gato estaba durmiendo muy quieto encima de la silla.

(8) ¿En qué oración simple encontramos una estructura **predicativa**?
a. ¿Cuándo son las elecciones para la presidencia del gobierno?
b. Noruega es el país con más coches eléctricos en el mundo.
c. ¿Por qué vienes tan mojado, Juan?
d. Estamos todos listos para las vacaciones de invierno.

(9) Señale qué oración está en **voz pasiva**.
a. Se han descubierto sus mentiras.
b. Se vive solo una vez.
c. Se queda en casa todo el día.
d. No se acuerda de su apellido.

(10) Señale cuál oración es **pasiva refleja**.
a. Se duerme mal con este calor.
b. Se han pedido refuerzos a la policía.
c. Ana se puso una falda nueva.
d. Lo estudiantes se agobian con los exámenes finales.

(11) Señale la oración simple **transitiva**.
a. Faltan diez días para las vacaciones de verano.
b. Me gusta mucho la comida tailandesa.
c. Velázquez se pintó en su propio cuadro, Las Meninas.
d. La niña se sentó al lado de su madre.

(12) Señale la oración simple **intransitiva**.
a. A tu amiga le molesta mucho el humo del tabaco.
b. Ayer hubo un gran accidente en la autopista.
c. Nunca me pinto las uñas de los pies.
d. Mis hijos, Ana y Luis, se quieren mucho.

(13) Señale la oración simple **reflexiva**.
a. No me arrepiento de nada.
b. María se mira en el espejo todos los días sin falta.
c. Los novios se encontraron a las tres de la tarde.
d. Se fue de la casa de sus padres a los quince años.

(14) Señale la oración simple **reflexiva directa**.

a. María se maquilla todas las mañanas con mucho cuidado.
   b. Ana se pinta los labios de color rojo.
   c. Mi amiga se hizo dos trenzas para la fiesta de disfraces.
   d. Los soldados tienen que afeitarse la barba todos los días.

(15) Señale la oración simple **recíproca**.
   a. Mis dos gatitos se pelean un par de veces al día.
   b. ¡Vámonos todos al partido de fútbol!
   c. Mis padres no se alegraron de mis notas.
   d. Ana y Luis se acuestan muy temprano los domingos.

(16) Señale la oración simple **recíproca indirecta**.
   a. Los niños se pelearon durante el recreo.
   b. Las actrices se vistieron antes de la actuación.
   c. Los presos se miraron los tatuajes con curiosidad.
   d. Tom y Sara se marcharon a toda prisa.

(17) Entre las oraciones simples que siguen cuál es la **impersonal**.
   a. Hoy en día ya no se respeta a los mayores.
   b. Cada vez se imprimen menos libros en papel.
   c. Esta primavera no se han plantado margaritas en nuestro jardín.
   d. En China se fabrican reactores nucleares para Estados Unidos.

(18) Entre las oraciones simples que siguen cuál es la **impersonal refleja**.
   a. Uno se acostumbra a todo con los años.
   b. ¿Quién se pintó las uñas con mi esmalte?
   c. Se castigará duramente a los narcotraficantes.
   d. Se han falsificado cientos de visados.

(19) ¿Cuál de las siguientes oraciones **no es impersonal**?
   a. Se han construido muchos hoteles nuevos en Cancún.
   b. Se auxilió inmediatamente a los heridos en el accidente.
   c. Ha salido el sol a las seis esta mañana.
   d. En Europa se ha prohibido el uso de pesticidas.

(20) ¿Cuál de las siguientes oraciones puede clasificarse como **impersonal y pasiva refleja**?
   a. Se cometió un asesinato.
   b. Se vive tranquilo en este barrio.
   c. Se necesitan los informes para mañana.
   d. Se está bien junto a la chimenea.

(21) ¿Cuál de las siguientes oraciones no es **interrogativa indirecta**?

a. Le pregunté cómo se llamaba.
b. Nunca supimos el por qué de su divorcio.
c. Hemos deducido dónde vive por el código postal.
d. Ignoramos quién pudo hacerlo.

(22) ¿Cuál de las siguientes oraciones simples no indica **duda**?
a. Deben de ser ya las once de la noche.
b. Posiblemente sean ya las once de la noche
c. Deben estudiar más para el examen.
d. Quizá sean las once de la noche.

(23) Señale qué oración simple es **afirmativa**.
a. Nunca viajaré contigo en tren.
b. Lo consiguió no sin ayuda.
c. En su vida ha visitado Nueva York.
d. Nadie te llamó por teléfono.

(24) La oración *me importa un comino el fútbol* se clasifica como:
a. afirmativa
b. negativa
c. impersonal
d. reflexiva

(25) La oración *a tu hermano le huelen los pies* se clasifica como:
a. enunciativa afirmativa
b. enunciativa negativa
c. enunciativa transitiva
d. enunciativa recíproca

(26) La oración *¡qué cara me costó la entrada del concierto!* se clasifica como:
a. exclamativa intransitiva
b. exclamativa transitiva
c. exclamativa reflexiva
d. exclamativa exhortativa

(27) La oración *se está muy bien aquí* se clasifica como:
a. pasiva refleja
b. copulativa
c. impersonal
d. reflexiva directa

(28) La oración *se alquilan bicis* se clasifica como:

a. pasiva refleja
   b. impersonal
   c. reflexiva
   d. transitiva

(29) La oración *creo que no asistirá a clase* se clasifica como:
   a. dubitativa
   b. enunciativa
   c. exhortativa
   d. desiderativa

(30) La oración *salgamos por la puerta de atrás* se clasifica como:
   a. exhortativa
   b. transitiva
   c. dubitativa
   d. desiderativa

CAPÍTULO 3

¿Qué estructuras aparecen en la oración compuesta?

En el capítulo anterior definimos la oración simple como unidad mínima de habla con sentido completo y formada por una sola acción verbal (un solo verbo). En este capítulo nos centraremos en la oración compuesta o compleja, aquella que se expresa con más de una acción verbal (con dos o más verbos). Aunque esta diferencia parece clara, en numerosas ocasiones en los análisis sintácticos, se presentan dificultades a la hora de distinguir bien la oración simple de la compuesta. Necesitamos considerar el uso de las perífrasis (*hay que estudiar, voy a salir*), de los verbos modales (*deber, querer, poder, saber* y *soler*) y de los verbos defectivos (*faltar, doler, gustar, molestar*, etc.) para delimitar bien la extensión de las proposiciones en una oración. Compárense las oraciones simples frente a las compuestas en 1.

(1) a. *Me preocupa su impuntualidad* (simple). *Me preocupa que llegue tarde* (comp.).
   b. *Voy a leer mucho* (simple). *Voy a leer mucho para aprender vocabulario* (comp.).
   c. *No puedo nadar* (simple). *No puedo nadar ni para salvar mi vida* (comp.).
   d. *Me gusta el té verde* (simple). *Me gusta beber té verde* (comp.).

La terminología en algunos manuales puede variar. En este capítulo, usamos términos tradicionales, de uso general, desde los estudios de Andrés Bello, Gili Gaya y Amado Alonso entre otros lingüistas. Consideramos equivalentes los términos oración compuesta y compleja. Otros términos como proposición o cláusula, oración principal, oración subordinada, también aparecen con frecuencia cuando se estudian las estructuras de las oraciones compuestas. En este volumen preferimos los términos de *oración compuesta* y *proposiciones*. Usamos *proposiciones* para referirnos a cada estructura oracional con un verbo dentro de la oración compuesta, sean del tipo que sean, así, por ejemplo, *si sale el sol, vamos a la playa*, es una oración compuesta con dos proposiciones: *si sale el sol*, proposición 1, y *vamos a la playa*, proposición 2. También podríamos decir que *vamos a la playa* es la proposición principal, mientras que *si sale el sol* es la proposición subordinada. El término proposición equivale a cláusula. En la estructura de la oración compuesta aparecen dos o más proposiciones que pueden mantener entre sí relaciones de coordinación, yuxtaposición o subordinación. La coordinación es la unión de proposiciones del mismo nivel sintáctico que no dependen unas de otras, están en el mismo orden jerárquico (*co-orden*). Aparecen relacionadas por un nexo coordinante (bien una conjunción o una locución). La yuxtaposición, en cambio, carece de nexos explícitos y, desde el punto de vista semántico, relaciona oraciones entre sí que, la mayoría de las veces, indican coordinación, por ejemplo, la expresión de Julio César: *llegué, vi, vencí* puede interpretarse como coordinada *llegué, vi* (y) *vencí*. Por esta razón, en algunos manuales, las oraciones yuxtapuestas se incluyen como un subgrupo de las coordinadas. Sin embargo, las yuxtapuestas también pueden indicar una relación lógico-semántica de subordinación: *no vengas, no estaré en casa* equivale a *no vengas porque no estaré en casa*. La subordinación indica dependencia entre las partes de una oración compuesta y pueden clasificarse como sustantivas, adjetivas y adverbiales, cuando desempeñan la función de un sustantivo, un adjetivo o un adverbio respectivamente para la proposición principal. Véanse algunos ejemplos de oraciones compuestas en 2.

(2) a. *Ana se **fue** temprano y no **llegó** tarde al trabajo.* (2 proposiciones; coordinación).
 b. *Luis **cuenta** chistes pero no **tienen** gracia.* (2 proposiciones; coordinación).
 c. *Mi padre **canta**, mi madre **toca** el piano.* (2 proposiciones; yuxtaposición).
 d. *Nico **dijo** que **vendría** para **cenar** contigo.* (3 proposiciones; subordinación).
 e. ***Quiero estudiar** portugués porque me **gustaría vivir** en Brasil.* (4 proposiciones; subordinación).

Para empezar el análisis de una oración compuesta, los criterios fundamentales consisten en distinguir cuántos verbos hay, cuántas proposiciones y cuáles son los nexos que las conectan entre sí. Las proposiciones se analizan por separado ya que cada una tiene un *modus* (actitud del hablante) y un *dictum* (predicado) diferente. Recordemos que la estructura sintáctica de una oración no siempre responde a la intención comunicativa del hablante, determinada por el contexto pragmático como ya ilustramos en el capítulo anterior. A continuación analizamos las distintas estructuras de la oración compuesta en dos grupos: coordinadas y subordinadas. Al final del capítulo se encuentra un esquema con toda la clasificación de la oración compuesta.

3.1 ¿Cómo se identifican las oraciones compuestas coordinadas?

Las oraciones compuestas coordinadas se reconocen por la unión de varios enunciados oracionales que mantienen entre sí una relación de igualdad e independencia, ya que no dependen unos de otros. Para unir las distintas partes o proposiciones se usan conjunciones coordinantes (o nexos conjuntivos). Las coordinadas pueden estar formadas por dos o más proposiciones unidas por una conjunción coordinante. La estructura de las coordinadas responde siempre al mismo esquema sintáctico donde encontramos un nexo coordinante que determina el tipo de relación semántica que se establece entre las dos o más proposiciones que se coordinan. Esta estructura básica se ilustra en 3. (3) Oración compuesta coordinada = Prop 1 + conj. coordinante + Prop 2.

Las oraciones coordinadas se clasifican según el valor significativo de las relaciones entre ellas: suma, opción, contraposición, aclaración y alternativas. Así pueden agruparse en copulativas, disyuntivas, adversativas, explicativas y distributivas. La relación entre ellas viene determinada por la conjunción coordinante (o nexo) que las une. En la coordinación la conjunción o locución conjuntiva que ejerce de nexo solo desempeña un papel relacional, es decir, no tiene ninguna función sintáctica en las proposiciones que enlaza. Véase el cuadro 3.1 con algunas de estas conjunciones coordinantes.

La diferencia entre la coordinación y la subordinación se basa exclusivamente en estructuras formales, sintácticas, ya que, en muchos casos, desde el punto de vista semántico, no siempre se puede delimitar con precisión la coordinación de la subordinación. Por ejemplo, las siguientes oraciones

Cuadro 3.1. Tipos de coordinadas y conjunciones coordinantes

Tipo de coordinada	relación entre sí	conjunciones
copulativas	suma, adición	*y, e, ni.*
disyuntivas	opción	*o, u.*
adversativas	contraposición, contraste	*pero, no obstante, antes bien, aunque, con todo, sino, sin embargo, (mas).*
explicativas	aclaración, explicación	*es decir, esto es, en otras palabras, mejor dicho, es más, o sea.*
distributivas	alternancia, contrariedad	*Aquí... allí, bien... bien, este... aquel, ni... ni, o... o, uno(s)... otro(s), unas veces... otras, ya... ya,* etc.

coordinadas pueden indicar subordinación si nos fijamos en el significado, *no estudiaba ni aprobaba los exámenes* indica que *porque no estudiaba no aprobaba los exámenes* (de valor causal); *piensa mal y acertarás* puede interpretarse como *si piensas mal, acertarás* (de valor condicional); *eres muy alto y podrás jugar al baloncesto* expresa *eres tan alto que podrás jugar al baloncesto* (consecuencia). Por lo tanto, a la hora de distinguir entre coordinadas y subordinadas vamos a recurrir a la estructura sintáctica (formal) como base de distinción. Seguidamente analizamos todos los tipos de coordinadas: copulativas, disyuntivas y adversativas, explicativas y distributivas con gran variedad de ejemplos.

3.1.1 Oraciones copulativas

Las oraciones coordinadas copulativas expresan una relación de adición o suma y van unidas por las conjunciones *y*, su variante *e* ante palabras que comienzan por *i-*, en oraciones afirmativas y *ni* en oraciones negativas. A veces, la conjunción *que* puede adquirir cierto valor copulativo y reiterativo como en *dale que dale, toma que toma, corre que corre* equivalentes a *dale y dale, toma y toma, corre y corre* respectivamente. La conjunción *ni* puede aparecer al principio de la oración para reforzar su valor negativo,

¿Qué estructuras aparecen en la oración compuesta?

por lo tanto, la oración adquiere también valor distributivo. Véanse algunos ejemplos en 4.

(4) a. *Ana viaja a Asia mucho e importa antigüedades de Japón.*
b. *La mayoría de los estudiantes estudian y trabajan.*
c. *No se adapta a su nuevo colegio **ni** le gusta la nueva maestra.*
d. *Ni lo sé **ni** me importa.*

La conjunción *y* es el nexo copulativo más frecuente y, de hecho, es la que aparece primero en el lenguaje infantil. Es también la que más aparece en el lenguaje coloquial y en las narraciones populares. Como ya se mencionó anteriormente, aunque el sentido de las oraciones copulativas es de adición, a veces implican un matiz significativo distinto como de contraposición, consecuencia, condición, etc. Por ejemplo, *me lo dijeron y no me acuerdo* puede indicar *me lo dijeron pero no me acuerdo* (valor adversativo); *hacía calor y abrimos la ventana* equivale a *hacía calor por lo tanto abrimos la ventana* (valor consecutivo). En ocasiones, la relación semántica de adición que se establece entre las proposiciones puede reforzarse con adverbios que también expresan adición como *también, además* e *incluso*; por ejemplo, *a esta clase asisten todo tipo de estudiantes e incluso vienen jubilados.*

Cuando se coordinan más de dos proposiciones coordinadas copulativas, la conjunción se coloca solo ante la última, por ejemplo, *la niña pintó en el papel, se lo enseñó a su madre y después lo rompió.* A continuación se muestra el análisis de la siguiente oración: *Ana veía una telenovela y su hermana jugaba con la gatita.* Se trata de una oración compuesta coordinada copulativa, formada por dos proposiciones unidas mediante la conjunción *y*. Las dos proposiciones son predicativas, enunciativas y afirmativas, están en voz activa. La primera, *Ana veía una telenovela* es transitiva con *una telenovela* como CD; la segunda, *su hermana jugaba con la gatita*, es intransitiva. Veamos el diagrama arbóreo en 5.

(5)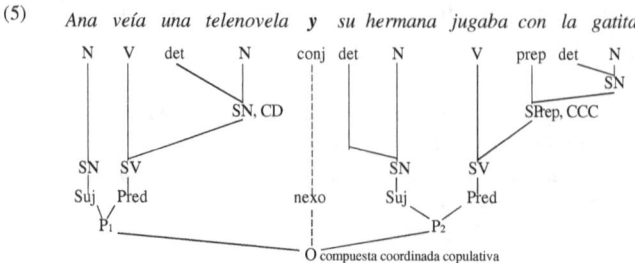

3.1.2 Oraciones disyuntivas

Las oraciones compuestas coordinadas disyuntivas expresan distintas opciones o alternativas posibles. La relación semántica entre las proposiciones puede ser excluyente o incluyente. Como la misma palabra indica, la disyuntiva excluyente excluye una de las opciones: *¿te quedas o te vas?* En la disyuntiva incluyente, en cambio, las dos opciones resultan compatibles: *te llamaré yo o se pondrá en contacto contigo mi jefe*. Este tipo de oraciones usan la conjunción disyuntiva *o* y su variante *u*. A veces se puede reforzar la disyunción repitiendo la conjunción al principio: *o lo sabes o no lo sabes, o te subes o te bajas del coche*; esto solo se puede hacer en las excluyentes. Otras veces podemos añadir *bien*: *o bien comemos aquí, o bien nos quedamos sin comer*. Cuando se repite el elemento disyuntivo, *o… o, o bien… o bien*, la oración también se puede interpretar como distributiva. En 6 se pueden leer más ejemplos de coordinadas disyuntivas.

(6) a. *¿Fuiste al cine o visitaste a tus padres?*
b. *U obtenemos beneficios pronto o tendremos que cerrar la tienda.*
c. *O sales ya o me voy.*
d. *O bien tomas el metro o bien vas andando.*

En algunos casos, aunque con poca frecuencia, la yuxtaposición puede indicar disyunción como por ejemplo en *que hable que no hable, me da igual* equivalente a *hable o no, me da igual*. En 7 podemos ver un diagrama arbóreo de una oración compuesta coordinada disyuntiva: *los turistas pueden visitar un museo histórico o ir al teatro romano*. La integran dos proposiciones unidas por la conjunción *o*. Las dos proposiciones son predicativas, enunciativas y afirmativas, están en voz activa. La primera, *los turistas pueden visitar un museo histórico* es transitiva, con *un museo histórico* como CD de *visitar*; la segunda, *ir al teatro romano* es intransitiva. Los dos verbos, *pueden visitar* y *(pueden) ir*, que forman una perífrasis verbal, comparten el mismo sujeto, *los turistas*, elidido en la segunda proposición.

(7)   Los turistas pueden visitar un museo histórico o ir al teatro romano.

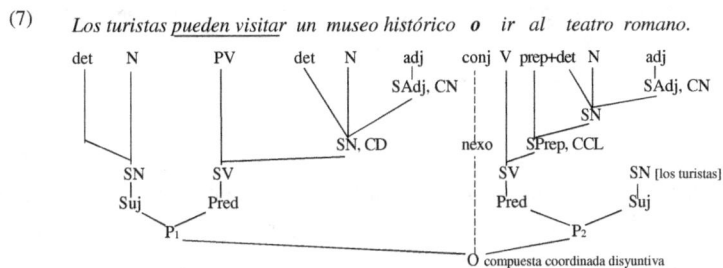

3.1.3 Oraciones adversativas

Las oraciones coordinadas adversativas expresan la unión de dos o más enunciados enfrentados total o parcialmente. Indican oposición o contraposición de forma total o parcial. Cuando la contrariedad es parcial, es decir los dos enunciados pueden darse a la vez, se les denomina restrictivas como en *Ana se quedó sin trabajo pero pagó su tarjeta de crédito*. Cuando los enunciados son incompatibles, se les llama exclusivas, *no corre sino que vuela*.

Las adversativas se construyen con una conjunción o con locuciones conjuntivas como *pero, no obstante, antes bien, aunque, con todo, sino (que), sin embargo, (mas)*. *Pero* es la conjunción adversativa más usada. *Mas* (sin tilde) equivale a *pero* y su uso ha ido decayendo en la lengua coloquial; hoy día se encuentra solamente en la lengua literaria y muy formal como, por ejemplo, en el rezo del padrenuestro: *no nos dejes caer en la tentación mas líbranos del mal, amén*. *Mas* con valor adversativo se ha mantenido en portugués (*mas*), francés (*mais*) y en italiano (*ma*); en español su uso se considera anticuado y de estilo afectado. La conjunción *aunque*, además de tener valor adversativo (equivalente a *pero*), también indica valor concesivo. Véanse algunos ejemplos adicionales de coordinadas adversativas en 8.

(8) a. *Luis trabaja mucho **pero** no llega a fin de mes con su sueldo.*
   b. *Toni no me cae bien, **sin embargo**, lo invité a mi cumpleaños.*
   c. *Son muy ricos **aunque** no lo parecen. (Pero no lo parecen).*
   d. *Con este presidente subió la inflación, **con todo**, ha salido elegido de nuevo.*

La conjunción *sino* puede ir seguida de *que* cuando el verbo va conjugado; compárese *no quiero salir sino entrar* y *Ana no salió sino que entró*. En muchas ocasiones el verbo de la segunda proposición se omite con *sino*, ya que aparece en la primera proposición como en *no lo hizo Bea sino Eli (lo hizo), esta no es mi casa sino aquella (es), no escribe ficción sino (que escribe) biografías*. Por otro lado, los nexos *sino* y *sino que* no siempre indican una oposición adversativa, asimismo pueden reforzar una afirmación como en *no solo publicó una novela, sino que escribió varias series de televisión (sino que también, además escribió...)*. Seguidamente analizamos una oración compuesta coordinada disyuntiva: *Blas fue al cumpleaños, pero llegó bastante tarde*. La forman dos proposiciones predicativas, intransitivas (no hay CD), enunciativas y afirmativas; están en voz activa. Las dos comparten el mismo sujeto, *Blas*, elidido en la segunda proposición.

(9)

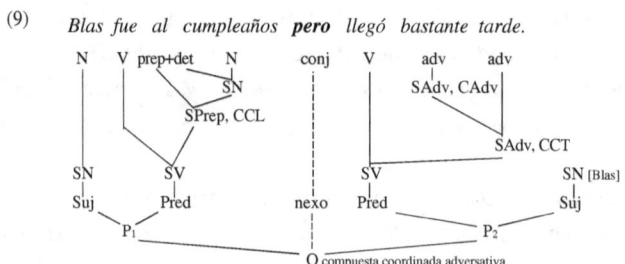

3.1.4 Oraciones distributivas

Las oraciones coordinadas distributivas expresan la alternancia entre los enunciados. Se reconocen fácilmente porque suelen llevar una marca léxica repetida para marcar el valor distributivo: *bien... bien, ni... ni,*

¿Qué estructuras aparecen en la oración compuesta?

ya... ya, unos... otros, aquí... allí, etc. Además, formalmente parecen yuxtapuestas, sin nexo, ya que la coordinación se establece empleando palabras correlativas de diversas categorías gramaticales como adverbios, conjunciones o pronombres colocados al principio de cada proposición como en *de cerca nos molesta la música, de lejos no oímos nada.* Estos nexos correlativos conservan su significado y función sintáctica. Véanse algunos ejemplos de distributivas en 10.

(10) a. ***Tan pronto*** *se calla,* ***tan pronto*** *no deja de hablar como un loro.*
b. *La calefacción,* ***por una parte****, mantiene la casa caliente,* ***por otra****, es muy cara.*
c. ***De un lado*** *salió el toro,* ***del otro*** *salieron los toreros.*
d. ***Unos*** *nacen,* ***otros*** *mueren.*

En 11 analizamos una oración compuesta coordinada distributiva: *esta me parece muy bonita, aquella no me gusta mucho.* La forman dos proposiciones unidas por los nexos pronombres distributivos *esta... aquella,* los cuales funcionan, además, como sujetos de *me parece* y *me gusta* respectivamente. Las dos son intransitivas, enunciativas y están en voz activa. La primera, *esta me parece muy bonita,* se clasifica como semicopulativa por la presencia del verbo *parecer* y del complemento predicativo *muy bonita*; también es afirmativa. La segunda proposición con el verbo *gustar* es predicativa y negativa.

(11)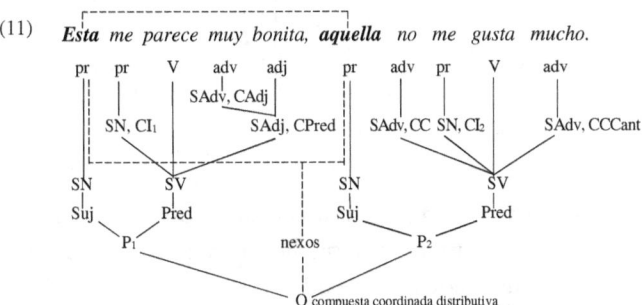

3.1.5 Oraciones explicativas

Las oraciones coordinadas explicativas, como su propio nombre indica, expresan una explicación: la segunda proposición aclara el significado de la primera. Van unidas por locuciones conjuntivas como *es decir, esto es, en otras palabras, mejor dicho, es más, o sea*. Véanse algunos ejemplos en 12.

(12) a. *Ese es pirómano,* **es decir***, está obsesionado con el fuego.*
b. *El gobierno necesita más capital,* **esto es***, subirá los impuestos.*
c. *Los jugadores eran seis,* **mejor dicho***, tenían dos equipos de tres.*
d. *Ese profesor sufre trastorno bipolar,* **o sea***, tiene muy mal genio.*

En 13 analizamos una oración compuesta por coordinación explicativa: *este gasto es desgravable, es decir, reduce la base imponible*. La integran dos proposiciones unidas por la locución conjuntiva *es decir*. Las dos son enunciativas y afirmativas y están en voz activa; comparten el mismo sujeto *este gasto*. La primera se clasifica como copulativa con el verbo *es* y su atributo *desgravable*. La segunda es predicativa con el verbo *reduce* y transitiva con el CD *la base imponible*.

(13)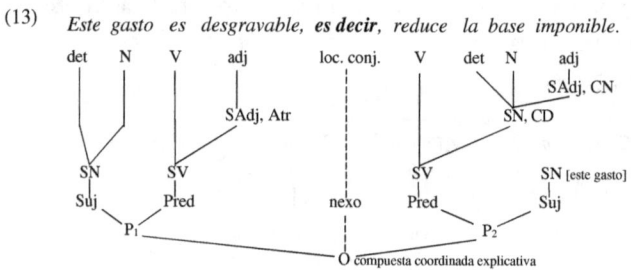

En esta sección hemos estudiado la oración compuesta (aquella que tiene dos o más verbos) estructurada por medio de la coordinación, método por el cual se unen enunciados independientes al mismo nivel sintáctico. En el siguiente apartado, trataremos de las subordinadas que, por el contrario, presentan enunciados que mantienen una relación de dependencia entre sí: una proposición subordinada desempeña una función sintáctica para otra que es de superior jerarquía gramatical.

3.2 ¿Cómo se identifican las oraciones compuestas subordinadas?

Las oraciones compuestas subordinadas no están en una relación de igualdad jerárquica desde el punto de vista sintáctico. Es decir, una de las proposiciones que las compone mantiene una relación de dependencia (de ahí que se le llame *subordinada*) con respecto a otra proposición (la *principal*). La subordinada depende de la principal, en la que desempeña un papel, bien de sustantivo, de adjetivo o de adverbio, de ahí que se las denomine y se las clasifique como subordinadas sustantivas, adjetivas o adverbiales. Uno de los nexos más utilizados en las subordinadas es la conjunción *que*; además aparecen otros nexos como pronombres y adverbios relativos e interrogativos. Véanse algunos ejemplos en 14 con la proposición subordinada marcada.

(14) a. *Nico dijo que nunca sería profesor.* (Sustantiva).
b. *No me gusta que salgas sola de noche.* (Sustantiva).
c. *Se partieron los árboles que se helaron con la tormenta.* (Adjetiva).
d. *Blas es tan alto que la cama le queda pequeña.* (Adverbial).

El verbo de la oración subordinada puede ir conjugado en forma personal o sin conjugar, en una de las formas no personales del verbo. Por ejemplo, compárese: *Ana quiere ir a Boston* y *Ana quiere que su padre vaya a Boston*, donde las subordinadas llevan el verbo en infinitivo *ir*, sin conjugar, la primera, y conjugado *vaya* la segunda. Cuando el verbo de la subordinada va en forma no personal (en infinitivo, gerundio o participio), la subordinada no suele llevar nexo introductorio como en el primer ejemplo anterior o en *prefiero comer en casa, Bea lo vio saliendo del metro, los fotografiaron atados de pies y manos*. No obstante, a veces, algunas subordinadas con verbo no personal van introducidas por un nexo como la preposición *para* en el ejemplo *la chaira sirve para afilar cuchillos* o la locución preposicional *antes de* en *pasaron cinco años de novios antes de casarse*. Véanse más ejemplos de subordinadas con verbos en forma no personal en 15.

(15) a. *Comer frutas y verduras previene el cáncer de colon.* (Sustantiva).
b. *Los obreros, cansados de falsas promesas, se quejaron al sindicato.* (Adjetiva).
c. *Había varias personas comprando entradas para el concierto.* (Adverbial).
d. *He estado trabajando todo el día sin parar un momento.* (Adverbial).

3.2.1 *Oraciones compuestas subordinadas sustantivas*

Las subordinadas sustantivas desempeñan en la oración compuesta las mismas funciones que el sustantivo en la oración simple, de ahí, que se llamen sustantivas. Pueden funcionar como sujeto, complemento directo, complemento del nombre, del adjetivo y del adverbio, complemento regido, atributo, complemento indirecto y complemento agente. La única función del sustantivo que no pueden realizar las subordinadas sustantivas es la del vocativo, función que se usa para expresar una llamada de atención al oyente. Normalmente van introducidas por los nexos *que, el hecho de que, si* y por pronombres o adverbios interrogativos (*qué, quién, cómo, cuándo, cuánto*) en las interrogativas indirectas. Las subordinadas sustantivas pueden ir sin nexo cuando se forman con verbos en infinitivo como *leer te abre la mente, me gusta pasear, detesto ir al gimnasio, tenemos planes de viajar, Lisa está harta de cocinar.* Dada su equivalencia con el sustantivo, en ocasiones, podemos sustituir la subordinada por un sustantivo como en *a Lis le molesta que llegues tarde, le molesta tu tardanza; no deseo que me llames, no deseo tu llamada; los padres quieren que sus hijos triunfen, quieren el triunfo de sus hijos; averigua cuánto vale, averigua el precio; háblame de quién lo escribió, háblame del escritor; me preocupa que se haya retrasado, me preocupa su retraso; no me interesa quién ganó el partido, no me interesa el ganador.* No siempre esta sustitución es posible, no obstante, lo importante radica en comprender que las subordinadas sustantivas equivalen a un sustantivo y ejercen las mismas funciones, las cuales se ilustran en los siguientes apartados.

A) Subordinadas sustantivas de sujeto

Como tales funcionan como sujeto de la proposición principal. Pueden sustituirse por un nombre o pronombre: *me preocupa que intervengas, me preocupa tu intervención, me preocupa eso.*

¿Qué estructuras aparecen en la oración compuesta?

Véanse algunos ejemplos en 16 con la subordinada marcada.

(16) a. *El hecho de que se haya disculpado significa que está arrepentido.*
b. *No me molesta que fumes delante de mí.*
c. *Me gustaría que mi hijo aprendiera portugués.*
d. *Beber mucho alcohol perjudica al cerebro.*

B) Subordinadas sustantivas de complemento directo

Como su nombre indica funcionan como un CD de la proposición principal o de otra proposición por lo que van con verbos transitivos como *anunciar, averiguar, decir, querer, mandar, ordenar, pedir, pensar, preguntar, prometer, recordar, saber,* etc. En ocasiones se formulan como interrogativas indirectas y, en estos casos, van introducidas por la conjunción *si* o por pronombres o adverbios interrogativos. En el habla popular estos elementos interrogativos pueden ir precedidos por el nexo *que*, como en *pregúntale que si viene,* por *pregúntale si viene; dile que qué quiere* por *dile qué quiere.* Este uso coloquial resulta repetitivo y poco elegante. También las subordinadas sustantivas de CD se usan para reproducir tanto el estilo indirecto como el directo, es decir, para reproducir indirectamente o directamente las palabras del interlocutor. Las oraciones en estilo directo, cuando se reproducen textualmente las palabras del hablante, no llevan nexo y se reconocen ortográficamente por dos puntos, comas o por un guion. Compárense estos ejemplos en estilo indirecto y directo: *Bea prometió que no fumaría, Bea prometió: "no fumaré"; la policía les mandó que caminaran despacio, la policía les mandó: "caminen despacio"; la madre les pidió que ordenaran el cuarto, "ordenen el cuarto" –les pidió la madre.* Con algunos verbos de voluntad y de temor, el nexo puede elidirse como en *les ruego me informen enseguida* por *les ruego que me informen.*

Las subordinadas sustantivas de CD suelen ser las más frecuentes en la lengua hablada y en la escrita. Para reconocerlas, se puede aplicar la misma regla de reconocimiento del CD, es decir, recurrir a la sustitución pronominal: *dígame qué necesita, dígamelo; no creo que te deje, no lo creo; me prometió que me llamaría, me lo prometió.* Véanse en 17 algunos ejemplos adicionales de las subordinadas sustantivas de CD.

(17) a. *No quiero que te ensucies la camisa blanca*, Fran.
 b. *Nadie sabe si la bolsa subirá este año.*
 c. *¿Averiguaste quién te rayó el coche?*
 d. *El sargento les ordenó a los soldados limpiar el pabellón.*

Las subordinadas sustantivas introducidas por *si* no deben confundirse con las adverbiales condicionales. Las sustantivas con *si* desempeñan la función de CD y se pueden sustituir por un nombre o pronombre, *no sé si fuma, no sé eso, no lo sé*. Las adverbiales, en cambio, indican una circunstancia, un sentido condicional a la acción verbal que no se puede sustituir por un nombre: *si fuma, da mal ejemplo; si me toca la lotería, me compro un coche.*

C) Subordinadas sustantivas de complemento del nombre, del adjetivo y del adverbio

Estas subordinadas complementan a un nombre, adjetivo o adverbio, funcionando como complemento del nombre, complemento del adjetivo o complemento de un adverbio respectivamente. Van precedidas de una preposición. Cuando complementan al nombre van introducidas por la preposición *de* más el nexo *que*; también pueden ir con la conjunción *si* como en *tenía dudas de si el acusado era inocente*. Cuando complementan a un adjetivo, además de *de*, pueden ir con otras preposiciones (*a, con, en*) como en *se pondrá contento con que lo llames, Raúl parece empeñado en que lo asciendan*. Cuando llevan un verbo en infinitivo no necesitan la conjunción *que*. Véanse varios ejemplos de estas subordinadas sustantivas en 18.

(18) a. *Me da la impresión de que me mientes.* (CN).
 b. *A Bea le invadió una gran ansiedad de no terminar a tiempo el examen.* (CN).
 c. *Blas estaba dispuesto a que se le recortara el sueldo.* (CAdj).
 d. *Están cansados de estudiar tanto para los finales.* (CAdj).
 e. *Anduvo cerca de que lo metieran en la cárcel.* (CAdv).
 f. *El litigio del divorcio está lejos de terminar.* (CAdv).

D) Subordinadas sustantivas de complemento regido (de régimen o suplemento)

Estas subordinadas realizan la función del complemento regido, es decir, van precedidas de la preposición exigida por el verbo de la proposición principal de la cual dependen. Por lo tanto, van introducidas por cualquiera de las preposiciones que rige el verbo al cual se subordinan (*acostumbrarse a, fijarse en, hablar de, quejarse de,* etc.) como en los ejemplos de 19.

(19) a. *El adolescente se queja de que no lo escuchan.*
b. *El anticuario habló de vender su colección de monedas.*
c. *Mi padre se acostumbró a que cocinara mi madre.*
d. *¿Te fijaste en que no llevaba ropa interior?*

E) Subordinadas sustantivas de atributo

Estas subordinadas funcionan como un atributo de un verbo copulativo (*ser* y *estar*). No son muy frecuentes ya que normalmente para esta función se usan las subordinadas adjetivas o las adjetivas sustantivadas. Algo muy característico de estas estructuras es que son reversibles con el sujeto y pueden analizarse también como sustantivas de sujeto o atributo, así, por ejemplo, en *la paz es que no haya guerra* o en *que no haya guerra es la paz,* la subordinada *que no haya guerra* puede ser tanto atributo como sujeto. Veamos algunos ejemplos de estas subordinadas sustantivas de atributo en 20.

(20) a. *La felicidad es que no haya desamor.*
b. *Ana fue quien obtuvo el primer premio.*
c. *El problema es que no tengo dinero.*
d. *¡Querer es poder!*

En el caso de que tengamos un verbo semicopulativo (como *parecer, andar, encontrarse, seguir, sentirse, venir,* etc.), la subordinada funcionaría como un complemento predicativo como en *Ana parecía no sentir dolor, la enferma se sentía desfallecer por el calor insoportable.*

F) Subordinadas sustantivas de complemento indirecto

Estas proposiciones funcionan como un complemento indirecto en la oración compuesta y suelen ir precedidas de la preposición *a* seguida del pronombre *quien(es)* (sin antecedente). Como la función del CI, estas subordinadas indican la persona o cosa beneficiada de la acción verbal. Véanse algunos ejemplos en 21.

(21) a. *El escritor firmaba ejemplares **a quienes** se lo pedían.*
b. *Le daré el premio **a quien** conteste esta pregunta.*
c. *Hay que prestar ayuda **a quien** lo necesite.*
d. ***A quienes** se porten mal, les quitaré un punto.*

No se deben confundir estas subordinadas sustantivas de CI con las adjetivas con *quien(es)*, ya que estas últimas siempre llevan un antecedente. Compárense *dio su herencia a quien lo cuidó*, subordinada sustantiva de CI y *dio su herencia al hijo, quien lo cuidó*, con *quien* refiriéndose *al hijo* como antecedente, por lo tanto, subordinada adjetiva.

G) Subordinadas sustantivas de complemento agente

Estas subordinadas van en voz pasiva y realizan la función del complemento agente en la oración compuesta. Están introducidas por la preposición *por* seguida de *quien(es)* sin antecedente. Véanse algunos ejemplos en 22.

(22) a. *La protagonista fue asesinada **por quien** menos nos esperábamos.*
b. *La modelo ha sido elegida **por quienes** pagaron el anuncio publicitario.*
c. *El premio fue entregado **por quienes** representaban al jurado.*
d. *La muralla fue destruida **por quienes** conquistaron la ciudad.*

Normalmente, aunque se pueden encontrar algunas subordinadas sustantivas de atributo y de complementos agente e indirecto, son las subordinadas adjetivas las que suelen desempeñar este papel. Compárense los siguientes pares de subordinadas, siendo la primera sustantiva y la segunda la adjetiva: *Ana es quien te lo preguntó* frente a *Ana fue la que te lo preguntó*; *la vacuna fue aprobada por quienes formaban el comité* frente a *por los que formaban el comité*; *dásela a quien la necesite* frente a *dásela al que la necesite*.

Necesitamos resaltar que, en ocasiones, se suelen confundir las perífrasis verbales con las subordinadas sustantivas de infinitivo, por ejemplo, *puede ir* (perífrasis) frente a *quiere ir* (subordinada sustantiva de CD). Desde el punto de vista semántico, la perífrasis describe una única acción en la que el infinitivo aporta el significado nuclear, mientras que el primer verbo aporta un matiz aspectual (acción puntual, terminada, reiteración, etc.). Por ejemplo, en la perífrasis *acabo de llegar*, el primer verbo proporciona un sentido aspectual de acción recién realizada y *llegar*, la acción de *llegar*. La perífrasis cuenta como un único predicado, en cambio, en las subordinadas sustantivas de infinitivo los dos verbos aportan significado léxico pleno, son dos acciones distintas y cuentan como dos predicados. En *quiere ir* tenemos dos acciones: el sujeto *quiere* algo (predicado 1) y ese algo es *ir* (predicado 2).

Desde el punto de vista sintáctico encontramos otras diferencias entre las perífrasis y las subordinadas sustantivas de infinitivo. Las subordinadas sustantivas pueden sustituirse por un sintagma nominal (nombre o pronombre) mientras que esto no siempre es posible en las perífrasis. Véase un ejemplo en 23.

(23) a. Oración subordinada sustantiva: *quiere ir* → *quiere algo, lo quiere*.
b. Perífrasis: *puede ir* → **puede algo, *lo puede*.

Las subordinadas sustantivas pueden alternar el infinitivo con una construcción con *que* con un verbo conjugado mientras que eso no lo admiten las perífrasis. Compárense los ejemplos en 24.

(24) a. Oración subordinada sustantiva: *deseo ir* → *deseo que vayas*.
b. Perífrasis: *tengo que ir* → **tengo que vayas*; *debo leer* → **debo que leas*.

Por lo tanto, distinguir una perífrasis verbal de una subordinada sustantiva de infinitivo es importante porque nos ayuda a analizar estas estructuras con claridad y precisión.

A continuación en 25 se analiza una oración compuesta por subordinación sustantiva, *la maestra me preguntó ayer qué había pasado con mi hija mayor*. La proposición subordinada, *qué le había pasado a mi hija mayor*, expresa el CD de *preguntó*, núcleo verbal del predicado de la proposición principal, *la maestra me preguntó*. El nexo *qué*, pronombre interrogativo, une las dos proposiciones. Las dos proposiciones son predicativas, afirmativas y están en voz activa. La proposición principal es transitiva (la subordinada es su CD) y enunciativa mientras que la subordinada es intransitiva e interrogativa indirecta.

(25)

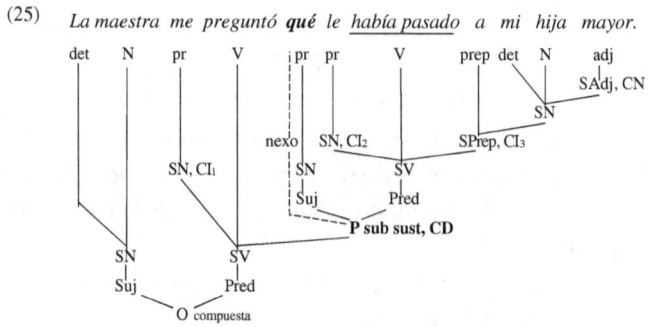

3.2.2 *Oraciones compuestas subordinadas adjetivas o de relativo*

Las subordinadas adjetivas son proposiciones cuyo comportamiento equivale al del adjetivo en la oración simple, es decir, complementan a un nombre. Las subordinadas de adjetivo, también llamadas de relativo o relativas, desempeñan la función propia de un adjetivo: son complementos de un nombre, el cual es su antecedente, así *los niños estudiosos* equivale a *los niños que estudian*, el *que* se refiere a su antecedente *niños*; *las bebidas alcohólicas me dan dolor de cabeza* corresponde a *las bebidas que contienen alcohol me dan dolor de cabeza* con *que* refiriéndose a su antecedente *las bebidas*. Estas oraciones también se llaman de relativo porque van introducidas por un pronombre relativo (*que, cual(es), quien(es), cuyo/a/s*) o adverbio relativo (*donde, cuando, como*) que ejerce de nexo, de relación, entre las proposiciones.

Los pronombres y adverbios relativos juegan dos papeles: por un lado, el de relacionar la subordinada que es complemento del nombre de un sustantivo de la proposición principal, su antecedente; y por otro el de su propia función sintáctica dentro de la proposición subordinada (sujeto, CD, CI, etc.). Así, por ejemplo, en *el medicamento que me han recetado me da sueño*, el pronombre relativo *que* se refiere a su antecedente, *el medicamento*, pero dentro de la proposición subordinada ejerce la función de CD *me han recetado el medicamento*, por lo que esta subordinada de adjetivo equivaldría a la conexión de estas dos oraciones simples: *el medicamento me da sueño* y *me han recetado el medicamento*.

El pronombre *cuyo/a/s* funciona de distinta manera a la de los otros pronombres relativos ya que indica posesión y concuerda con el sustantivo al que acompaña, funcionando como un determinante. Como todos los relativos introduce una subordinada adjetiva, pero *cuyo* (y sus variantes flexivas) mantiene con su antecedente una relación posesiva: el antecedente es el poseedor y la subordinada expresa lo poseído. Así en la oración *es un maestro cuya bondad causa admiración*, *cuya* introduce la subordinada y su antecedente es *maestro*, poseedor de la *bondad*, palabra con la cual concuerda *cuya*. En pocas palabras, *cuyo/a/s* funciona como pronombre relativo y también como determinante "que actualiza un sustantivo, que denota lo poseído" (Acebedo 2005: 89).

Para analizar bien una subordinada adjetiva necesitamos identificar su antecedente, al cual hace referencia. Generalmente, el antecedente es un sustantivo, aunque también podemos encontrar un sintagma nominal, una oración o un adverbio como en *estas hierbas homeopáticas que me recomendaron huelen mal* (antecedente: *estas hierbas homeopáticas*, SN), *le gusta el kimchi picante, lo cual no me sorprende* (antecedente: *le gusta el kimchi picante*, oración), *se escondió allí donde no puedan encontrarlo* (antecedente: *allí*, adverbio). Para diferenciar un *que* conjunción de un pronombre relativo solo se requiere identificar el antecedente: si la oración carece de antecedente el *que* es una conjunción, no un pronombre relativo. Véanse algunos ejemplos de subordinadas adjetivas en 26.

(26) a. *Aquella escritora, **de la cual** me hablaron, me firmó un autógrafo.*
b. *Los estudiantes, **a quienes** le dieron la beca, no necesitarán un préstamo.*
c. *El restaurante **donde** quedamos está en obras.*
d. *Mi vecino, de **cuyo** nombre no puedo acordarme, murió hace unos días.*

Según como modifiquen al sustantivo, al antecedente, las subordinadas adjetivas se pueden clasificar en dos tipos: las especificativas y las explicativas. Las especificativas (también llamadas restrictivas) se escriben sin comas y no se pueden suprimir sin que varíen el significado del discurso ya que especifican, limitan o restringen la significación del sustantivo al que se refieren. Campos argumenta que la información que incluyen es "crucial" para identificar al antecedente (1993: 98). En cambio, las explicativas (o apositivas) van entre comas en la escritura y se pronuncian con pausas de entonación; solo añaden un valor explicativo y si se suprimen no cambian el significado del enunciado, por lo que son solo aclarativas, añadiendo un pequeño matiz aclaratorio, como una aposición. Compárense algunos ejemplos en 27.

(27) a. *Los niños que viven lejos llegan tarde*. (Especificativa, solo los que viven lejos).
b. *Hay que cambiar las sillas que están rotas*. (Especificativa, solo las que están rotas).
c. *Los niños, que viven lejos, llegan tarde*. (Explicativa, todos llegan tarde).
d. *Hay que cambiar las sillas, que están rotas*. (Explicativa, todas porque están rotas).

Los dos tipos, especificativas y explicativas, también se diferencian por presentar diferentes características verbales. Solo las especificativas pueden llevar el verbo en infinitivo o subjuntivo (cuando el antecedente es desconocido o inexistente para el hablante), mientras que las explicativas van siempre con un verbo en indicativo. Por ejemplo, compárense *siempre encuentro cosas que hacer* y *busco un piso con dos habitaciones que esté cerca de la playa* (especificativas), frente a *mi piso, que tiene dos habitaciones, está cerca de la playa* (explicativa). Como el adjetivo puede sustantivarse (*lo bueno, lo difícil, el malo, la joven*), del mismo modo las subordinadas adjetivas pueden sustantivarse también. Lo hacen mediante la anteposición del artículo definido (*el, lo/a/s*) al pronombre relativo *que* como en *los que llegaron tarde perdieron el tren*, *se arrepintió de lo que había hecho*. En estos casos, la adjetiva sustantivada equivale a un sintagma nominal, es decir, a un sustantivo y ejerce sus funciones, así *los que llegaron tarde* es el sujeto de *perdieron el tren*; *de lo que había hecho* es el complemento regido del verbo *se arrepintió* (arrepentirse de). En estos ejemplos, *los que* y *lo que* no tienen un antecedente explícito; se podrían considerar los artículos *los* y *lo* como el antecedente de *que*. Las subordinadas adjetivas sustantivadas ejercen las mismas funciones de las subordinadas sustantivas, es decir, pueden funcionar como sujeto, atributo, complementos directo, indirecto, regido y agente. Véanse los ejemplos de 28 con la subordinada adjetiva sustantivada marcada.

(28) a. **La que** *maquilló al actor trabajó antes para la BBC.* (Sujeto).
   b. *Las gimnastas rusas son* **las que** *ganaron el campeonato.* (Atributo).
   c. *No he visto* **a los que** *llegaron ayer a medianoche.* (CD).
   d. *Le dieron el premio* **al que** *menos se lo merecía.* (CI).

En algunos manuales se consideran subordinadas adjetivas sustantivadas aquellos enunciados con el pronombre *quien* sin antecedente como en *quien fue a Sevilla perdió su silla*, aludiendo que el antecedente implícito es de tipo genérico, *alguien, una persona: la persona que fue a Sevilla perdió su silla*. Mientras que otros manuales analizan estas estructuras como subordinadas sustantivas con funciones del nombre así *Fran es quien lo hizo* (sustantiva de atributo), *le di el sobre a quien me dijiste* (de CI), *no se acordaba de quién le había regalado el libro* (de CReg), *Ana fue registrada por quien estaba en comisaría* (de CAg). En este volumen, solo consideramos subordinadas adjetivas aquellas que llevan un antecedente explícito y subordinadas adjetivas sustantivadas las que van introducidas por *el, lo/a/s* más el pronombre relativo *que*. Del mismo modo, los adverbios relativos necesitan acompañar a un antecedente explícito; si no hay tal antecedente el adverbio no funciona de relativo, ni la subordinada se clasifica como adjetiva sino adverbial; compárense: *este lunes iré al pueblo donde nací*, con *pueblo* como antecedente de *donde*, subordinada adjetiva, frente a *iré donde tú quieras*, subordinada adverbial de lugar.

En algunos casos, las subordinadas adjetivas no llevan un pronombre relativo ni funcionan como complemento del nombre sino que van introducidas por un participio, verbo de la subordinada, y funcionan como complemento predicativo concordando con el sujeto o el complemento directo de la proposición principal. Es decir, en las subordinadas adjetivas cuando hay ausencia de nexo, el verbo va en participio. Dicho participio concuerda en género y número con el sustantivo al que se refiere (su antecedente) como en los ejemplos de 29.

(29) a. *Bea llegó* **acompañada** *de Juan.* (CPred del sujeto).
   b. *El traje parece* **hecho** *a mano.* (CPred del sujeto).
   c. *El pueblo rechaza la ley* **aprobada** *por el gobierno.* (CPred del CD).
   d. *A Fran lo vimos* **sentado** *en el jardín con su perro.* (CPred del CD).

A continuación se analiza una oración compuesta subordinada adjetiva: *se oyeron varios disparos y gritos que venían de la antigua sinagoga*. Está formada por dos proposiciones predicativas, intransitivas (sin CD), enunciativas y afirmativas. La subordinada adjetiva *que venían de la antigua sinagoga* complementa a *varios disparos y gritos*, es decir, funciona como CN de *varios disparos y gritos* que es el sujeto paciente del verbo *se oyeron*. El pronombre relativo *que* es el sujeto de *venían* y se refiere a su antecedente *varios disparos y gritos*. La proposición principal *se oyeron varios disparos y gritos* está en voz pasiva refleja (con el *se* pasivo) y la subordinada adjetiva *que venían de la antigua sinagoga* está en voz activa.

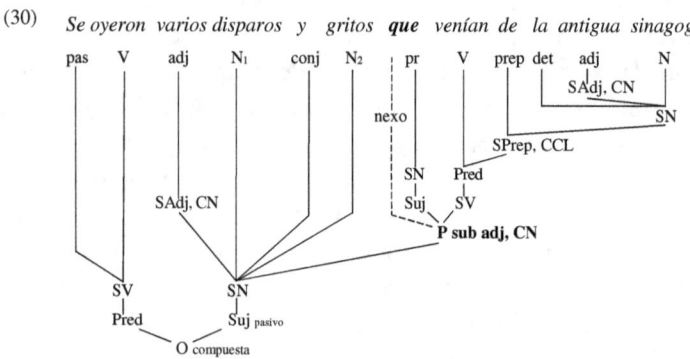

3.2.3 *Oraciones compuestas subordinadas adverbiales*

Las subordinadas adverbiales son proposiciones que desempeñan funciones propias del adverbio en la oración compuesta, generalmente la función de complemento circunstancial; por eso también se las denomina subordinadas circunstanciales. Semántica y gramaticalmente son dependientes y, según la relación de subordinación que las una a la principal, pueden indicar: lugar, tiempo, modo, causa, consecuencia, comparación, condición, objeción y finalidad, de ahí que se las llame subordinadas de lugar, tiempo, modo, causales, consecutivas, comparativas, condicionales, concesivas y finales. Las subordinadas de lugar, tiempo y modo, por ser conmutables por adverbios, se las clasifica de adverbiales *propias*. Las proposiciones que indican relaciones de cantidad (comparativas) o de causalidad (causales, consecutivas, condicionales, finales) mantienen una relación lógica de implicación mutua y se denominan adverbiales *impropias*.

Las proposiciones subordinadas adverbiales con el verbo en forma personal, conjugado, suelen ir introducidas por conjunciones (como *aunque, que, porque, si*), locuciones conjuntivas (*así que, desde que, con tal de que, hasta que, lo mismo que, para que, puesto que, si bien, ya que*) o adverbios usados como conjunciones (*adonde, como, cuando, donde, mientras*, etc.). Las que llevan el verbo en infinitivo van generalmente precedidas de preposiciones o locuciones prepositivas (por ejemplo, *antes de, encima de, en vez de, lejos de, a pesar de*) como en *el globo sirve para batir los huevos, en vez de ayudar molesta*. Las subordinadas adverbiales con el verbo en gerundio o en participio carecen habitualmente de nexos como en *se fue a la casa de su novia cantando de alegría, me divierto corrigiendo los exámenes, arreglado el divorcio hicieron las paces, muerto el perro se acabó la rabia*.

Necesitamos distinguir bien las proposiciones adverbiales de lugar, tiempo y modo, introducidas por los adverbios *donde, cuando* y *como* de las subordinadas adjetivas con los mismos nexos pero funcionando de adverbios relativos. Los adverbios no tienen antecedente en las subordinadas adverbiales y se pueden sustituir por otros adverbios como *allí, entonces* y *así* respectivamente. En ocasiones, estos adverbios pueden ir acompañados de una preposición como en *hasta cuando, desde cuando, hasta donde, desde donde*. Véanse algunos ejemplos en 31 de estas subordinadas adverbiales propias.

(31) a. *La busqué **donde** me dijeron.* (= La busqué allí).
 b. *Había anochecido **cuando** regresaron del paseo.* (= Había anochecido entonces).
 c. *El plan no salió **como** habíamos previsto.* (= El plan no salió así).
 d. *He venido **desde donde** me dejó el autobús.* (He venido desde allí).

Las subordinadas adverbiales equivalen a complementos circunstanciales de la proposición principal y, debido a la variedad de este tipo de complementos, así encontramos la misma variedad en la clasificación de estas subordinadas. A continuación se estudian todos los tipos con numerosos ejemplos.

3.2.3.1 Proposiciones subordinadas adverbiales de lugar

Las subordinadas adverbiales de lugar funcionan como un complemento circunstancial de lugar de la oración principal. Marcan la situación espacial y van introducidas por el nexo-adverbio, *donde*. Este nexo puede aparecer también con una preposición según los diversos matices significativos que se quieran indicar: destino (*a donde*), procedencia (*de donde, desde donde*), dirección (*hacia donde, hasta donde*), ubicación (*en donde*), tránsito (*por donde*), etc. Estas subordinadas adverbiales pueden sustituirse por el adverbio *allí* y responden a la pregunta *¿dónde?* Véanse algunos ejemplos de estas adverbiales de lugar en 32.

(32) a. *Aléjate **donde** pueda verte.*
  b. *Regresamos **a donde** nos esperaba el taxi.*
  c. *Llegamos **hasta donde** nos indicó el instructor.*
  d. *Pasaré **por donde** sea más fácil.*

El adverbio *adonde* también puede escribirse con dos palabras *a donde*. Las dos grafías son igualmente válidas según la RAE, tanto si se usa como adverbio relativo con antecedente, como si se usa como un adverbio regular, sin antecedente. *A donde* y *adonde* indican dirección o destino y acompañan frecuentemente a verbos de movimiento como *ir a, caminar a, llamar a, llegar a, regresar a, salir a, venir a*. No podemos usar otra preposición con el adverbio *adonde*, es decir **hacia adonde* es incorrecto; debe omitirse la preposición o usar el adverbio *donde* como en *voy hacia donde me dijeron* o *voy adonde me dijeron*. No se confunda este adverbio átono y enunciativo con el adverbio tónico e interrogativo o exclamativo, *adónde, a dónde*, que también dispone de dos formas gráficas válidas e intercambiables: *¿adónde vas?, ¿a dónde vamos?* Estas cuatro formas (*adonde, a donde, adónde y a dónde*) solo pueden emplearse con verbos de movimiento.

Seguidamente analizamos una oración compuesta subordinada adverbial de lugar: *mi amiga Ana encontró las llaves donde las había dejado su madre*. La proposición subordinada *donde las había dejado su madre* funciona como complemento circunstancial de lugar del verbo *encontró* de la oración principal *mi amiga Ana encontró las llaves, las encontró allí*. El complemento directo de *encontró* es *las llaves* y el de *había dejado* es el

¿Qué estructuras aparecen en la oración compuesta?   157

pronombre *las*, refiriéndose a *las llaves*. Las dos proposiciones son predicativas, transitivas, enunciativas, afirmativas y están en voz activa.

(33)   Mi amiga Ana encontró las llaves **donde** las había dejado su madre.

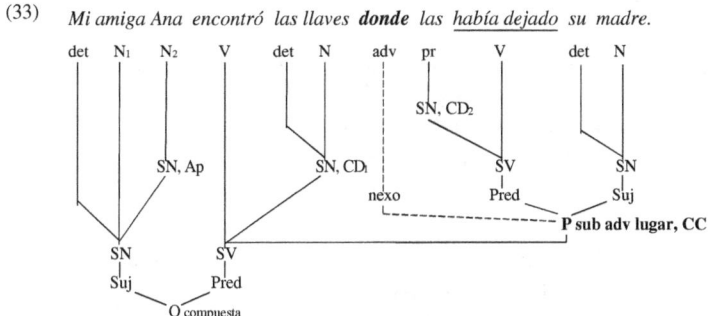

3.2.3.2   Proposiciones subordinadas adverbiales de tiempo

Las oraciones subordinadas adverbiales de tiempo realizan la función de un complemento circunstancial de tiempo. El nexo-adverbio introductorio más frecuente es *cuando*, el cual ejerce a la par la función de nexo subordinante y la de complemento circunstancial del verbo de la subordinada adverbial. También pueden actuar como nexos otras conjunciones (*mientras, según*) y locuciones (*a menudo, a medida que, desde que, hasta que*, etc.), las cuales no realizan ninguna función dentro de la subordinada que introducen. Estos nexos indican distintos matices de tiempo: anterioridad (*ante que, antes de que, primero que*), simultaneidad (*mientras que, mientras tanto, entre tanto que*), inmediatez (*apenas, en cuanto, tan pronto como*), posterioridad (*después de que, luego que, una vez que*), reiteración (*cada vez que, siempre que*), etc.

También el valor de tiempo puede expresarse en las subordinadas adverbiales sin nexos, con las formas no personales del verbo: con el infinitivo, el gerundio y el participio. El infinitivo, en estos casos, va precedido de *al*, *al salir de clase nos tomamos un té, comemos más al llegar el invierno*. Sin nexo con el gerundio tenemos ejemplos como *caminando por la calle, oí una explosión* (equivalente a *mientras caminaba por la calle...*), *saliendo del supermercado me encontré con tu novio* (*cuando salía del supermercado...*); con el participio, *constituido el tribunal, comenzaron las deliberaciones*; *arreglada *la bici, salimos al parque*. Las subordinadas adverbiales de tiempo se pueden sustituir por el adverbio *entonces* y responden a la pregunta *¿cuándo?* Véanse más ejemplos de adverbiales de tiempo en 34.

(34) a. *Se quedó en el mismo barrio **hasta que** consiguió otro trabajo en la ciudad.*
b. *Se cayó de la cama, **mientras** dormía.*
c. ***En cuanto** las veas, dales un abrazo de mi parte.*
d. ***Antes de que** te cases, piénsatelo bien.*

En el ejemplo 35 analizamos una oración compuesta subordinada adverbial de tiempo: *la directora avisó a los padres cuando se enteró de las últimas noticias*. La proposición principal *la directora avisó a los padres* va complementada por una subordinada adverbial introducida por el adverbio *cuando* que funciona de complemento circunstancial de tiempo, *cuando se enteró de las últimas noticias*. Las dos proposiciones comparten el mismo sujeto, *la directora*, y son predicativas, activas, enunciativas y afirmativas. La principal es transitiva con el complemento directo *a los padres* (*los avisó*); la subordinada, en cambio, es intransitiva y su verbo pronominal *se enteró* lleva un complemento regido *de las últimas noticias* (enterarse de algo); este *se* es un morfema verbal, forma parte del verbo.

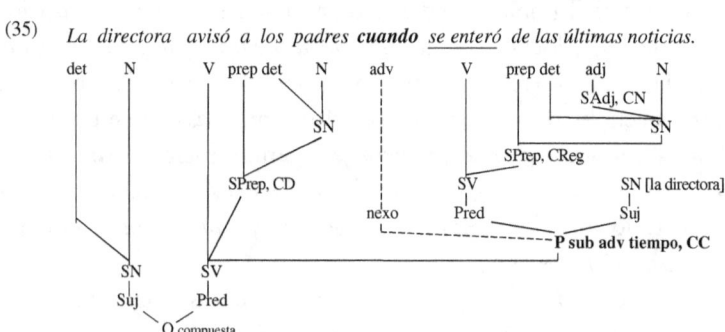

3.2.3.3 Proposiciones subordinadas adverbiales de modo

Las subordinadas adverbiales de modo o modales realizan la función de complemento circunstancial de modo, es decir, marcan la manera del desarrollo de la proposición principal. Expresan el modo, la manera o la forma en que se realiza la acción verbal de la proposición principal. Las adverbiales modales indican generalmente igualdad o semejanza, por lo que están muy relacionadas semánticamente con las comparativas de igualdad. Otras veces, las modales adquieren valores expresivos temporales como en *según salía de casa, llegó el cartero* (*cuando salía de casa, llegó el cartero*). Estas proposiciones pueden ser sustituidas por el adverbio *así* y la subordinada responde a la pregunta *¿cómo?* Por ejemplo, *he cocinado los huevos como a ti te gustan*, equivaldría a *he cocinado los huevos así, ¿cómo los has cocinado?, como a ti te gustan*.

El nexo más frecuente que introduce estas subordinadas es *como*, pero también puede aparecer otra serie de conjunciones (*según, conforme*) o locuciones conjuntivas (*como si, del mismo modo, igual que, según que, tal cual, tal y como*). Cuando estas subordinadas no llevan nexo, el verbo puede ir en infinitivo o gerundio indicando modo como en *llovió toda la noche sin parar, se fue sin despedirse,* subió las escaleras cantando una canción, vi a Lis jugando al tenis, se me acercó agitando los brazos*. Véanse más ejemplos de subordinadas adverbiales de modo en 36.

(36) a. *La cocina me la encontré **como** la había dejado.*
 b. *Lo hice **según** me dijiste.*
 c. *Rellenamos el informe **conforme** dictan las normas de la aduana.*
 d. *El niño habla **como si** fuera un adulto.*

A continuación analizamos una oración compuesta subordinada adverbial de modo: *te lo contaré tal y como me lo explicó ayer el médico de guardia*. El verbo de la proposición principal *contaré* recibe un complemento circunstancial de modo formado por una subordinada adverbial modal, *tal y como me lo explicó ayer el médico de guardia*, introducida por la locución *tal y como*. Las dos proposiciones son predicativas, transitivas, enunciativas afirmativas y están en voz activa. El pronombre *lo* es el complemento directo de *contaré* y también de *explicó*.

(37)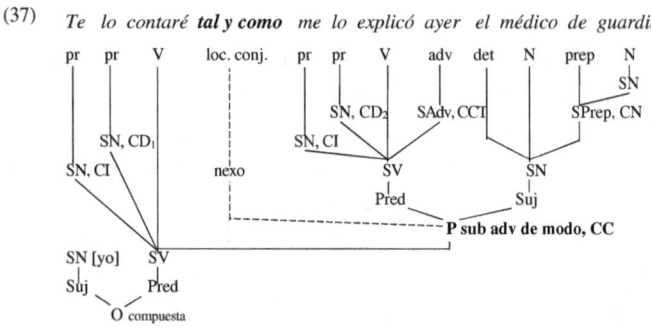

Recordemos que las adverbiales de lugar, tiempo y modo se denominan *propias* porque realizan funciones propias de un sintagma adverbial y pueden sustituirse por un adverbio deíctico locativo (*aquí, allí, allá, ahí*), temporal (*ahora, anoche, entonces, mañana*) o modal (*así*). En cambio, las adverbiales *impropias* se llaman así porque no existen adverbios que por sí solos indiquen nociones de causalidad, consecuencia, comparación, condición, concesión o finalidad sin el acompañamiento de preposiciones; es decir, las impropias no pueden sustituirse por un solo adverbio deíctico. En los apartados siguientes se estudian todas las subordinadas adverbiales impropias.

3.2.3.4 Proposiciones subordinadas adverbiales causales

Las subordinadas adverbiales causales indican la causa o el motivo de la acción que se expresa en la proposición principal. Expresan una relación lógica causa-efecto en la cual la proposición subordinada indica el motivo de lo que ocurre en la principal. A veces, su valor significativo puede resultar más importante que el de la proposición principal por lo que suelen colocarse al principio de la oración como en *porque llegó tarde se quedó fuera del partido*. La subordinada adverbial realiza la función de complemento circunstancial de causa del verbo de la principal.

El nexo más usado en las adverbiales causales es la conjunción *porque*, no obstante, la causalidad también se indica con otros nexos como *a causa de que, dado que, como, como que, como quiera que, en vista de que, que, por tanto, pues, pues que, puesto que, ya que*. También las locuciones *por si, por tanto* y *de tanto* pueden introducir una adverbial causal como en *pongamos gasolina ahora por si la siguiente gasolinera queda lejos* (equivalente a *porque puede quedar lejos*), *por tanto ir a la fuente, se rompió el cántaro* (*porque iba mucho a la fuente*), *de tanto leer, se le secó el cerebro a Don Quijote* (*porque leía mucho*).

La adverbial causal también puede llevar el verbo en infinitivo precedido por la preposición *por* como en *por comer tanto, Luis ha engordado por comer tanto* (*porque come mucho*). El gerundio también puede indicar causalidad como en *diciéndolo tú, lo creo* (*lo creo porque lo dices tú*). A continuación, en 38, véanse más ejemplos de subordinadas adverbiales causales.

(38) a. **Como** *no estudió, Fran no aprobó el examen.*
b. **Ya que** *vas a la tienda, compra tú el pan.*
c. *Lo expulsaron del partido* **por** *atacar a otro jugador.*
d. *Cierra la ventana* **que** *tengo frío.*

En 39 se ofrece un diagrama arbóreo de una oración compuesta subordinada adverbial de causa: *la tierra está muy mojada porque ha llovido a cántaros esta semana*. Del verbo de la proposición principal *está* depende un complemento circunstancial de causa formado por una subordinada adverbial *porque ha llovido a cántaros esta semana*. La subordinada explica la causa de la proposición principal *la tierra está muy mojada*. Las dos proposiciones son intransitivas (sin CD), enunciativas, afirmativas y activas. La principal se clasifica como copulativa (*muy mojada* atributo) mientras que la subordinada es predicativa.

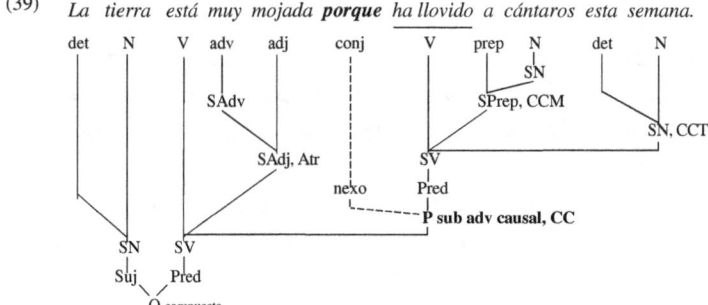

3.2.3.5 Proposiciones subordinadas adverbiales consecutivas

Estas proposiciones marcan la consecuencia de un enunciado previo, el de la oración principal. Como las causales, establecen una relación lógica de causa-efecto, de tal modo que la subordinada indica una consecuencia de lo que se expresa en la principal. La estructura de la subordinada adverbial consecutiva va introducida normalmente por la conjunción *que* pero podemos encontrar otros nexos de conjunciones y locuciones consecutivas: *luego, así que, así pues, con que, de modo que, de manera que, por (lo) tanto, por ello, por eso*. La proposición principal lleva una marca léxica como *tal, tanto, tanto/a/s, tan, de tal modo* que intensifica la circunstancia o la acción cuya consecuencia viene expresada en la subordinada adverbial, por ejemplo, *había tantas algas que la playa olía mal*. En el lenguaje coloquial, a veces, el elemento intensificador no aparece expresado como en *trajeron la sopa, que quemaba* equivalente a *trajeron la sopa [tan caliente] que quemaba*. Véanse más ejemplos de subordinadas adverbiales consecutivas en 40.

(40) a. *Mi perro corrió **tanto que** no pude alcanzarlo.*
b. *Pienso **luego** existo.*
c. *Lo había ensayado muchas veces **conque** lo hice sin esfuerzo.*
d. *Sara se enfermó de covid **así que** no vendrá a la cena de la empresa.*

Las consecutivas se parecen a las causales semánticamente ya que ambas indican la noción de causa y efecto. Las causales expresan la causa de algo, el porqué, y las consecutivas la consecuencia, resultado o efecto de hacer algo. Las consecutivas viene a ser las causales invertidas. Así podemos decir que *llovió tanto que se caló hasta los huesos*, consecutiva, (la causa es *llovió tanto*, el efecto, *se caló hasta los huesos*) o *se caló hasta los huesos porque llovía mucho*, causal (el efecto es *se caló hasta los huesos*, la causa, *porque llovía mucho*).

A continuación en 41 examinamos una oración compuesta subordinada adverbial consecutiva: *mi sobrina es tan alta que puede tocar el techo con las manos*. Del verbo de la proposición principal *es* depende un complemento circunstancial formado por una subordinada adverbial consecutiva introducida por el nexo correlativo *tan… que*. La proposición subordinada es predicativa, transitiva (*el techo* CD), *que puede tocar el techo con las manos*; mientras que la proposición principal *mi sobrina es tan alta* se clasifica como atributiva (*tan alta* atributo) e intransitiva. Las dos proposiciones comparten el mismo sujeto, *mi sobrina* y se clasifican como enunciativas afirmativas y están en voz activa. La subordinada expresa una consecuencia de la acción verbal de la principal.

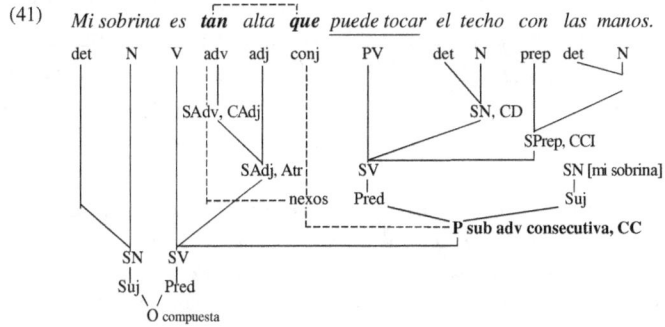

3.2.3.6 Proposiciones subordinadas adverbiales comparativas

Las proposiciones subordinadas adverbiales comparativas funcionan como término de comparación con respecto a la proposición principal, es decir, su función es la de complemento circunstancial. Relacionan dos conceptos, estableciendo la semejanza o disimilitud respecto a la cualidad, la cantidad o la intensidad de una acción. Según sea la relación que indican los enunciados comparados, de igualdad, superioridad e inferioridad, así difieren los nexos. Para expresar la igualdad encontramos: *tal cual, tal como, tan… como, tanto/a/s… como, tanto… cuanto, todo… cuanto* como en *comió tanto cuanto quiso en ese buffet libre*. Los nexos más frecuentes para las comparativas de superioridad son *más… que* o *de, mejor* o *mayor… que* como en el ejemplo *tu casa es más moderna que la mía*. Las comparativas de inferioridad van introducidas por nexos como *menos… que* o *de, inferior… que*, como en estas oraciones: *mi padre gana menos que mi madre, el susto fue menos de lo que esperaba*.

El verbo de la subordinada adverbial comparativa suele omitirse cuando coincide con el de la proposición principal como en *come más que siete* (comen), *Luis tiene más cuento que Calleja* (tiene), *Ana es menos curiosa que Bea* (es). Ya que en estas estructuras el verbo de la subordinada se encuentra elidido con frecuencia, este tipo de enunciados pueden analizarse como una oración simple con elementos comparados o como una oración compuesta con dos proposiciones subordinadas comparativas. La mayoría de los manuales las analizan como subordinadas ya que se sobrentiende la elisión del verbo y otros elementos. También resulta frecuente encontrar que la adverbial comparativa está a su vez formada por una adjetiva sustantivada como en *mi trabajo es más flexible que el que tú haces, compramos más de lo que necesitamos, cuesta menos de lo que pensaba*. En 42 pueden leerse más ejemplos de subordinadas adverbiales comparativas.

(42) a. *Esta película resultó **tan** aburrida **como** me temía.* (Igualdad).
b. *Tu hija pesa **tanto como** el médico esperaba.* (Igualdad).
c. *El hotel era **tal como** se veía en las fotografías de internet.* (Igualdad).
d. *Los niños estudian **menos que** las niñas* (estudian). (Inferioridad).

Las subordinadas adverbiales comparativas pueden confundirse por su similitud formal y semántica con las modales y con las consecutivas (con estas últimas coinciden en expresar una relación cuantitativa). En las comparativas se comparan dos elementos, en las consecutivas se expresa la consecuencia o resultado de una acción y, en las modales, la manera de hacer algo. Hay que recordar que las consecutivas pueden venir introducidas por *tan* o *tanto/a/s... que* mientras que las comparativas de igualdad usan los nexos *tan* o *tanto/a/s... como*; compárense *Javi hizo tanto ruido que despertó a los vecinos*, consecutiva, frente a *Javi hizo tanto ruido como sus vecinos* (hicieron), comparativa. Las modales con la conjunción *como* presentan una similitud formal con las comparativas; compárense *Juan cocinó como le dijo su padre* (modal) con *Javi cocinó tanto como su padre* (comparativa); *Ana nadó como le recomendó su entrenador* (modal) con *Ana nadó tanto como su entrenador* (comparativa). Estas estructuras suelen confundirse con facilidad por la similitud de los nexos.

En 43 analizamos una oración compuesta subordinada adverbial comparativa *las clases del verano solían tener menos estudiantes que las del invierno*. Está formada por dos proposiciones predicativas, transitivas (*estudiantes* CD), activas, enunciativas y afirmativas. La proposición principal

¿Qué estructuras aparecen en la oración compuesta?

las clases del verano solían tener menos estudiantes recibe un complemento circunstancial formado por una subordinada adverbial comparativa de inferioridad introducida por los nexos correlativos *menos... que*. La subordinada *que las del invierno* presenta varios elementos elididos (parte del sujeto, el verbo y el complemento directo) porque coinciden con los de la principal; equivale a *que las (clases) del invierno (solían tener estudiantes)*. El sujeto de la principal *las clases del verano* coincide en parte con el de la subordinada *las (clases) del invierno*. *Las* se ha analizado como un determinante que acompaña al sustantivo *clases* elidido pero también se podría analizar como un pronombre. La combinación *solían tener* es una perífrasis verbal. El adjetivo comparativo *menos* complementa al nombre *estudiantes* y, al mismo tiempo, funciona de nexo introductorio de la subordinada combinado con *que, menos... que*.

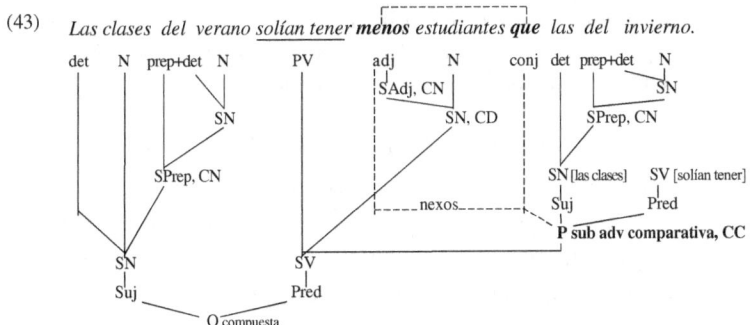

(43) Las clases del verano solían tener menos estudiantes que las del invierno.

3.2.3.7 Proposiciones subordinadas adverbiales condicionales

Las subordinadas adverbiales condicionales presentan una situación hipotética de cuyo cumplimiento depende lo enunciado en la proposición principal. Es decir, supeditan lo dicho en la principal al cumplimiento de la subordinada. Por eso, se puede interpretar la subordinada como más importante significativamente que la principal y, por esa razón, en muchas ocasiones ocupa el primer lugar de la estructura oracional: *si me toca la lotería, me compro un velero*. La conjunción condicional *si* es el nexo más utilizado pero pueden aparecer otros: *a condición de que, a menos que, con solo que, con tal de que, como, cuando, en caso de que, puesto que, siempre que, ya que*. También se puede expresar el matiz condicional con preposiciones como *de, con* y *sin*: *de venir Ana, viene los lunes* (si viene Ana, viene los lunes), *con invitarme a una copa, quedamos en paz* (si me invitas a una copa...); *sin sacarte el pasaporte, no podrás viajar al extranjero* (si no te sacas el pasaporte...).

Las subordinadas adverbiales condicionales también se pueden expresar con verbos en forma no personal: en infinitivo, gerundio y participio como en *de haberlo sabido, no hubiera venido* (si lo hubiera sabido...); *sacando unas notas tan buenas, podrás entrar en cualquier universidad* (si sacas unas notas...); *analizado el problema desde esta perspectiva, parece menos complicado* (si analizamos el problema...). Véanse más ejemplos de subordinadas adverbiales condicionales en 44.

(44) a. **Como** *no te comas las verduras, no habrá postre*. (Si no te comes...).
b. **En caso de que** *llueva, se cubrirá el patio con una lona*. (Si llueve...).
c. *Seguiremos así* **a menos que** *la jefa decida lo contrario*. (Si la jefa decide...).
d. **Cuando** *el juez lo dice, será verdad*. (Si el juez lo dice...).

Según la probabilidad de que la condición se realice (es decir, que la subordinada se cumpla) estas subordinadas se pueden clasificar en tres tipos según la RAE: reales, potenciales e irreales. Las condicionales reales indican una hipótesis factible y realizable y llevan el verbo en indicativo con la preposición principal en presente, pasado o futuro: *si vive en Irlanda, entenderá bien el inglés*; *si vivió en Australia, hablará con acento australiano*. Las condicionales potenciales expresan situaciones de dudosa posibilidad y se construyen con el verbo en imperfecto de subjuntivo con la proposición principal en condicional o en imperativo: *si yo fuera tú, no haría eso*; *si te pidiera dinero, dáselo*. Las condicionales irreales se caracterizan por presentar situaciones irreales o imposibles, contrarias a la realidad y llevan el verbo en pluscuamperfecto de subjuntivo con la principal en el mismo tiempo o en condicional simple o compuesto: *si Ana hubiera venido, la habría visto*; *si hubiese leído bien el contrato, no lo hubiese firmado*. A continuación, véase un esquema de la distribución de los tiempos verbales de las adverbiales condicionales en 3.2.

De todas formas, la distinción entre condicionales reales e irreales no siempre es categórica ya que toda condición resulta, por naturaleza,

Cuadro 3.2. Tiempos verbales de las subordinadas adverbiales condicionales

subordinada condicional	principal	ejemplos
1. Condición real: Si... presente de indicativo	presente futuro	Si hago la tarea, **saco** buenas notas. Si haces los deberes, **sacarás** buenas notas.
	imperativo	Si quieres sacar buenas notas, **haz** la tarea.
2. Condición potencial: Si... imperfecto de subjuntivo	condicional simple	Si hicieras los deberes, **sacarías** buenas notas.
	imperativo	Si te asaltaran por la calle, **dales** todo.
3. Condición irreal: Si... pluscuamp. de subjuntivo	condicional simple condicional compuesto	Si hubieras aprobado, ahora **podrías** ir de vacaciones. Si hubieras hecho los deberes, **habrías aprobado** el curso.
	pluscuamp. de subjuntivo	Si hubieras aprobado, **hubieses podido** ir de vacaciones.

hipotética y provisional. La diferencia entre 1 *si vienes conmigo, te invito* y 2 *si mañana vinieras conmigo, te invitaría* no plantea una diferencia entre realidad e irrealidad sino una valoración sobre el grado significativo más o menos dubitativo: la oración 1 plantea menos duda y más certeza de que la acción se complete, es decir, de que vengas conmigo; la 2, en cambio, expresa una mayor reticencia por parte del hablante de que se cumpla la acción, el hablante desconfía de que se concrete dicho acto.

Debe evitarse el uso dialectal no normativo del condicional en sustitución del imperfecto de subjuntivo en la proposición subordinada condicional de tipo potencial. Evítese *si vendría Luis, cenaríamos todos juntos por si viniera Luis...; *si ganaría el partido, lo celebraría con mis amigos por si ganase el partido... Este fenómeno aparece en dialectos de Hispanoamérica y en el norte peninsular especialmente en la zona vasco-cantábrica.

Seguidamente en 45 se ofrece un diagrama arbóreo de una oración compuesta subordinada adverbial condicional: *Sara, si te acabas toda la cena, te daré un helado de chocolate de postre.* Está formada por dos proposiciones: la subordinada va introducida por la conjunción *si*, *si te acabas toda la cena*, antepuesta a la principal *te daré un helado de chocolate de postre*. La principal lleva dos complementos circunstanciales: uno de finalidad *de postre* y el otro de condición, la subordinada adverbial. Los sujetos están elididos: el de la principal es *yo* (*daré*) y el de la subordinada es *tú* (*acabas*); sabemos que ese *tú* se llama *Sara* por el vocativo. Los dos verbos llevan complementos directos *un helado de chocolate* (de *daré*) en la principal y *toda la cena* (de *acabas*) en la subordinada. La subordinada adverbial indica una condición real y posible, ya que los verbos van en indicativo, en presente (*acabas*) en la subordinada y en futuro (*daré*) en la principal. Las dos proposiciones son predicativas, transitivas, enunciativas, afirmativas y están en voz activa.

(45) *Sara, si te acabas toda la cena, te daré un helado de chocolate de postre.*

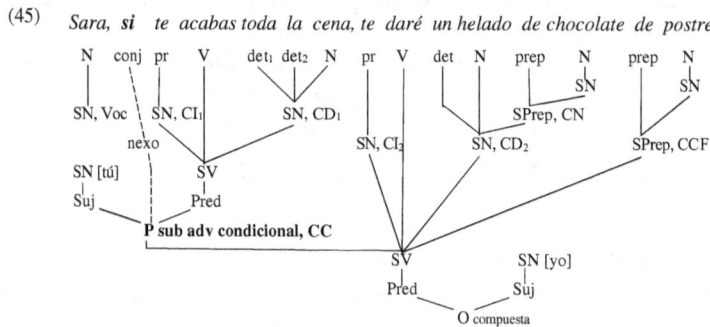

3.2.3.8 Proposiciones subordinadas adverbiales concesivas

Las proposiciones concesivas indican una objeción o dificultad para el cumplimiento de lo que se dice en la principal, sin embargo, no llegan a impedir su cumplimiento. Guardan relación semántica con las condicionales aunque la objeción que expresan no impide la realización del enunciado principal. La objeción se considera inoperante o poco significativa para la acción principal; así en *aunque llueva, pasearemos por el parque*, vamos a pasear tanto si llueve como si no, la lluvia no altera la acción de pasear. El nexo más utilizado es la conjunción *aunque*, pero también se usan otros nexos y locuciones como *a pesar de (que)*, *aparte de (que)*, *así y todo*, *aun*, *aun así*, *aun cuando*, *con todo*, *encima de (que)*, *si bien*, *para lo poco/mucho que, pese a (que)* y *por... que* con un adjetivo o adverbio intercalado como en *por muy influyente que sea, pagará sus deudas.*

Además, las concesivas se pueden expresar con verbos en forma no personal en infinitivo, gerundio y participio: *a pesar de ser inteligente, no terminó la universidad; aun cambiando la propuesta, no la aceptaremos; ni regalado, lo quiero; odiado y todo, lo siguen votando para presidente.* Véanse más ejemplos de subordinadas adverbiales consecutivas en 46.

(46) a. *A pesar de que gana mucho dinero, Juan nunca se ha comprado un coche nuevo.*
b. *Aun cuando hervía por dentro, Pepa se mostraba tranquila.*
c. *Para ser tan joven, Lisa toca muy bien el violín.*
d. *Incluso nevando, salimos de paseo con el perro.*

También la concesión puede expresarse con expresiones fosilizadas como *diga lo que diga, quieras que no, me duela o no, sea como sea, sea cual fuere, con lo... que* como se ve en estas oraciones: *me duela o no el brazo, iré a nadar; sea como sea encontraremos una solución; con lo lista que es, no puede encontrar trabajo.*

Las adverbiales concesivas pueden ir con el verbo en indicativo o subjuntivo dependiendo de los matices expresivos, así se dividen en dos grupos: las factuales, de objeción real, lógica, natural o esperable, en indicativo, introducen información nueva en la proposición principal como en *aunque me has invitado, no voy a ir.* Y, por otro lado, tenemos las hipotéticas que expresan una objeción posible, hipotética en el futuro, y van en subjuntivo como en *aunque me invitaras, no iría; aunque la mona se vista de seda, mona se queda.*

Este tipo de subordinación concesiva se acerca mucho a la coordinación adversativa cuando se sirve del nexo *aunque*, ya que ambas se construyen con esta conjunción. La diferencia entre el *aunque* adversativo y el *aunque* concesivo estriba en tres factores principales: primero, el *aunque* adversativo se puede sustituir por *pero* y el *aunque* concesivo por la construcción *aun + gerundio*; segundo, en el orden de las ideas expuestas según un razonamiento lógico, la adversativa se construye necesariamente en segundo lugar, la concesiva puede ir antes o después de la principal; tercero, el *aunque* adversativo va con un verbo en indicativo, el *aunque* concesivo puede ir con indicativo o subjuntivo. Así si unimos estas dos acciones: 1 *tener dinero* y

2 *ir de vacaciones*, podemos expresar con un valor adversativo *tengo dinero pero no iré de vacaciones* y con un valor concesivo *aun teniendo dinero no iré de vacaciones* o *aunque tenga dinero no iré de vacaciones*. La unión con *pero* requiere el orden de las ideas 1 y 2: *tengo dinero pero no iré de vacaciones* equivale a *tengo dinero aunque no iré de vacaciones*; el orden inverso carece de sentido lógico **pero no iré de vacaciones, tengo dinero* o **aunque no iré de vacaciones, tengo dinero*. En cambio, la subordinada concesiva puede ir antepuesta o pospuesta: *aunque tenga dinero, no iré de vacaciones* equivalente a *no iré de vacaciones aun teniendo dinero*.

En 47 ofrecemos un análisis arbóreo de una oración compuesta subordinada adverbial concesiva: *el técnico irá a trabajar mañana aunque está muy enfermo del estómago*. La proposición principal *el técnico irá a trabajar mañana* recibe dos complementos circunstanciales, uno de tiempo *mañana* y otro de concesión, formado por una subordinada adverbial con el verbo copulativo *está*. La proposición subordinada *aunque está muy enfermo del estómago* es copulativa (con su atributo *muy enfermo del estómago*), mientras que la principal es predicativa (con la perífrasis verbal *irá a trabajar*). El nexo que une las dos proposiciones es la conjunción concesiva *aunque*. Los verbos de las dos proposiciones comparten el mismo sujeto *el técnico*. Las dos proposiciones son intransitivas (no hay CD), enunciativas, afirmativas y están en voz activa.

(47)

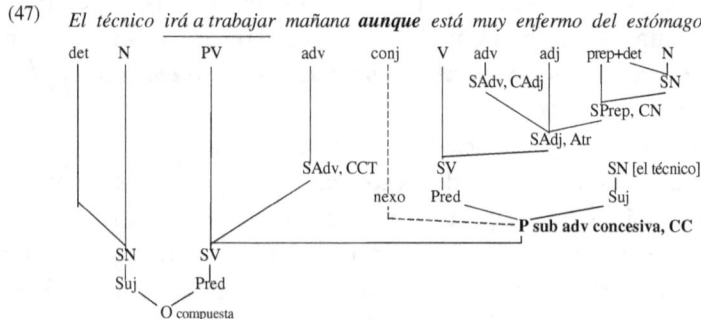

3.2.3.9 Proposiciones subordinadas adverbiales finales

Las proposiciones adverbiales finales indican la finalidad del enunciado. Expresan la intención o el propósito de lo manifestado en la proposición principal como una circunstancia externa, por lo que funcionan como complemento circunstancial. El nexo más frecuente es *para que*, y también otras locuciones como *a que, a fin de que, con el fin de que, con el objeto de que, con el propósito de que, con la intención de que* con el verbo en subjuntivo (ya que denota un matiz de posibilidad y deseo): *fui al consulado a que me renovaran el visado*.

También las finales pueden construirse con un verbo en infinitivo precedidas de los nexos: *a, para, a fin de*, como en *ha salido a comprar un bocadillo*. Cuando el sujeto de la proposición subordinada coincide con el de la principal, se recomienda usar el infinitivo: *los jugadores entrenaron al máximo para ganar el partido* en lugar de **los jugadores se entrenaron al máximo para que ganaran el partido*. Este uso del infinitivo en las subordinadas finales es muy frecuente. Cuando los sujetos difieren, se requiere el uso del subjuntivo en la final: *échale aceite para que no se peguen los huevos* con los sujetos *tú* (en la principal) y *los huevos* (en la subordinada). Véanse más ejemplos de subordinadas adverbiales finales en 48.

(48) a. *No la pondré en la secadora **para que** no encoja la falda.*
b. *El gobierno sube los intereses **con el propósito de** disminuir la inflación.*
c. *Pedí un préstamo al banco **para** empezar mi propio negocio.*
d. *El tenista se preparó a fondo **con el fin de** ganar el torneo.*

En 49 examinamos una oración compuesta subordinada adverbial final: *los maestros escribieron una carta para quejarse de su sueldo al sindicato*. Está formada por dos proposiciones, la principal *los maestros escribieron una carta* y la subordinada *para quejarse de su sueldo al sindicato*, relacionadas por la preposición *para* que funciona como nexo. La principal con el verbo *escribieron* es transitiva (*una carta* CD) mientras que la subordinada es intransitiva (sin CD). Las dos proposiciones tienen el mismo sujeto *los maestros* (*escribieron* y *se quejaron*) por lo que la subordinada final va con el verbo en infinitivo (*quejarse*). Las dos son predicativas, enunciativas, afirmativas y están en voz activa.

(49) *Los maestros escribieron una carta **para** quejarse de su sueldo al sindicato.*

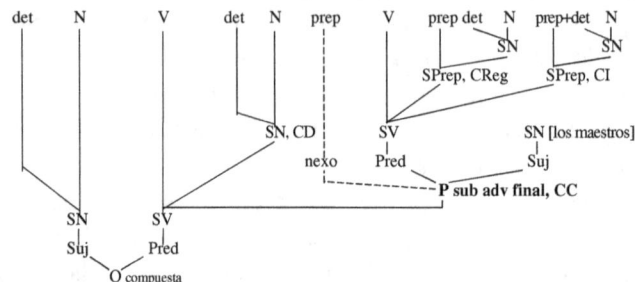

En este capítulo tres se ha estudiado la oración compuesta con toda su clasificación. Se ha ofrecido un buen número de ejemplos de coordinadas y subordinadas con varias estructuras y nexos, junto con un diagrama arbóreo ilustrativo para cada una de las tipologías. En la figura 3.1 se puede observar un resumen de toda la clasificación de la oración compuesta.

Después de haber examinado bastantes análisis morfosintácticos de oraciones simples y compuestas en estos capítulos junto con las prácticas de los ejercicios, ya ha llegado el momento de poder analizar oraciones compuestas más largas donde se combinen varias proposiciones. Ya se dispone de todos los recursos necesarios para resolver las dificultades que plantean las oraciones más extensas. Se recomienda proceder en este orden para el análisis:

1º) Busque las formas verbales para determinar el número de proposiciones.
2º) Señale los nexos (si los hay).
3º) Separe las proposiciones (inicio y final).
4º) ¿Se relacionan por coordinación o subordinación entre sí? Mire los nexos.
5º) Si hay subordinación, identifique la proposición principal y la función de la subordinada con respecto a la proposición principal.
6º) Analice cada proposición una a una, por separado, como si de oraciones simples se trataran.

¿Qué estructuras aparecen en la oración compuesta?

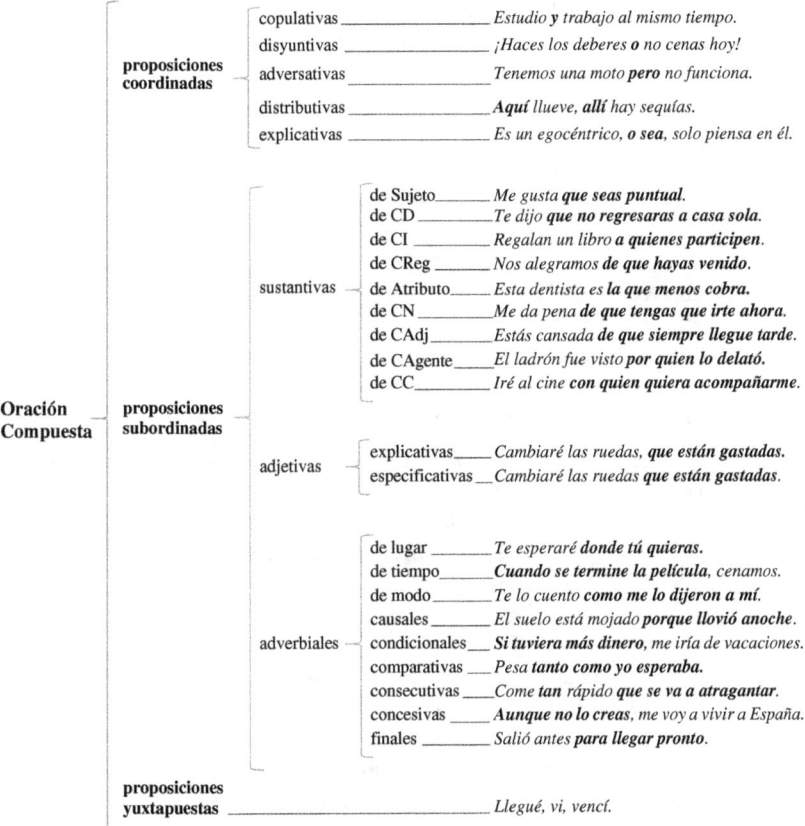

Figura 3.1. Clasificación de la oración compuesta con ejemplos

Al final de este volumen, en el anexo I, se pueden encontrar más análisis arbóreos de todos los tipos de estructuras oracionales (simples, compuestas, coordinadas, subordinadas y combinadas) para facilitar al lector más práctica de los análisis sintácticos. Esperamos que este libro le haya sido de utilidad, no solo para analizar bien las oraciones, sino también para comprender mejor la riqueza y la complejidad de los textos literarios. No cabe duda de que un buen dominio de la sintaxis ayuda a mejorar la expresión escrita y el habla.

Ejercicios y actividades de autoevaluación

(1) Indique si las siguientes oraciones son **simples** o **compuestas**.
   1. He traído una revista para ti y para mí.
   2. Como te sentaste lejos, no te vi.
   3. Mi amiga trabaja a tiempo completo y además estudia en la universidad.
   4. Tu perro no quiere comer esa comida.
   5. ¿Sueles beber té o café?
   6. Mi vecino parece amable y trabajador.
   7. Estos días ni como ni duermo.
   8. ¿Vienes o te quedas?
   9. Me gustaría dominar con soltura el portugués.
   10. Ni Luis ni Luisa han encontrado un trabajo estable todavía.

(2) Transforme las siguientes oraciones simples en solo **una compuesta**, usando las conjunciones o nexos necesarios.
   Modelo: *Te perdonaré, Ana. No lo mereces.*
   *Te perdonaré, Ana, **aunque** no lo mereces.*
   1. Pregunté. Nadie sabía nada.
   2. Hacía frío. No salimos al parque.
   3. Bea llegó cansada. Estaba contenta.
   4. Acepta ese trabajo. Cobrarás un sueldo mejor.
   5. Llovía mucho. No pudimos ir a la playa.
   6. Toses demasiado. Deberías ir al médico.
   7. La cantante tiene buena voz. La cantante fuma.
   8. No vivas con tus padres. No aceptes el dinero de tus padres.
   9. No me quedo. Me voy.
   10. Te regalo este broche. El broche era de mi madre.

(3) ¿Qué tipo de relación expresan las siguientes **oraciones coordinadas**?
   Modelo: *Le dio un infarto, **esto es**, se le paró el corazón.*
   Oración coordinada explicativa.
   1. ¡Trabaja o estudia!
   2. Esta chica es muy guapa pero sosa.
   3. O entras o sales pero no te quedes en la puerta.
   4. Aquí temblamos de frío y allí se mueren de calor.
   5. Debemos darnos prisa o perderemos el vuelo.
   6. Unos llegan, otros se marchan.
   7. Las ballenas son mamíferos, es decir, amamantan a sus crías.
   8. La valeriana te ayuda con el insomnio, o sea, te ayuda a dormir.
   9. Este actor ni canta ni baila bien.
   10. A Ana la despidieron aunque la volvieron a contratar a los 2 meses.

(4) Use las **conjunciones** apropiadas en los espacios en blanco.
  1. Quería asistir ………. me tuve que quedar en casa.
  2. Te ayudaría con la mudanza ………. me duele mucho la espalda.
  3. Se ha enfadado ………. no mucho.
  4. Ni recibe visitas ………. contesta el teléfono.
  5. Unos se enriquecen ………. se empobrecen.
  6. Me compré dos faldas ………. ninguna me queda bien.
  7. No vino ………. dijo por qué canceló.
  8. ¿Quieres té ………. prefieres un café?
  9. Las ranas son anfibios ………. viven en la tierra y en el agua.
  10. Se murió de una apoplejía ………. sufrió un derrame cerebral.

(5) Señale si la **conjunción *o*** tiene valor disyuntivo o de equivalencia (explicativo).
  1. En México qué dicen papa o patata.
  2. El profesor ha estudiado muy bien los siglos XVI y XVII o Siglos de Oro.
  3. ¿Hacemos una excursión o vamos al cine?
  4. Eli es políglota o multilingüe.
  5. ¿Me lo dices ahora o callas para siempre?
  6. Ana tiene un gato bengalí o de Bengala.
  7. En Chile, ¿qué palabra usa la gente, aguacate o palta?
  8. ¿Cómo se dice cacahuate, cacahuete o maní en Cuba?
  9. O juegas con tu hermana o no comerás postre.
  10. ¿Te quedas o te vas?

(6) Subraye las **conjunciones** o nexos e indique qué tipo de **coordinación** indican.
  1. Pedro no trabaja ni quiere trabajar.
  2. Cleopatra hablaba varias lenguas, es decir, era políglota.
  3. El policía no se disculpó, antes bien, fue muy descortés.
  4. En la fiesta, unos bailaban y otros hablaban en el patio.
  5. Eva no compró la gatita sino que se la regaló una vecina.
  6. El conferenciante lo explicó muy bien, sin embargo, no me convenció.
  7. No estudia ni presta atención en clase.
  8. A Sara le regalaron una gata carey, o sea, tiene un pelaje de tres colores.
  9. Bea tenía mucha prisa, es más, salió disparada de la casa.
  10. No es culpa mía sino de mi jefa.

(7) Comente las siguientes oraciones **compuestas coordinadas**. Siga el modelo.
  Modelo: *No había título ni las páginas estaban enumeradas en el ensayo.*
  Se trata de una oración compuesta coordinada copulativa formada por dos proposiciones unidas por la conjunción negativa *ni*. Las dos proposiciones son enunciativas negativas y están en voz activa. La proposición 1 es predicativa, impersonal y transitiva con el CD *título*.

La proposición 2 es copulativa (verbo *estaban*) con el atributo *enumeradas* e intransitiva.
1. Ana y Luis fueron a la biblioteca e hicieron los deberes juntos.
2. ¡Regálaselo u ofréceselo a bajo precio! (El coche usado a Sara).
3. Blas salió pronto de clase pero no llegó a tiempo a la parada del autobús.
4. Rafa algunas veces parece tolerante, otras veces es muy severo.
5. Esto es inefable, es decir, no se puede expresar con palabras.
6. ¿Se lo compraste al precio anunciado o te hizo un descuento?

(8) Indique si las siguientes oraciones son **coordinadas** o **subordinadas**.
1. Juan está triste o lo disimula bastante bien.
2. Esta actriz interpreta, canta y baila muy mal.
3. Ni estudia ni trabaja.
4. Me gustaría vivir en Portugal algunos años.
5. No vino a clase pero entregó la tarea a tiempo.
6. Esta es una oración subordinada, es decir, depende de otra.
7. ¿Comemos en casa o salimos fuera para la cena?
8. Te lo piensas y me llamas más tarde.
9. No quiero ni pensarlo.
10. En la vida, unos van y otros vienen.

(9) Subraye las proposiciones subordinadas **sustantivas** e indique su función.
Modelo: Me molestó *que no te despidieras de mí*. Sujeto.
1. Iván estaba cansado de que lo llamaras todo el día.
2. Mi padre había perdido la esperanza de ganar la lotería.
3. Mi amiga se olvidó de que la esperaba para la cena.
4. Juan insistió en que fuéramos a clase juntos.
5. A tu madre no le gusta perder el tiempo.
6. Sus padres ignoraban que su hijo faltaba a clase una vez por semana.
7. Es de malos modales que hables de ese modo.
8. Beber alcohol y conducir no es aconsejable.
9. Me parece increíble que esa actriz ganara el Óscar.
10. Bea no se acordó de llamar a su hermana por su cumpleaños.

(10) ¿Qué función desempeñan las proposiciones **subordinadas sustantivas** de infinitivo?
Modelo: Quiero *viajar a Nueva York*. CD.
1. Nos alegró mucho ganar el partido.
2. Fumar es muy malo para la salud.
3. Leo es capaz de beberse un litro de agua en un minuto.
4. No se dio cuenta de haber cometido ese error.

5. ¿Estás seguro de no haberte olvidado los deberes en casa?
6. Me interesa mucho leer sobre finanzas e inversiones.
7. No sé esquiar ni quiero aprender.
8. El médico nos advirtió de tomarnos las pastillas para la malaria.
9. ¡No pienses en salir a estas horas y de noche!
10. ¿Te acordaste de dejar las luces apagadas antes del viaje?

(11) Indique si las proposiciones subordinadas sustantivas **interrogativas indirectas** funcionan como sujeto o como complemento directo. Subráyelas.

Modelo: *La policía cuestionó <u>qué hizo la noche del robo</u>*. CD.

1. Dinos qué tren vas a tomar mañana.
2. Pregunté cuánto costaba esta bici de segunda mano.
3. Me preocupa cómo habla nuestra hija Ana.
4. A nadie le interesa quién perdió la partida de ajedrez.
5. No me explicó cómo se cocina este pescado.
6. El abuelo no sabía dónde había dejado las llaves.
7. Le preocupa cuánta gente vendrá a la fiesta.
8. Bea le preguntó a Luis qué clase de novelas leía.
9. No me importa cuántas calorías tiene este pastel.
10. No sé quién acompañó a nuestra hija a esa fiesta.

(12) Lea el siguiente texto y conteste las preguntas que siguen.

Y Edmundo asintió, aunque no podía evitar pensar que a Cristina le hubiera gustado que él fuese con ella y estuviera a su lado mientras facturaba el equipaje.

Lo real, Belén Gopegui.

a) ¿Qué relación sintáctica mantienen *podía* y *evitar*? ¿Y *evitar* y *pensar*?
b) ¿Cuál es la función de *que a Cristina le hubiera gustado*?
c) ¿Cuál es la función de *que él fuese con ella*?
d) ¿Qué relación mantienen las proposiciones *que él fuese con ella* y *estuviera a su lado*?

(13) Lea el siguiente texto y conteste las preguntas. Explique y razone su respuesta.

En Sumatra, alguien quiere doctorarse de adivino. El brujo examinador le pregunta si será reprobado o si pasará. El candidato responde que será reprobado.

El adivino, J. Luis Borges.

a) ¿Cuáles son las subordinadas sustantivas de CD?
b) ¿Hay alguna oración coordinada?
c) ¿Están todas las oraciones en voz activa? Explique.
d) ¿Qué tipo de *se* tenemos en *doctorarse*?

(14) Subraye las proposiciones **subordinadas adjetivas** y diga qué función tiene el **pronombre relativo**.
>Modelo: *El profesor que conocimos hoy enseña historia.*
>*Que:* CD de *conocimos*.
>1. Esa es la nueva bicicleta que compré.
>2. El profesor, a quien conociste la semana pasada, falleció en un accidente.
>3. La novela, que estoy leyendo ahora, se basa en un asesinato real.
>4. Acaban de pintar esa pared sobre la cual te estás apoyando.
>5. Los clientes a quienes atendiste ayer presentaron una reclamación.
>6. Busco una niñera que pueda trabajar los sábados por la noche.
>7. Me insultó con unas palabras que nunca olvidaré.
>8. Bea se compró un espejo que deforma las imágenes.
>9. Esta es la escritora de la cual te hablaba el otro día.
>10. ¿Te regalaron un broche antiguo que vale una fortuna?

(15) Transforme estas oraciones simples en una oración **subordinada adjetiva**.
>Modelo: *Tengo una gata. La gata se llama Sandi.*
>*Tengo una gata **que** se llama Sandi.*
>1. Lleva unos zapatos de piel. Se camina muy bien con esos zapatos.
>2. Vinieron todos los amigos. Había invitado a todos sus amigos.
>3. Volveremos a la ciudad. Nos conocimos en esa ciudad.
>4. Vivían en aquella casa. La casa tenía ventanas que daban al jardín.
>5. La lluvia ha beneficiado la cosecha. La lluvia ha caído esta semana.
>6. Tengo un perro. Llevo de paseo al perro dos veces al día.

(16) ¿Son **adjetivas** o **sustantivas** las siguientes proposiciones subordinadas?
>1. Quien te llamó por teléfono fue Eli.
>2. Solo pasaron el examen los estudiantes que contestaron todas las preguntas.
>3. ¿Me devuelves el libro que te presté hace una semana?
>4. Ana llegó acompañada de Mateo.
>5. Ya saben que la realidad supera a la ficción.
>6. Este es el vecino de quien te hablé.
>7. Detesto a quienes no respetan a los ancianos.
>8. Fui a la ponencia de ese escritor, cuya novela acaba de publicarse.
>9. ¿Estás segura de que tienes razón?
>10. Tengo la premonición de que no nevará este invierno.

¿Qué estructuras aparecen en la oración compuesta?

(17) ¿Son **adjetivas** o **adjetivas sustantivadas** las siguientes proposiciones subordinadas?
>Modelo: *Los que estudiaron mucho sacaron buenas notas.*
>*Los que estudiaron mucho:* adjetiva sustantivada.
1. Viven en esa casa azul cuyas ventanas tienen cristales de colores.
2. La gatita que me regalaron se llama Sandi.
3. Vinieron al funeral todos los amigos a los que había invitado.
4. Tengo una gatita a la que llevo de paseo todas las mañanas.
5. El funeral, que nos costó un ojo de la cara, fue en la catedral.
6. Me enviaron dos mensajes a los que tuve que responder de inmediato.
7. Volveremos al mismo lugar donde nos conocimos.
8. A Bea la vimos sentada al sol en el patio de la biblioteca.
9. Recordó muy bien el día cuando se casó por tercera vez.
10. Juan es el que más me ha ayudado con sus consejos.

(18) ¿Cuál es la función de la subordinada **adjetiva sustantivada**?
>Modelo: *Los que estudiaron mucho sacaron buenas notas.*
>*Los que estudiaron mucho:* sujeto de *sacaron.*
1. Los que se casaron ayer ya tenían dos hijos en común.
2. Estas propuestas son las que estamos considerando ahora mismo.
3. Percibía la alegría de los que le rodeaban después del partido.
4. ¿Le has dicho a tu jefa lo que me acabas de contar?
5. Rafa ya sospechaba lo que su esposa estaba planeando.
6. El ladrón se arrepintió mucho de lo que había hecho.
7. Mi amiga Sara es la que más me ha visitado en el hospital.
8. Ana, ¡piensa en lo que vas a decirle a la profesora!

(19) ¿En qué oraciones aparece un **pronombre** o **adverbio relativo**? Indique su función y señale su antecedente.
>Modelo: *Fue a las dos cuando llegaron del concierto*
>*Cuando:* adverbio relativo, CCT; su antecedente: *a las dos.*
1. Hay algunos detalles de los cuales no puedo acordarme.
2. El coche blanco que está allí es el mío.
3. En la casa donde vivíamos antes no teníamos lavavajillas.
4. Tengo amigos a quienes no les gusta ni el cine ni la televisión.
5. Esta es la manera como se cocina el bacalao.
6. A los que lleguen tarde se les quitará un punto.
7. ¿Encontró la policía al asesino que buscaban?
8. El río se llevó todo cuanto encontró a su paso.
9. Ponte ese abrigo que hace mucho frío.
10. Coloca ese cuadro donde mejor te parezca.

(20) Observe las formas *que* del texto y especifique si son pronombres relativos o conjunciones. En el caso de los pronombres relativos indique su función sintáctica.

La lectura, al mismo tiempo que (1) una fascinación, supone el enfrentamiento con un mundo del que (2) se siente uno excluido y en el que (3) de alguna manera, por algún portillo milagroso, desearía ardientemente penetrar. No sirven las indicaciones que (4) dan los profesores, parecen estar equivocadas a propósito, desvían. "Tenéis que (5) ir por aquí" dicen. Y es mentira, por allí no se ve nada. El niño querría descubrir por su cuenta y riesgo los vericuetos que (6) llevan de verdad a ese castillo de la letra impresa.

La entrada en el castillo, Carmen Martin Gaite.

(21) Subraye la proposición subordinada adjetiva e indique si funciona como **CN** o **CPred**.

Modelo: *Ana venía muy cansada de enseñar a 100 niños ese día*.
CPred, concuerda con el sujeto, *Ana*.

1. Los niños se presentaron vestidos con ropa de bomberos.
2. Los clientes, a los que atendiste, presentaron una reclamación.
3. Desde la calle las he visto asomadas a la ventana.
4. Estaba pensando en el documental que vimos ayer sobre Einstein.
5. El río que pasa por esta ciudad está muy contaminado.
6. Mis amigos vienen muy enfadados por el final del partido.
7. Juan visitó a su abuela ingresada en el hospital desde hace una semana.
8. La policía no ha detenido a ningún sospechoso acusado de ese crimen.

(22) ¿Son subordinadas **adverbiales** estas oraciones con los nexos *donde*, *cuando* y *como*?

1. No puedes acompañarme al lugar a donde voy.
2. Dale recuerdos a Ana cuando la veas.
3. No me gustó el modo como trataba a su gatito.
4. Nació en un pueblo donde no había un supermercado.
5. Puedes ver la tele cuando hayas terminado los deberes.
6. Como no estudies, suspenderás los exámenes.
7. ¡Para el coche donde veas una gasolinera!
8. Habla como si fuera el jefe de la compañía.
9. ¿Había oscurecido ya cuando llegaron a casa?
10. Me encontré a Sara donde menos lo esperaba.

(23) ¿Son subordinadas **adverbiales de lugar** las siguientes oraciones? Marque el nexo.

1. Dile a tu madre dónde vas esta noche.
2. ¿Dejaste el libro donde te pedí?

3. Mañana te contaré adónde fuimos por mi cumpleaños.
4. Te esperaré donde me digas.
5. Mi abuelo solía pasear con su perro por donde no había gente.
6. Teníamos una magnífica vista desde donde estábamos sentados.
7. Se dirigió hacia donde le había indicado el policía de tráfico.
8. No me acuerdo dónde dejé el teléfono.
9. Caminaré contigo hasta donde se divisa el mar.
10. Fue en esta avenida donde ocurrió el accidente.

(24) Exprese las siguientes subordinadas adverbiales de tiempo con verbos en **forma personal**.

        Modelo: *Subiendo por la escalera me caí.*
        *Cuando **subía** por la escalera me caí.*

1. Vaciada la piscina, empezaron la limpieza a fondo.
2. Muerto el perro, se acabó la rabia.
3. Contando chistes, mi hermana es muy graciosa.
4. Me divierto paseando a mi gatita.
5. Al salir del coche, se le cayeron las llaves.
6. Antes de planear este viaje, debes hablarlo con tu jefe.
7. Hablando con la profesora, me enteré de las ausencias de clase de mi hijo.
8. Una vez terminada la clase, nos fuimos a la biblioteca.

(25) Transforme las siguientes oraciones en oraciones con **verbos en forma personal** e indique de qué tipo son.

        Modelo: *Encima de <u>alojarlo</u> estos dos meses, se va sin despedirse.*
        *Encima de **que lo hemos** alojado estos dos meses...*
        Oración compuesta subordinada adverbial concesiva.

1. De haber contestado la última pregunta, hubieras pasado el examen.
2. Al ver esa foto, me acordé de ti.
3. Cocinándolo tú, todos estaremos contentos.
4. Sara no ha llegado a tiempo por no ir en el metro.
5. Gritando tanto, no te curarás de la garganta.
6. Debes llamar a tus padres después de cenar.
7. Tu abuela se cansa mucho caminando por las calles empinadas.
8. Una vez firmados los papeles, la pareja se divorció oficialmente.
9. Saliendo por la puerta de atrás, nadie te verá.
10. Aun dominando el inglés, no entendió el acento del abogado.
11. Incluso sabiendo que era alcohólico, se casó con él.
12. Pese a ser un excelente jugador, nunca ha metido un gol.

(26) Indique si **cómo** y **como** introducen una subordinada sustantiva o una adverbial.
1. Todos se preguntaron cómo pudo llegar a presidente.
2. Tienes que hacerlo como te dijeron.
3. La prueba final fue tal y como lo esperábamos.
4. Fran es tan alto como su padre.
5. ¿Sabes cómo preparar el curry verde tailandés?
6. Preparé el guacamole como me enseñó mi abuela.
7. Desconozco cómo se las arregló para llegar a directivos de la empresa.
8. Hazlo como puedas.
9. Como no lo sabe, se calla.
10. En casa mi padre cocina tanto como mi madre.

(27) Distinga entre las subordinadas adverbiales **causales** y las **consecutivas**.
1. Estoy tan seguro que no tengo la menor duda.
2. Ha adelgazado mucho de tanto entrenar para el maratón.
3. Dámelo ya, que tengo mucha prisa.
4. Por tanto caminar, me duelen los pies.
5. Tocó tan bien el violín que ganó el premio.
6. Necesitamos terminar el trabajo hoy sábado, que mañana es fiesta.
7. Tenía tanto sueño que se quedó dormido en el asiento del coche.
8. No compres galletas de chocolate que engordan.
9. No llegará a tiempo, así que empecemos sin el analista.
10. Ana es celíaca, por lo tanto, no puede comer este pastel.

(28) Escriba una oración subordinada **causal** y otra **consecutiva** a partir de las siguientes oraciones simples.
Modelo: *el niño comió muchos dulces. Le dolió el estómago.*
  Causal: ***porque** comió muchos dulces le dolió el estómago al niño.*
  Consecutiva: *de **tantos** dulces **que** comió, le dolió el estómago al niño.*
1. Rafa circulaba a una velocidad excesiva. Le pusieron una multa.
2. El ciruelo está a punto de florecer. Llega la primavera.
3. Ana es muy buena en los negocios. Va a hacerse rica.
4. Mi hermana estaba muy nerviosa. Cometió varios errores en el examen.
5. El adolescente trabajó todos los fines de semana. Se pudo comprar una bici nueva.

(29) Subraye y clasifique las siguientes **subordinadas adverbiales**.
Modelo: *Si <u>has estudiado</u>, aprobarás el curso.*
Sub. adverbial condicional.
1. De haberlo sabido, no hubiera venido.

2. Ana fue al campus para hablar con su profesor de matemáticas.
3. Aunque no me den el préstamo, seguiré adelante con mi proyecto.
4. No pongas el suéter de lana en la secadora que encoje.
5. Como llueva, no iremos al partido de fútbol mañana.
6. El autor hará todos los cambios con tal de que se publique su novela.
7. Por quedarte dormido, no viste el final de la película.
8. No compres más azúcar, que tenemos de sobra en la despensa.
9. Pese a que la novela fue un éxito, no le dieron el premio.
10. Mi madre duerme tan poco que siempre está cansada.

(30) Subraye las proposiciones **subordinadas** de las siguientes oraciones y clasifíquelas.
                Modelo: *Vengo a cortarme el pelo. Sub. adverbial final.*
1. Mi hermana estudia escuchando música clásica.
2. Abierto el turno, cada uno fue expresando su opinión.
3. Carlos, quiero decirte algo.
4. Tengo la impresión de que me mientes, Luis.
5. Atravesó la selva volando en su avioneta.
6. Nos advirtió de que a la falda le faltaba un botón.
7. Ana está cansada de que la hagas esperar.
8. El intruso averiguó dónde se encontraba la caja fuerte.
9. Nos encontraremos donde ya sabes.
10. No hables tan alto que todo el mundo te puede oír.

(31) Lea el texto y responda a las cuestiones propuestas.

No tiene ningún mérito ser fiel cuando lo que vemos no nos tienta o cuando nadie nos mira. La verdadera prueba se presenta cuando aparece alguien de quien nos enamoraríamos de no tener pareja, alguien que sí da la talla, que nos gusta y nos atrae. Alguien que sería la persona perfecta de no ser porque ya hemos elegido a otra persona perfecta. Ésa es la fidelidad, inspectora.
                            Legado en los huesos, Dolores Redondo.

a) Señale cuatro proposiciones subordinadas adjetivas y sus nexos en el texto.
b) Señale la proposición subordinada adjetiva sustantivada y diga qué función realiza.
c) ¿Cuál es la función de *ser fiel*?
d) ¿Hay alguna subordinada adverbial en el texto?

(32) En la oración de Buero Vallejo: *nadie se vuelve loco porque un hijo se va de casa, a no ser que haya una predisposición a trastornarse por cualquier minucia*, las proposiciones subordinadas, por orden de aparición, son las siguientes:
   a) Una adverbial causal, una adverbial concesiva y una adverbial final.
   b) Una adverbial causal, una adverbial condicional y una adverbial final.
   c) Una adverbial causal, una adverbial condicional y una sustantiva CD.
   d) Una adverbial causal, una adverbial condicional y una sustantiva CN.
   La respuesta correcta es... porque...

(33) Lea el siguiente texto y responda las cuestiones.
   <u>Antes de ponerse el pendiente</u> (1) frotó el metal que rodeaba el zafiro con un bastoncito impregnado en líquido <u>para limpiar plata</u> (2). Cientos de estratos de tiempo levantaron el vuelo <u>dejando la superficie luminosa y desnuda</u> (3). Se acercó, curiosa, y la joya le devolvió el rostro adolescente de su abuela <u>probándose el pendiente ante un espejo</u> (4).
   Herencia, Paz Monserrat Revillo.
   a) Clasifique las cuatro proposiciones subrayadas en el texto.
   b) Identifique la oración subordinada adjetiva en el texto.

(34) Haga el análisis morfosintáctico de las siguientes oraciones y clasifíquelas.
   a) Rafa iba tan deprisa que no lo vio pasar.
   b) Es tan caro que no podemos permitírnoslo.
   c) Ana fue quien te llamó por teléfono.
   d) Me faltan dos semanas para terminar el curso.
   e) No me gusta nada la gente que no trata bien a los animales.
   f) Si hubiera vivido en el siglo diecinueve, no habría podido votar siendo mujer.
   g) La escritura cuneiforme se llama así porque sus signos tenían forma de cuña.

Actividades de autoevaluación

En estas actividades que siguen solo hay **una** respuesta correcta.

(1) Señale cuál de estas oraciones es **compuesta coordinada**.
   a. Me dijo que se iba a las tres.
   b. Apaga la televisión, me voy a dormir.
   c. Mi hermano es muy estudioso y aprobará los exámenes.
   d. He traído mi amuleto, esta vez ganaremos el partido.

(2) Señale cuál de estas oraciones es compuesta coordinada **copulativa**.
   a. Rafa no tenía dinero pero se las arreglaba con sus gastos.
   b. El médico lo examinó e ingresó al paciente en cuidados intensivos.
   c. No trabaja, estudia en la universidad.
   d. No escribe novelas sino que se dedica a la poesía.

(3) Señale cuál de estas oraciones es compuesta coordinada **disyuntiva**.
   a. ¡Juan, juega con tu hermano o no comerás postre!
   b. No caminamos de noche a casa aunque vivimos muy cerca.
   c. Ana invierte en bolsa pero no gana mucho.
   d. De lejos no vemos la pantalla, de cerca nos molesta la luz.

(4) Señale cuál de estas oraciones es compuesta coordinada **adversativa**.
   a. Esta actriz ni canta ni baila bien.
   b. O es su hermana o tiene un parecido asombroso con ella.
   c. Nico llevaba una tarjeta de crédito, pero en el pueblo solo aceptaban efectivo.
   d. Mientras unos podaban los árboles, otros arrancaban los hierbajos.

(5) Señale cuál de estas oraciones es compuesta coordinada **explicativa**.
   a. Pepe no viene hoy al trabajo, está enfermo de covid.
   b. Ha llovido tanto que hay charcos por todo el patio.
   c. Este gasto es deducible, o sea, se resta de los ingresos brutos.
   d. "Te visitaré pronto", dijo Ana con entusiasmo.

(6) Entre estas oraciones coordinadas, señale cuál puede tener **valor condicional**.
   a. Pedro ni estudia ni trabaja.
   b. ¡Estudia más y aprobarás bien el curso!
   c. Vino a mi cumpleaños y trajo pasteles de chocolate.
   d. Mi padre trabaja por la noche y duerme por el día.

(7) Entre estas oraciones coordinadas, señale la que puede tener **valor consecutivo**.
   a. Mi hermano ni estudia ni trabaja.
   b. Gana mucho y aun así no le llega el dinero.
   c. Haz más ejercicio y perderás un poco de peso.
   d. No come ni deja comer.

(8) Señale cuál de estas oraciones es **compuesta subordinada**.
   a. Aquel señor es el cónsul de EE. UU. en México aunque no lo parece.
   b. Unos días está de buen humor, otros no se puede ni hablar con él.
   c. Aunque haga mucho frío, iremos a la playa.
   d. Unas veces me quiere, otras me insulta sin motivo.

(9) Indique qué proposición **subordinada sustantiva** funciona como sujeto.
   a. La felicidad consiste en que haya paz y amor.
   b. Rafa espera que el gobierno le perdone su préstamo de estudiante.
   c. Me molesta mucho que no me digas la verdad.
   d. Pregúntale si es ciudadano estadounidense.

(10) Indique qué proposición **subordinada sustantiva** funciona como CN.
   a. No pensaba en que podíamos tener otra nevada.
   b. Hija, me conformo con que apruebes los exámenes.
   c. Esta es la señal de que nuestros jefes van a perder su trabajo.
   d. Mis hijos se alegran mucho de que los lleve de paseo al parque.

(11) Señale qué oración es subordinada **adjetiva**.
   a. Todos me aconsejan que lea la novela del último Premio Planeta.
   b. Mi madre lleva puesto hoy el anillo que le regalé por su cumpleaños.
   c. Ponte el abrigo que hoy hace mucho frío.
   d. ¿Sabes qué ha estudiado Bea?

(12) Indique qué oración es subordinada **adjetiva sustantivada** de **CReg**.
   a. Vinieron todos los amigos a los que había invitado a su fiesta.
   b. Esta es mi hermana la que vive en Portugal.
   c. La que está allí es la nueva psicóloga en la escuela de mis hijos.
   d. Piensa bien en lo que te recomendó el médico.

(13) Indique cuál proposición **adjetiva sustantivada** funciona como **sujeto**.
   a. Compraremos un coche nuevo con lo que ahorremos tú y yo.
   b. Desconfía del que te halague.
   c. No me gustan los que siempre llegan tarde a todas partes.
   d. El premio será para el que llegue antes a la meta.

(14) ¿En qué proposición funciona el **pronombre relativo** como sujeto?
   a. Los pantalones verdes que te pusiste ayer te quedaban muy bien.
   b. Esa es la bicicleta que más me gusta.
   c. El pan que comíamos antes era de mejor calidad y más barato.
   d. Las naranjas de Florida que compramos en esa tienda tienen un sabor más dulce.

(15) ¿En qué proposición funciona el **pronombre relativo** como CD?
   a. Ana miraba el cuadro que los espejos de la sala deformaban.
   b. Les daré un premio a los que se porten bien hoy en clase.

c. Vi a mi antigua jefa para quien trabajé hace cinco años.
d. Les di un donativo a quienes me lo pidieron.

(16) Señale la oración donde el nexo *que* introduce una proposición **adjetiva especificativa**.
   a. No digas nada más, que es peor.
   b. La taza que se ha caído me la regaló mi amiga Sara.
   c. Ana, no te muevas que no sales en la foto.
   d. Había una aglomeración tal que parecía aquello un hormiguero.

(17) Señale cuál de estas oraciones es **comparativa**.
   a. Esperaremos tanto cuanto sea necesario.
   b. Tardaba tanto que nos preocupamos.
   c. Llovió tanto que se inundó el sótano.
   d. Iba tan lento en la autopista que todos los coches lo pasaban.

(18) Señale cuál de estas oraciones es **consecutiva**.
   a. Tiene un resfriado que no se tiene en pie.
   b. Los trabajadores que no han venido hoy están enfermos.
   c. ¡Todos saben cómo ha subido la inflación!
   d. Necesito que vengas a cuidarme mi gatita este fin de semana.

(19) Indique qué proposición tiene valor **condicional**.
   a. Los niños son tan traviesos como ingenuos.
   b. Como no deje de llover, no saldremos de viaje.
   c. El piloto aterrizó como le aconsejaron desde la torre de control.
   d. Ana no sabe si podrá terminar la universidad este año.

(20) Cuál de las proposiciones con gerundio tiene valor **condicional**.
   a. Viajando en primera clase, tendrás que pagar más.
   b. Se mareó viendo tanta sangre de la herida.
   c. Me canso mucho subiendo las cuestas de nuestro barrio.
   d. Aun cambiando de dieta, no pudo perder peso en tres meses.

(21) ¿En qué oración adquiere el nexo *que* valor final?
   a. No digas eso que no te dejarán salir esta noche.
   b. Date la vuelta, que te veamos todos con tu nuevo vestido.
   c. Este es el futuro que nos espera después del covid.
   d. No necesito que me devuelvas el favor.

(22) ¿En qué oración adquiere el nexo *que* valor causal?
   a. No vengas a casa que no estaré esta tarde.
   b. Rafa es tan lento que nunca termina a tiempo.
   c. Todos los profesores deseamos que los estudiantes consigan buenos trabajos.
   d. Ana, enséñanos tu nueva casa, que la veamos todos.

(23) ¿En qué enunciado adquiere el nexo *como* valor causal?
   a. Como no comas un poco, no te vas a recuperar de esta enfermedad.
   b. Juan, haz el ejercicio como te dijo la profesora.
   c. Como no sabe la respuesta, se calla.
   d. Esa casa tiene tantos cuartos de baño como personas en la casa.

(24) ¿Cómo se clasifica la oración *piensa mal y acertarás*?
   a. simple
   b. compuesta subordinada
   c. yuxtapuesta
   d. compuesta coordinada

(25) La oración *no llueve sino que nieva* se clasifica como:
   a. disyuntiva
   b. adversativa
   c. copulativa
   d. subordinada

(26) La oración *estudia poco aunque aprueba siempre* se clasifica como:
   a. adversativa
   b. disyuntiva
   c. yuxtapuesta
   d. subordinada

(27) ¿Cómo se clasifica la oración *hazme caso, te irá bien*?
   a. subordinada
   b. coordinada
   c. yuxtapuesta
   d. consecutiva

(28) ¿Cómo se clasifica la oración *quien mucho abarca poco aprieta*?
   a. yuxtapuesta
   b. subordinada sustantiva de sujeto
   c. subordinada adjetiva
   d. subordinada adverbial comparativa

(29) ¿Cómo se clasifica la oración *quien todo lo quiere, todo lo pierde*?
   a. yuxtapuesta
   b. subordinada adjetiva sustantivada de CN
   c. subordinada sustantiva de sujeto
   d. subordinada sustantiva de CD

(30) ¿Cómo se clasifica la oración *no hay mal que dure cien años*?
   a. subordinada adverbial de tiempo
   b. subordinada adjetiva de CN

c. subordinada adverbial de modo
   d. subordinada sustantiva de CD

(31) ¿Cómo se clasifica la oración *haz hoy lo que no hiciste ayer*?
   a. subordinada sustantiva de CD
   b. subordinada sustantiva de sujeto
   c. subordinada adjetiva sustantivada de CD
   d. subordinada adverbial de modo

(32) ¿Cómo se clasifica la oración *el que la sigue la consigue*?
   a. subordinada adjetiva sustantivada de sujeto
   b. subordinada sustantiva de sujeto
   c. subordinada adjetiva de CN
   d. subordinada adjetiva sustantivada de CD

(33) ¿Cómo se clasifica la oración *mientras hay vida hay esperanza*?
   a. subordinada adverbial de modo
   b. subordinada adverbial de tiempo
   c. subordinada adjetiva
   d. subordinada sustantiva de CD

(34) ¿Cómo se clasifica la oración *cuando el río suena, agua lleva*?
   a. subordinada adverbial de tiempo
   b. subordinada adverbial de lugar
   c. subordinada adverbial de modo
   d. subordinada adverbial consecutiva

(35) ¿Cómo se clasifica la oración *nunca es tarde si la dicha es buena*?
   a. subordinada adverbial de tiempo
   b. subordinada adverbial condicional
   c. subordinada adverbial de modo
   d. subordinada sustantiva de CD

(36) ¿Cómo se clasifica la oración *más vale feo y bueno que guapo y perverso*?
   a. subordinada sustantiva
   b. subordinada adjetiva
   c. subordinada adverbial comparativa
   d. subordinada adverbial consecutiva

(37) ¿Cómo se clasifica la oración *mejor estar solo que mal acompañado*?
   a. subordinada comparativa de igualdad
   b. subordinada adverbial de modo
   c. subordinada comparativa
   d. subordinada adverbial consecutiva

(38) ¿Cómo se clasifica la oración *aunque la mona se vista de seda, mona se queda*?
    a. coordinada adversativa
    b. subordinada adverbial de modo
    c. subordinada adverbial consecutiva
    d. subordinada adverbial concesiva

(39) ¿Cómo se clasifica la oración *para presumir hay que sufrir*?
    a. subordinada adverbial causal
    b. subordinada adverbial consecutiva
    c. subordinada adverbial de modo
    d. subordinada adverbial final

(40) ¿Cómo se clasifica la oración *hablando del rey de Roma por la puerta asoma*?
    a. subordinada adverbial de lugar
    b. subordinada adverbial de tiempo
    c. subordinada adverbial de modo
    d. subordinada adverbial final

(41) ¿Cómo se clasifica la proposición **donde fueres** en *donde fueres, haz lo que vieres*?
    a. subordinada adjetiva
    b. subordinada adverbial de modo
    c. subordinada adverbial de lugar
    d. subordinada adverbial concesiva

(42) ¿Cuál es la función de **lo que vieres** en *donde fueres, haz lo que vieres*?
    a. CD
    b. Suj
    c. CN
    d. ninguna de las respuestas anteriores

(43) ¿Cuál es la función de **lo que** en *donde fueres, haz lo que vieres*?
    a. CD de haz
    b. CD de vieres
    c. CC de lugar de fueres
    d. ninguna de las respuestas anteriores

(44) ¿Cómo se llama la forma verbal **fueres** y **vieres** en *donde fueres, haz lo que vieres*?
    a. imperfecto de indicativo
    b. imperfecto de subjuntivo
    c. futuro de subjuntivo
    d. ninguna de las respuestas anteriores

CAPÍTULO 4

Cuestiones de interés, estilística y gramaticalidad

En este capítulo se examinan algunas cuestiones de interés que tienen que ver con la concordancia y la gramaticalidad de los enunciados. En español se requiere que las palabras se relacionen entre sí en la oración con una lógica formal, con una relación de concordancia. Esta conexión afecta a los sustantivos, adjetivos, artículos y pronombres, ya que concuerdan en género y número; y al sujeto y el verbo que concuerdan en persona y número. En este apartado nos vamos a centrar en la concordancia entre el sujeto y el verbo.

Teniendo en cuenta que las reglas de concordancia resultan bastante sencillas, en el uso lingüístico tanto escrito como hablado se producen numerosas anomalías, a menudo motivadas por la falta de atención o por la poca instrucción del hablante que desconoce dichas reglas gramaticales. Esto ocurre con frecuencia en contextos coloquiales, en el habla familiar o de la calle donde la rapidez del enunciado favorece la aparición de discordancias. Por otro lado, a veces, la falta de concordancia se debe a una intención deliberada del hablante para causar un efecto estilístico determinado. En estos casos y por razones expresivas, estas discordancias se aceptan, aunque desde el punto de vista gramatical y normativo serían incorrectas.

Mucho se ha escrito sobre lo que es gramatical y correcto, sobre el prestigio social de un acento frente a otro, sobre la estratificación social que condiciona la corrección lingüística, sobre los registros formales e informales que determinan el uso de la lengua, etc. En este volumen, no nos proponemos entrar en estas filosofías del lenguaje sino exponer las cuestiones de interés que surgen entre nuestros estudiantes para adquirir un español normativo, gramatical y correcto que les ayude en su carrera profesional y a obtener un nivel académico avanzado de expresión. Para ello seguimos las recomendaciones de la RAE-ASALE, de los manuales de gramática y los diccionarios tradicionales.

4.1 Concordancia y discordancia gramatical

A continuación analizamos algunas de las discordancias más significativas que se pueden encontrar en la lengua hablada y escrita, centrándonos en las relaciones entre el sujeto y el verbo. La regla básica de concordancia cuando el verbo tiene un solo sujeto es que concuerda con él en número (singular o plural) y persona (primera, segunda o tercera), por ejemplo, *leo todos los días, vos leés el periódico, Ana lee poco, los niños leen muy bien*. Cuando el sujeto consta de dos o más personas, el verbo concuerda en plural como en *tú y yo nos fuimos pronto* (nosotros), *Ana y tú estáis/están muy unidos* (vosotros/ustedes), *esa pareja y nosotros tenemos los mismos problemas* (nosotros), *¿cuánto tiempo estarán vos y Juan en la librería?* (vosotros/ustedes). La relación de dependencia que se establece entre el sujeto y la terminación de persona y número del verbo se hace mediante la concordancia de la siguiente manera:

(1)
Yo leo	1ª persona			*Nosotros leemos*	1ª persona	
Tú lees	2ª persona	}	sing	*(Vosotros leéis)*	2ª persona	} plural
(Vos leés)	2ª persona			*Los niños leen*	3ª persona	
Ana lee	3ª persona					

Se dan casos en que esa codependencia deja de producirse en la persona o en el número verbal, resultando así en una discordancia. Véanse los siguientes ejemplos del escritor Camilo José Cela.

(2) *Los españoles no **hemos pasado** de la devoción.*
(3) *Entra y sale la gente con mucha prisa, **piden** un blanco o un vermú y **se van** otra vez.*

En 2, en lugar de *han pasado*, *hemos pasado* indica una primera persona plural inclusiva, es decir, abarca al hablante y al oyente; este efecto discursivo inclusivo no se expresa con *han pasado* que excluye al hablante. En 3, el sujeto *gente* de carácter colectivo determina la pluralidad de los verbos *piden* y *se van* en oposición a *entra* y *sale*. En ambos casos la discordancia se produce por cuestiones estilísticas y pragmáticas. A continuación

Cuestiones de interés, estilística y gramaticalidad 193

veremos algunos casos ilustrativos de cuando las reglas de concordancia se rompen. Las discordancias resultantes se deben sobre todo a razones de semántica, al uso de los sustantivos colectivos y a determinados efectos estilísticos y sintácticos.

4.1.1 Discordancia de sustantivos colectivos

Cuando el sujeto está formado por un sustantivo colectivo predomina la concordancia con el verbo en singular, por ejemplo, *salía mucha gente de la iglesia*. Estos sustantivos colectivos indican individuos, objetos o elementos en plural como *bandada, constelación, ejército, equipo, grupo, infinidad, manada, millar, mitad, montón, muchedumbre, multitud, parte, población, público, rebaño, resto, tercio, totalidad*, etc. El sentido de pluralidad de estos sustantivos provoca que en algunas ocasiones el verbo vaya en plural por razones de significado. Véanse algunos ejemplos en 4.

(4) a. *Nos **han requerido** a los cuatro la guardia civil.* (R. Sánchez Ferlosio, *El Jarama*)
b. ***Retírense** de aquí todo el mundo.* (R. Sánchez Ferlosio, *El Jarama*)

Este uso del verbo en plural con un sujeto-sustantivo colectivo debe limitarse ya que se considera una discordancia no aceptada, aunque aparezca en la narrativa literaria por razones estilísticas (por ejemplo, para representar el habla popular de un personaje). No suele decirse y no se acepta gramaticalmente: **la gente salieron, *llegaron mucha gente, *la gente está cansadas*; debería usarse *la gente salió, llegó mucha gente* y *la gente está cansada*. En algunas ocasiones el distanciamiento en el párrafo del verbo respecto al sujeto colectivo propicia la aparición de esta discordancia en plural. El alejamiento facilita el olvido de la forma gramatical pero no del sentido plural.

(5) *La pareja, tomando los mosquetones con ambas manos [...], **empezaron** a empujar suavemente a los próximos.* (F. García Pavón, *Cuentos*)

Por otro lado, se hace una excepción cuando estos sustantivos colectivos van acompañados de un complemento del nombre o una aposición en plural. En estos casos se acepta el verbo tanto en singular como en plural, como en *un montón de niños jugaba/jugaban en el parque*. Por el significado de pluralidad del adyacente al sustantivo colectivo este tipo de discordancia se denomina *ad sensum*, por el sentido. Compárense los siguiente ejemplos en 6.

(6) a. *Una porción de vagos* **discurría** *gravemente*. (Pio Baroja, *La busca*)
 b. *Un grupo de obreros* **pasa** *hablando en voz alta*. (J. Jose Cela, *San Camilo*)
 c. *La mayor parte de las visitas* **pasaban** *al salón*. (Leopoldo Alas, *La Regenta*)
 d. *La gente, los conocidos,* **culpaban** *de todo a Alcázar*. (Pio Baroja, *La busca*)
 e. *Este tipo de palabras* **lleva/llevan** *tilde*.
 f. *Esta especie de animales* **esta/están** *en extinción*.

Con las locuciones cuantificadoras *más de* y *qué de* el verbo puede ir en singular o plural según el número del sujeto, por ejemplo: *lo dice más de uno, lo niegan más de diez personas, ¡qué de dinero se pierde!, ¡qué de proyectos se abandonan!* Sin embargo, se pueden encontrar discordancias como en el ejemplo 7.

(7) *No les* **quedaban** *más que alguna que otra zona*. (Pio Baroja, *La busca*)

4.1.2 *Discordancias de estructuras atributivas*

En las oraciones atributivas, la concordancia de la terminación verbal se puede ajustar al sujeto o al atributo. Se da cierta predominacia al uso del plural cuando uno de los términos (el sujeto o el atributo) va en plural (RAE 2002: 334). Véanse algunos ejemplos en 8.

(8) a. *Mi infancia* **son** *recuerdos de un patio de Sevilla*. (Antonio Machado, *Poesías*)
 b. *Eso* **es** *mentira. Eso* **son** *habladurías*.
 c. *Lo que dice* **son** *tonterías*.
 d. *Los desertores* **era** *gente desalmada*.
 e. *La inercia y la costumbre* **son** *casi lo mismo*. (J. Jose Cela, *San Camilo*)

4.1.3 *Discordancias de sujetos coordinados*

Cuando el sujeto está formado por elementos coordinados en singular el verbo va en plural como resultado del conjunto de esos singulares, por ejemplo, en *Ana y su hermana llegaron tarde anoche, me gustan el té y el café, me molestan el ruido y el humo*. A veces, en cambio, los elementos coordinados adquieren un valor unitario cuando se suprime el artículo en el segundo elemento y, por tanto, ese significado de unidad impone el singular en el verbo como en *se prohibe la carga y descarga de mercancías*. Véanse más ejemplos de esta discordancia en 9.

(9) a. *El flujo y reflujo de las aguas* **limpiaba** *la playa*. (RAE 2002).
b. *La fatiga y cierta superstición inconsciente les* **había hecho** *perder gran parte del respeto*. (Leopoldo Alas, *La Regenta*).

Cuando estos sujetos coordinados van relacionados por las conjunciones *ni* y *o*, la concordancia es variable, por lo que el verbo puede ir en singular o plural. Se da cierta tendencia a utilizar el verbo en singular cuando va antepuesto al sujeto. Compárense los siguientes ejemplos de la RAE (2002).

(10) a. *Ni el hambre, ni la sed, ni el cansancio le* **doblegaron**.
b. *No le* **doblegó** *el hambre, ni la sed, ni el cansancio*.
c. *Contra quien no* **valdrá** *ni oro ni ruego*.

Si en la coordinación de elementos del sujeto aparecen las formas neutras *eso, esto* y *aquello* entonces la forma verbal adopta el singular. De igual manera si el último elemento del sujeto coordinado es un neutro recapitulador como *todo* o *esto*. Lo mismo ocurre cuando el sujeto se compone por infinitivos coordinados, el verbo va en singular; no obstante, cuando estos van precedidos de un artículo se admite el verbo en plural. Compárense los ejemplos siguientes en 11.

(11) a. *No me* **gustó** *eso y lo del otro día*. (RAE 2002)
b. *El ruido, las luces, la algazara, la comida excitante,* [...] *todo* **contribuía** *a embotar la voluntad*. (Leopoldo Alas, *La Regenta*)
c. *Aquí se* **explica** *aquel entrar y salir*. (Leopoldo Alas, *La Regenta*)
d. *El comer moderadamente y el hacer ejercicio* **ayudan** *a la salud*.
e. *La madre con una de sus hijas* **asistieron** *al funeral*.

También se conjuga el verbo en singular cuando el sujeto coordinado se compone de oraciones como en el ejemplo *es bueno que estudie y se aplique*, *me parece bien que vengas y hables con tus padres.* Sería agramatical decir **son buenos que estudie y se aplique.*

Podemos encontrar otros grupos de palabras que pueden funcionar como una coordinación y, por lo tanto, siguen las mismas reglas de concordancia de los sujetos coordinados. De ese modo las estructuras que incluyen *tanto… como* y aquellos sustantivos conectados con la preposición *con* llevan el verbo en plural. En la oración *tanto el decano como su secretaria se enfermaron de covid*, el sujeto corresponde a la coordinación de *el decano* y *su secretaria*, por lo tanto, se necesita el verbo en plural (para *ellos, ellos se enfermaron*). Aquí, la construcción *tanto* y *como* añade un valor enfático, no comparativo. En el ejemplo *el abuelo con su nieto dieron un paseo por el parque*, la estructura del sujeto *el abuelo con su nieto* equivale a un sujeto plural.

4.1.4 Discordancia deliberada

En muchas ocasiones se produce un desajuste entre la persona aludida y la persona reflejada en la terminación verbal. Esto se produce para lograr efectos estilísticos determinados por un afán expresivo de respeto, cortesía, tradición o inclusividad. Estos casos de discordancia deliberada o voluntaria se pueden agrupar en tres categorías: el plural de modestia, el plural asociativo o psicológico y el plural mayestático. Todas ellas utilizan formas verbales de plural para referirse a un sujeto en singular.

En el plural de modestia, el hablante reduce su protagonismo o rebaja su responsabilidad ante la acción mediante el uso de la primera persona plural en vez de la primera persona singular. Aunque el sujeto sea uno mismo, se utiliza una pluralidad ficticia como cuando decimos *creemos* en lugar de *creo*; *ya lo hemos estropeado* para *ya lo he estropeado*.

El plural asociativo o psicológico se utiliza cuando el propio hablante quiere participar o hacer partícipe a los demás en una actividad o estado de ánimo como en *¿cómo estamos hoy, Raúl?*, en lugar de *¿cómo estás hoy, Raúl?*; *tendremos que ir a esa cena dichosa* por *tengo que ir a esa cena dichosa*.

También puede indicar sorpresa o ironía ante el interlocutor como en ¡*tenemos frío hoy, Juan*!, por ¡*tienes calor hoy, Juan!*

El plural mayestático utiliza el verbo en plural como fórmula de tratamiento y respeto cuando el hablante representa a una clase social de alta consideración. El hablante utiliza la primera persona del plural (nosotros) para reflejar su poder, grandeza e influencia. El término *mayestático* se asocia a *majestad*. Este plural es el que utilizan los gobernantes, reyes, rectores o el papa. En algunos casos se utiliza *nos* por nosotros como en *nos, el papa, declaramos*; *nos, el rey, otorgamos*. Está cada vez más en desuso.

Como se ha visto con los ejemplos, esta discordancia deliberada en plural, curiosamente, puede representar valores diferentes e incluso opuestos. Por un lado, la pluralidad puede prestarse a empequeñecer al hablante (plural de modestia) pero, por otro lado, también sirve para ensalzar (plural mayestático). Esta polivalencia semántica refleja la importancia del contexto a la hora de interpretar las formas lingüísticas.

4.2 Valores del *se*

El *se* resulta una unidad plurifuncional, que puede funcionar como verbo, forma pronominal y otras marcas sintácticas. La palabra *se* presenta numerosas dificultades por sus valores funcionales y semánticos. Los manuales no siempre utilizan los mismos términos para referirse a sus usos, por lo que esto también complica su análisis. En esta sección vamos a destacar todos los tipos de *se* con ejemplos ilustrativos. En primer lugar, podemos dintinguir el *sé* (con tilde) de los verbos *saber* y *ser* frente a las otros *se* no verbales (sin tilde). En segundo lugar, diferenciamos el *se* pronominal de los otros *se* que no lo son. Por lo tanto, tenemos tres niveles de categorización: el *sé* verbal, el *se* pronominal y el *se* no pronominal.

4.2.1 El sé verbal

Este *sé* lleva tilde y puede indicar la primera persona singular (yo) del presente de indicativo del verbo *saber*, como en *no sé mucho de astronomía*. También equivale a la segunda persona singular del imperativo del verbo *ser*, como en *¡sé siempre tu mismo!* En ambos casos este *sé* con tilde, procedente de los verbos *saber* y *ser*, suele pronunciarse de forma más enfática.

4.2.2 El se con valor pronominal

Ese *se* funciona como un pronombre y, por lo tanto, tiene una función sintáctica. Puede ser complemento directo o indirecto según los casos.

    a) *Se* equivalente a *le(s)*, complemento indirecto, *se = le(s)*. Este *se* ocurre cuando va acompañado de los pronombres *lo/a(s)* (de complemento directo).

(12) a. *Ana le dio dinero a su hermana. Ana se lo dio.* (*Se* = CI).
      b. *Raúl le regaló una pulsera a su novia. Raúl se la regaló.* (*Se* = CI).
      c. *Les ofrecieron alimentos a los refugiados. Se los ofrecieron.* (*Se* = CI).
      d. *Marta les compró flores a sus dos amigas. Marta se las compró.* (*Se* = CI).

    b) Cuando el *se* es pronombre reflexivo puede funcionar como complemento directo e indirecto. Funciona como complemento indirecto cuando ya hay otro complemento directo en la oración. Recuérdese que en una oración reflexiva el sujeto hace y recibe la acción verbal. En este tipo de construcción el sujeto puede admitir la expresión de *a sí mismo/a(s)*, como en *Sara se afeita las piernas (a sí misma)*.

(13) a. *Tom se lava.* (*Se* = CD).
      b. *Tom se lava la cara.* (*Se* = CI, *la cara* = CD).
      c. *La niña se miraba en el espejo.* (*Se* = CD).
      d. *La niña se miraba el ojo en el espejo.* (*Se* = CI, *el ojo* = CD).
      e. *Mis hijas ya se maquillan.* (*Se* = CD).
      f. *Mis hijas se maquillan los ojos.* (*Se* = CI, *los ojos* = CD).

c) Cuando el *se* es pronombre recíproco puede ser complemento directo e indirecto como el *se* reflexivo. Funciona como complemento indirecto cuando ya hay otro complemento directo en la oración. En la oración recíproca el sujeto se compone por dos o más agentes que realizan y reciben la acción mutuamente. En esta estructura se puede añadir *entre sí, entre ellos o mutuamente*.

(14) a. *Los novios se besaron.* (*Se* = CD).
b. *Los novios se dieron un beso largo.* (*Se* = CI, *un beso largo* = CD).
c. *Los actores se vistieron unos a otros.* (*Se* = CD).
d. *Tom y Luis se conocen desde niños.* (*Se* = CD).

d) Cuando el *se* es un pronombre de interés o *dativo de interés* (también llamado *dativo ético*) funciona como complemento indirecto. Este *se* sirve para añadir énfasis y es innecesario; se puede prescindir de él sin que cambie el sentido de la oración. Este *se* añade un matiz subjetivo al involucrar a la persona que se ve afectada por la acción del verbo; esto es, aporta una carga emotiva y, por eso, suele aparecer en registros coloquiales. Podemos describirlo como una marca de expresividad.

(15) a. *Luis (se) bebió toda la leche.* (*Se* = CI).
b. *Mi amiga (se) comió toda la tarta de manzanas.* (*Se* = CI).
c. *Los estudiantes (se) aprendieron toda la lección, de pe a pa.* (*Se* = CI).
d. *¡Tres películas (se) vieron en una sola tarde mis hijas!* (*Se* = CI).

4.2.3 *El se con valor no pronominal (sin función sintáctica)*

Este tipo de *se* no es un pronombre y, por lo tanto, no cumple con una función sintáctica específica (ni CD, ni CI). En esta categoría, este *se* se puede considerar un morfema verbal, es decir parte del verbo pronominal o una marca o indicador oracional de impersonalidad y de pasividad.

a) El *se* morfema verbal forma parte del verbo al que acompaña, un verbo pronominal como *alegrarse, arrepentirse, atreverse, encontrarse, irse, obstinarse, olvidarse, quejarse, sentarse, sentirse...* En estos casos el *se* es otro morfema más del verbo. En la oración *Sara se sentó de espaldas*, el verbo es *se sentó*; no existe el verbo *sentar*. No es gramatical decir **Sara sentó de espaldas*. Véanse más ejemplos de *se* morfema verbal en 16.

(16) a. *El presidente de Intel **se fue** de la compañía. (Se* = morfema verbal).
b. *¿Por qué **se suicidaron** Romeo y Julieta siendo tan jóvenes? (Se* = morfema verbal).
c. ***Se olvidó** por completo de la tarea para la clase de español. (Se* = morfema verbal).
d. *¡No **se acordaba** de nada después del accidente! (Se* = morfema verbal).

b) El *se* como marca de oración impersonal no tiene ninguna función sintáctica sino la de indicar que la estructura carece de sujeto. Nótese que en este tipo de oraciones, no es posible averiguar el sujeto ya que no existe. Suele utilizarse con frecuencia con verbos intransitivos. Véanse los ejemplos de 17.

(17) a. ***Se** come muy bien en el País Vasco. (Se* impersonal).
b. *No **se** puede fumar en el pasillo. (Se* impersonal).
c. ***Se** habla mucho de este presidente. (Se* impersonal).
d. ***Se** llega más rápido en tren. (Se* impersonal).
e. ***Se** comenta eso por ahí. (Se* impersonal).
f. ***Se** vive bien en este pueblo de la costa. (Se* impersonal).

c) El *se* como marca de pasiva refleja actúa como indicador de una estructura pasiva. La pasiva propia (con el verbo *ser* más el participio del verbo congujado) como en *las uvas son vendidas por el frutero* no se utiliza mucho en español. En cambio, el *se* pasivo abunda en numerosas construcciones sintácticas como en *se venden uvas, se alquilan pisos amueblados* y solo con verbos transitivos, como en este ejemplo, *vender* y *alquilar*. En la estructura pasiva aparece la concordancia entre el sujeto paciente y su verbo, como en *se compran casas* (las casas son compradas por alguien, *casas* es el sujeto pasivo o paciente), frente a una estructura impersonal *se compra casas* (*se las compra*, alguien *las compra, casas* es el complemento directo).

Cuestiones de interés, estilística y gramaticalidad   201

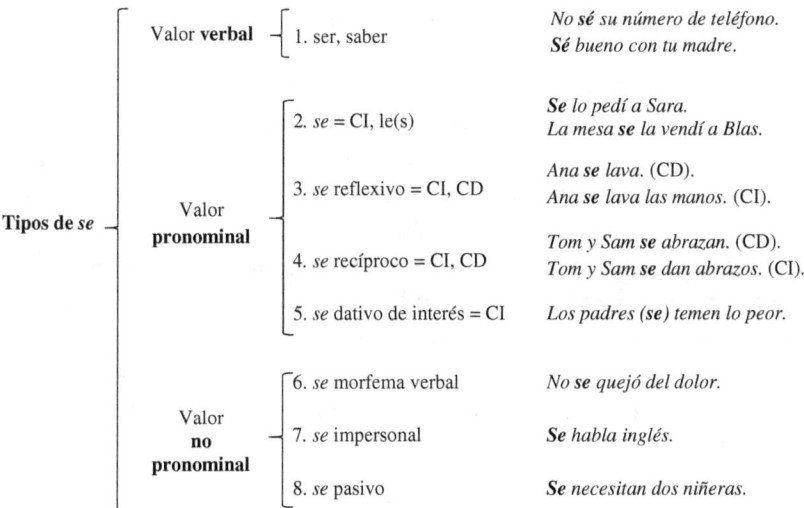

Figura 4.1. Resumen de los tipos y valores del *se*

(18) a. **Se hacen** *fotocopias*. (*Se* pasivo, *fotocopias* = sujeto paciente).
   b. **Se alquilan** *habitaciones por Airbnb*. (*Se* pasivo, *habitaciones* = sujeto paciente).
   c. **Se arreglan** *bicis*. (*Se* pasivo, *bicis* = sujeto paciente).
   d. **Se venden** *tractores de segunda mano*. (*Se* pasivo, *tractores* = sujeto paciente).

A continuación véase la figura 4.1 con todos los valores del *se*.

4.2.4 Ambigüedades del se

En algunos casos la interpretación del *se* puede resultar dificultosa por la similitud de estructuras, por ejemplo, entre una estructura pasiva refleja y una impersonal; el *se* de los verbos pronominales y de los reflexivos; y para distinguir el llamado *se accidental*, denominación que algunos manuales de español como lengua extranjera usan siguiendo su valor semántico. En esta sección analizaremos estas ambigüedades.

4.2.4.1 El *se* de oraciones pasivas reflejas e impersonales

Estas dos estructuras presentan, a primera vista, los mismos elementos pero si los analizamos sintáctica y semánticamente observamos algunas diferencias. El *se* pasivo va en una oración donde hay concordancia entre el verbo y el sujeto paciente; el verbo es siempre transitivo. El *se* impersonal, en cambio, no lleva sujeto (por eso la oración es impersonal) y siempre acompaña al verbo en singular. Suele ir acompañado de un complemento directo. La ambigüedad surge cuando tenemos una oración con el verbo y el sujeto en singular que puede parecer, por su estructura, un *se* impersonal o un *se* pasivo. En estos casos, necesitamos recurrir a la semántica y ver cuál es el valor significativo de la oración. Compárense los ejemplos de 19 y 20.

(19) a. ***Se vendieron dos casas.*** (*Se* pasivo).
Dos casas fueron vendidas por la inmobiliaria. La inmobiliaria vendió dos casas.
Dos casas: sujeto paciente.
b. *Las sardinas **se cocinan** con aceite de oliva.* (*Se* pasivo).
Las sardinas son cocinadas por mi tío con aceite de oliva. Mi tío las cocina.
Las sardinas: sujeto paciente.
c. ***Se anunciaron las noticias.*** (*Se* pasivo).
Fueron anunciadas por el ministro. El ministro anunció las noticias.
Las noticias: sujeto paciente.
d. *No **se organizaron muchas fiestas en enero**.* (*Se* pasivo).
No fueron organizadas muchas fiestas por el alcalde. El alcalde no las organizó.
Muchas fiestas: sujeto paciente.
e. ***Se compran antigüedades.*** (*Se* pasivo).
Las antigüedades son compradas por los coleccionistas. Las compran.
Antigüedades: sujeto paciente.
f. ***Se les entregaron los regalos.*** (A los nietos). (*Se* pasivo).
Los regalos fueron entregados por los abuelos a sus nietos. Los abuelos se los entregaron. *Los regalos*: sujeto paciente.
g. ***Se comunicó el resultado de las elecciones.*** (*Se* pasivo).
El resultado fue comunicado por el presidente. El presidente lo comunicó.
El resultado de las elecciones: sujeto paciente.
h. ***Se solicitó un permiso.*** (*Se* pasivo).
Fue solicitado un permiso por los sindicatos. Los sindicatos lo solicitaron.
Un permiso: sujeto paciente.

(20) a. **No *se* sabe nada.** (*Se* impersonal).
No sabemos quién es el agente. Alguien desconocido no sabe nada.
Nada: complemento directo.
b. **No *se* ha legalizado la marihuana.** (*Se* impersonal).
No sabemos quién es el agente de la acción verbal. Alguien no la ha legalizado.
La marihuana: complemento directo.
c. **Se aplaudió a los jugadores.** (*Se* impersonal).
No sabemos quién aplaudió a los jugadores. Alguien desconocido los aplaudió.
A los jugadores: complemento directo.
d. **Se dice que nevará mucho este invierno.** (*Se* impersonal).
Se desconoce el sujeto de *decir*. Se dice eso.
Que nevará mucho este invierno: complemento directo.

Compárense las diferencias entre las estructuras con *se* impersonal y *se* pasivo de las siguientes oraciones en 21. Nótese que el verbo en plural, concordando con el sujeto, acompaña al *se* pasivo. Mientras que el verbo en singular puede indicar un *se* impersonal o pasivo, según el significado. En singular, ambas construcciones se neutralizan y el sintagma nominal correspondiente puede analizarse como sujeto o como complemento directo (Gómez Torrego 1998: 33).

(21) a. **Se recomienda el uso de mascarillas.** (*Se* impersonal o *se* pasivo).
Se desconoce al agente de la acción verbal. Alguien desconocido lo recomienda.
El uso de mascarillas: complemento directo, *se* impersonal.
El uso de mascarillas es recomendado por el gobierno. El gobierno lo recomienda.
El uso de mascarillas: sujeto pasivo, *se* pasivo.
b. **Se recomiendan mascarillas.** (*Se* pasivo).
Mascarillas: sujeto pasivo, hay concordancia en plural con el verbo.
c. **Se necesita niñera.** (*Se* impersonal o *se* pasivo).
Se desconoce al sujeto. Alguien desconocido necesita una niñera, la necesita.
Niñera: complemento directo, *se* impersonal.
Una niñera es necesitada o buscada por una madre o unos padres.
Niñera: sujeto pasivo, *se* pasivo.
d. **Se necesitan dos niñeras.** (*Se* pasivo).
Dos niñeras: sujeto pasivo, hay concordancia en plural con el verbo.
e. **Se busca un actor pelirrojo para un cortometraje.** (*Se* impersonal o *se* pasivo).
Sujeto desconocido. Alguien que desconocemos busca un actor pelirrojo.
Un actor pelirrojo: complemento directo, *se* impersonal.
O también *un actor pelirrojo* es buscado por alguien.
Un actor pelirrojo: sujeto paciente o pasivo, *se* pasivo.

f. **Se** *busca dos actores pelirrojos para un cortometraje.* (*Se* impersonal).
   Alguien que desconocemos busca dos actores pelirrojos.
   Dos actores pelirrojos: complemento directo.
g. **Se** *buscan dos actores pelirrojos para un cortometraje.* (*Se* pasivo).
   Dos actores pelirrojos se buscan para un cortometraje.
   Dos actores pelirrojos: sujeto paciente, hay concordancia en plural con el verbo.
h. **Se** *produjo una explosión.* (*Se* impersonal o *se* pasivo).
   Alguien produjo una explosión; no se sabe quién. Alguien la produjo.
   Una explosión: complemento directo, *se* impersonal.
   O también, la explosión fue producida por un terrorista, por ejemplo.
   Una explosión: sujeto pasivo, *se* pasivo.
i. **Se** *prohíbe el uso del diccionario en los exámenes.* (*Se* impersonal).
   Sujeto desconocido. No sabemos quién lo prohíbe.
   El uso del diccionario: complemento directo, se impersonal.
j. **Se** *prohíben los diccionarios en los exámenes.* (*Se* pasivo).
   Los diccionarios son prohibidos por los profesores.
   Los diccionarios: sujeto pasivo, *se* pasivo.

Entonces, concluyendo, ¿qué estructura se recomienda normativamente *se vende casas* o *se venden casas*? Las dos oraciones se consideran aceptables y gramaticales, y se pueden analizar con un *se* impersonal o pasivo respectivamente dependiendo de la concordancia. Según el *Diccionario panhispánico de dudas* de la RAE los dos tipos de oración:

> Tienen en común el omitir el agente de la acción, conviene no confundir las oraciones impersonales (carentes de sujeto y con el verbo inmovilizado en tercera persona del singular) y las oraciones de pasiva refleja (con el verbo en tercera persona del singular o del plural, concertando con el sujeto paciente). La confusión puede darse únicamente con verbos transitivos, pues son los únicos que pueden generar ambos tipos de oraciones: *se busca a los culpables* (impersonal) / *se buscan casas con jardín* (pasiva refleja). (RAE 2005: n.p.)

4.2.4.2 El *se* de los verbos pronominales y reflexivos

Estos dos tipos de *se* resultan similares en las estructuras oracionales. Los verbos pronominales parecen reflexivos por su forma pero no por el sentido ya que la acción no recae en el sujeto mismo, no se hace ni se recibe por el sujeto en cuestión. Para identificar un *se* reflexivo, la construcción puede aceptar la expresión *a sí mismo/a*, por ejemplo, *Juan se bañó (a sí mismo*), indicando que *Juan bañó a Juan*. El sujeto, *Juan*, hace y recibe la acción verbal, es agente y paciente al mismo tiempo de un verbo transitivo, *bañar*. Aquí el pronombre *se* funciona como un complemento directo del verbo *bañar*.

En cambio, el *se* morfema verbal de los verbos pronominales no acepta este refuerzo de *a sí mismo*, ni va con verbos transitivos. En los ejemplos *Juan se durmió* o *Juan se levantó* no estamos indicando que **Juan durmió a Juan*, **Juan se hizo dormir*, **Juan hizo que Juan se durmiera*; o **Juan levantó a Juan*, **Juan se hizo levantar* o **Juan hizo que Juan se levantara*. Los verbos *dormirse* y *levantarse* se consideran pronominales pero no reflexivos; van acompañados de un pronombre pero no indican reflexividad; este pronombre no es un complementos del verbo sino una parte del verbo, un morfema más. Como consecuencia, estas estructuras son intransitivas (no tienen un complemento directo). La RAE-ASALE puntualiza que este morfema pronominal átono de los verbos pronominales no es argumental, es decir, que no desempeña propiamente una función sintáctica. Por lo cual, el *se* en *el niño se despertó* no constituye el complemento directo de *despertar* sino que forma parte de la constitución léxica del verbo *despertarse* (2009).

Recuérdese que un verbo pronominal es aquel que se construye obligatoriamente con un pronombre. Hay verbos exclusivamente pronominales (*arrepentirse, fugarse*) (Alonso Marcos 1986: 158). Otros adoptan determinados matices significativos o expresivos según se utilicen o no con un pronombre (*irse, caerse, morirse*, etc.). En muchos casos, estos verbos pronominales mantienen una diferencia sintáctica o semántica con los mismos verbos no pronominales también intransitivos formando parejas como *cansar/cansarse, ir/irse, marchar/marcharse, morir/morirse, ocurrir/ocurrirse, preocupar/preocuparse, quedar/quedarse, reír/reírse, salir/salirse*, etc. Cotéjense las siguientes oraciones donde los ejemplos de la columna derecha presentan un verbo pronominal.

(22) a. *Juan no va a clase hoy.* *Juan no **se va** de su casa hoy.*
 b. *El escritor murió joven.* *El escritor **se murió** de un infarto.*
 c. *¿Qué le ocurrió a Isa?* *No **se me ocurre** nada.*
 d. *Quedó con su amiga a las tres.* *Ana **se quedó** helada de frío.*
 e. *Los loros hicieron reír a los niños.* *Los niños **se rieron** de los loros.*
 f. *Sara salió tarde del trabajo.* *La leche **se salió** del vaso.*

Además pueden ir emparejados con verbos transitivos como *acordar/ acordarse, alegrar/alegrarse, cargar/cargarse, cubrir/cubrirse, curar/curarse, despedir/despedirse, fiar/fiarse, fijar/fijarse, hacer/hacerse, llenar/llenarse, mover/moverse, negar/negarse, poner/ponerse, ocupar/ocuparse, olvidar/olvidarse, romper/romperse, sentar/sentarse, tomar/tormarse*, etc. En estos casos el verbo transitivo ofrece una alternancia pronominal que cambia la estructura sintáctica. Compárense en 23 los siguientes ejemplos donde la columna de la izquierda presenta el verbo transitivo con su complemento directo y el de la izquierda el correspondiente verbo pronominal intransitivo subrayado.

(23) a. *Acordaron vender la compañía.* *No **se acordaron** de la reunión.*
(= *Lo acordaron, lo* = CD).
b. *Despidieron a los trabajadores.* ***Se despidió** de sus amigos antes de su viaje.*
(= *Los despidieron, los* = CD).
c. *Mi madre hizo café.* *Mi madre **se hizo** médica a los treinta años.*
(= *Lo hizo, lo* = CD).
d. *El gato puso un pie en la caja.* *El gato **se puso** nervioso en la bañera.*
(= *Lo puso, lo* = CD).
e. *El ejército ocupó la ciudad.* *El alcalde **se ocupó** de la ciudad.*
(= *La ocupó, la* = CD). (= *Se ocupó de ella*). (Alarcos 1994).
f. *Mis vecinos olvidaron la llave.* ***Se olvidaron** de la llave.*
(= *La olvidaron, la* = CD).
g. *Ana sentó a su hija en la bici.* *Ana **se sentó** en la silla verde.*
(= *La sentó, la* = CD).

En muchos casos estos verbos pronominales indican movimiento (*bajarse, cubrirse, encogerse, escaparse, marcharse, morirse, moverse, ponerse, precipitarse, salirse, sentarse, subirse, suicidarse, venirse...*) o un matiz mental y afectivo (*acordarse, alegrarse, avergonzarse, burlarse, decidirse, empeñarse, enojarse, figurarse, fijarse, imaginarse, olvidarse, quejarse, serenarse, suponerse,* etc.). Para una lista más completa de estos verbos véase el anexo II.

Podemos afirmar que los verbos reflexivos son todos pronominales pues necesitan ir acompañados de un pronombre (*me, te, se, nos, os*) pero no todos los pronominales son reflexivos (véase la figura 4.2). Según Gómez Torrego el verbo con valor reflexivo no es un verbo pronominal, sino un verbo transitivo con el que los pronombres átonos actúan como objeto

Cuestiones de interés, estilística y gramaticalidad

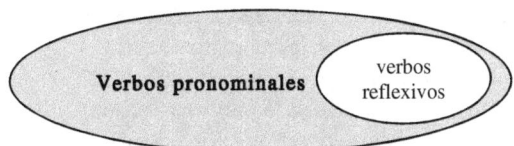

Figura 4.2. Los verbos reflexivos se consideran verbos pronominales pero no todos los verbos pronominales son reflexivos

directo o indirecto (1991: 89). Es decir, los verbos reflexivos, todos transitivos, van acompañados siempre por un complemento directo mientras que los pronominales no son transitivos porque nunca llevan complemento directo.

Desde una perspectiva diacrónica y considerando los orígenes del *se*, parece cierto que el valor primitivo del *se* fue el reflexivo y que de él surgieron todos los demás (Cano Aguilar 1987: 256). No obstante, hoy en día y partiendo de todos los valores sintácticos del *se* actual, no podemos afirmar que el reflexivo sea el valor primario del *se*.

4.2.4.3 El *se* llamado *accidental* en los manuales de español como segunda lengua

A menudo en los libros o textos de aprendizaje de español como segunda lengua se enseña el *se* morfema verbal de los verbos pronominales como un *se accidental* para facilitar el aprendizaje de esta construcción. En realidad, esta denominación no obedece a ningún funcionamiento gramatical sino más bien al valor semántico, ya que indica un accidente fortuito, algo que pasó accidentalmente. A veces, su uso se debe a la intención de eludir la responsabilidad o la agentividad de la persona implicada en la acción. La oración *se me rompió la taza* induce a pensar que no fue mi culpa, no fui yo quien la rompió sino que la taza se rompió por sí sola. Otras veces, implica que algo le pasó a alguien que se ve afectado por la acción verbal, sea esta accidental o no, como en *se nos quedó el gato afuera*. Este *se accidental* no tiene función sintáctica. Se suele utilizar con verbos como *acabarse, caerse, echarse a perder, escaparse, ocurrirse, olvidarse, perderse, quedarse, romperse, soltarse, morirse,* etc. Véanse los siguientes ejemplos en 24.

(24) a. *Al profesor* **se** *le acabó la paciencia.* (*Se* morfema verbal).
   b. **Se** *me cayó el vaso de leche.* (*Se* morfema verbal).
   c. *A Ana* **se** *le escapó el perro.* (*Se* morfema verbal).
   d. **Se** *te ocurrió una buena idea.* (*Se* morfema verbal).
   e. *Los deberes* **se** *me olvidaron en casa.* (*Se* morfema verbal).
   f. **Se** *nos perdieron las llaves.* (*Se* morfema verbal).
   g. *Al perro* **se** *le soltó la correa.* (*Se* morfema verbal).
   h. **Se** *me murió la gatita.* (*Se* morfema verbal).

Este *se accidental* morfema verbal no debe confundirse con un *se* reflexivo ni con un *se* dativo de interés, los cuales cumplen una función sintáctica específica en la oración: complementos directo e indirecto para el *se* reflexivo (por ejemplo: *se afeita* CD o *se afeita la barba* CI) e indirecto para el *se* dativo de interés (*se comió toda la paella*) respectivamente.

4.3 Valores de *que*

Esta palabra es una de las más usadas en español y, por tanto, presenta una gran variedad de usos y funciones. En esta sección analizamos los valores principales de *que* como pronombre, determinante, adverbio y conjunción, tanto cuando *que* va escrito con tilde y sin tilde.

4.3.1 El que pronominal relativo, sin tilde

Este *que* se utiliza como un pronombre relativo en las oraciones subordinadas adjetivas o relativas. En estos casos va sin tilde y se refiere a otro nombre o elemento de la oración que lo antecede (antecedente). Este *que* siempre sigue a su antecedente, la palabra a la cual se refiere. Por ser un pronombre desempeña una función sintáctica propia de un nombre (sujeto, complemento directo, etc.) en la oración subordinada adjetiva. Como tal, puede ir precedido del artículo definido (*el, la/s, lo/s*) cuando va sustantivado y su antecedente es el mismo artículo. En 25 se pueden ver varios ejemplos con el pronombre relativo subrayado.

(25) a. *Este libro **que** me compré no me vale para la clase.* (*Que* = CD de *compré*).
b. *El edificio **que** visitamos lo construyó Gaudí.* (*Que* = CD de *visitamos*).
c. *La bufanda **que** está allí es la mía.* (*Que* = Suj de *está*).
d. *La lluvia **que** ha caído beneficiará la agricultura.* (*Que* = Suj de *ha caído*).
e. *El **que** llegue antes reservará los asientos.* (*El que* = Suj de *llegue*).
f. *El doctor verá a los **que** pidieron cita.* (*Los que* = Suj de *pidieron*).
g. *Tengo dos perros de los **que** se ocupa mi hijo.* (*Los que* = CReg de *se ocupa*).

4.3.2 El qué pronominal, determinante y adverbial, con tilde

También tenemos un *que* pronominal en las preguntas (tanto directas como indirectas) y exclamaciones con acento diacrítico distinguidor. En estas oraciones se escribe con tilde y no va acompañando a ningún sustantivo ya que él mismo funciona como pronombre; véanse ejemplos en 26.

(26) a. *¿**Qué** quieres comer?* (*Qué* = CD de *comer*).
b. *Dime **qué** te pasa.* (*Qué* = Suj de *pasa*).
c. *No se sabe **qué** ocurrió.* (*Qué* = Suj de *ocurrir*).
d. *¡**Qué** le vamos a hacer!* (*Qué* = CD de *hacer*).
e. *¡**Qué** me vas a decir! Llevo trabajando con ellos 20 años.* (*Qué* = CD de *decir*).

En las oraciones interrogativas y exclamativas cuando acompaña a un sustantivo funciona como determinante de ese sustantivo. También lleva tilde en estos casos.

(27) a. *¿**Qué** novela prefieres?* (*Qué* = Det. de *novela*).
b. *¡**Qué** noche más hermosa!* (*Qué* = Det. de *noche*).
c. *¡**Qué** suerte tienes!* (*Qué* = Det. de *suerte*).
d. *¡**Qué** casa más grande!* (*Qué* = Det. de *casa*).

Cuando este *qué* exclamativo va con un adjetivo o un adverbio, funciona como un adverbio intensificador de valor ponderativo, equivalente a *cuán, muy, todo lo*. También lleva tilde.

(28) a. *¡**Qué** lista es esta niña!* (*Qué* = adverbio, *muy lista*).
b. *¡**Qué** guapa (que) eres!* (*Qué$_1$* = adverbio, *muy guapa, que$_2$* = conj.).
c. *¡**Qué** bien se está aquí!* (*Qué* = adverbio, *muy bien*).
d. *¡**Qué** mal me cae Luis!* (*Qué* = adverbio, *muy mal*).

4.3.3 El *que* conjunción, sin tilde

Con el valor de conjunción o nexo, *que* ha adquirido múltiples valores hasta convertirse en la conjunción más usada en la mayoría de las relaciones oracionales y como componente de locuciones conjuntivas y perífrasis verbales. Así, es la conjunción introductoria de oraciones subordinadas sustantivas como en *no creo que venga*; *(deseo) que te mejores*; en perífrasis verbales como en *hay que ser responsable*; *tienes que estudiar más*. También aparece en oraciones coordinadas como nexo copulativo, *dale que dale* (= *dale y dale*); nexo distributivo, *que vayas, que no vayas, no cambiará la situación* (= *vayas o no vayas*); nexo disyuntivo, *quieras que no, asistiré* (= *quieras o no*); nexo adversativo, *no trabaja, que estudia* (= *sino que estudia*), y nexo concesivo, *me hizo llorar a mí, que no soy muy llorón* (= *aunque no soy*).

En las oraciones subordinadas adverbiales puede introducir la claúsula dependiente causal, comparativa, consecutiva y final. Compárense los siguientes ejemplos de 29.

(29) a. *No me llames,* **que** *tengo el teléfono estropeado.* (Nexo casual, *porque tengo*).
b. *El examen fue menos difícil* **que** *los deberes de clase.* (Nexo comparativo).
c. *Mi amigo tiene más canas* **que** *yo.* (Nexo comparativo).
d. *Juan es tan alto* **que** *no cabe por esa puerta.* (Nexo consecutivo).
e. *Mi amiga habla tanto* **que** *cansa a la gente.* (Nexo consecutivo).
f. *Llovió tanto* **que** *se inundó el patio.* (Nexo consecutivo).

También como conjunción, existe un *que* expletivo que introduce elementos expresivos en el discurso, como si fuera un intensificador o un refuerzo. No aporta ningún valor sintáctico relacionante, ya que no se trata de un nexo. Su valor es puramente expresivo. Su uso es frecuente en la lengua coloquial: véanse algunos ejemplos en 30.

(30) a. ***Que** sí, hombre,* ***que** sí.*
b. ***Que** te van a dar.*
c. ***Que** no,* ***que** no.*
d. ***Que** va,* ***que** va.*

Cuestiones de interés, estilística y gramaticalidad

Otro valor como conjunción es el *que* desiderativo y exhortativo que puede expresar deseo u orden respectivamente. En realidad no tiene una función sintáctica. Introduce una oración simple desiderativa o exhortativa, cuyo verbo va en subjuntivo. Compárense los ejemplos de 31.

(31) a. *Que tengas suerte, Ana.*
b. *Que te diviertas.*
c. *Que te mejores.*
d. *Que cumplas muchos más.*

Por último, como conjunción aparece en otros contextos como en perífrasis verbales de obligación, acompañando al verbo auxiliar como *tener que*, *haber que*; como equivalente a las conjunciones *y*, *o* en expresiones coloquiales *dale que dale* (*dale y dale*), *erre que erre* (*erre y erre*), *quieras que no* (*quieras o no*). Además *que* puede agruparse con otras palabras para formar una locución como *a que, a fin de que, antes de que, a pesar de que, con el fin de que, de modo que, después de que, el hecho de que, luego que, mientras que, para que, puesto que, siempre que,* etc. Se analizan sintácticamente como nexos ya que unen la proposición principal con la subordinada.

A continuación en la figura 4.3 pueden apreciarse todos los valores del *que* resumidos.

4.4 Formas no personales del verbo y su funcionalidad

Las formas no personales del verbo son tres: el infinitivo, el gerundio y el participio (por ejemplo, *estudiar, estudiando* y *estudiado* respectivamente). Se llaman no personales porque no están conjugadas en ninguna persona y, por lo tanto, no indican un sujeto o agente de la acción verbal. El contexto indica de qué persona o sujeto se trata.

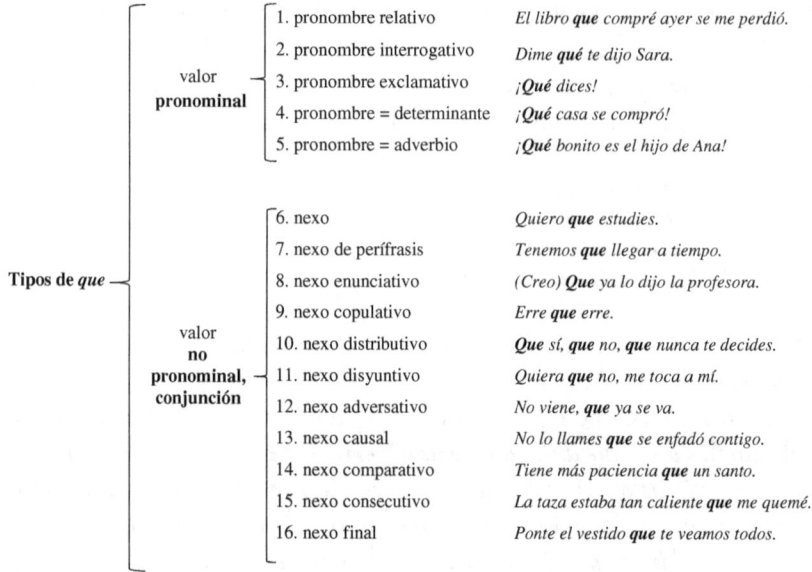

Figura 4.3. Resumen de los tipos y valores del *que*

A) El infinitivo

El infinitivo es una forma verbal que, además de funcionar como verbo puede funcionar como un nombre. Los infinitivos terminan en *-ar* en los verbos de la primera conjugación (por ejemplo, *amar*), en *-er* los de la segunda (*leer*) y en *-ir* los de la tercera (*vivir*). En los ejemplos *el saber no ocupa lugar* o *el comer sano ayuda con la diabetes*, *el saber* y *el comer* equivalen a los sustantivos *la sabiduría* y *la comida*, e incluso van acompañados por el determinante artículo definido como cualquier otro sustantivo. Este artículo va siempre en masculino (*el*). Cuando este uso se hace frecuente, el infinitivo pasa a ser un verdadero sustantivo (*el anochecer, el amanecer, el poder*), aceptando el plural como en *los andares, los deberes, los cantares, los poderes, los saberes, los seres*, etc.

El infinitivo también puede actuar como un verbo en perífrasis verbales como *tener que* o *ir a* más infinitivo, *Ana tiene que estudiar, Enzo va a pasear el perro*. Por otro lado, además puede constituir una claúsula subordinada como en *no sé qué decir, quiero visitarte pronto, decidió no estudiar en la universidad, me gusta comer despacio*. El infinitivo puede ser simple (*amar*) o compuesto (*haber amado*). Véanse algunos ejemplos de todos estos valores a continuación en 32.

(32) a. *El **ir** y **venir** de la gente* en la plaza me distrae. (Sustantivo).
b. *No dormí nada por el **ladrar** continuo de los perros.* (Sustantivo).
c. *Mi hermana debe **dejar** de **fumar**.* (Perífrasis verbal).
d. *No he podido **reservar** mi vuelo.* (Perífrasis verbal).
e. *No suelo **tomar** café después de las 3 de la tarde.* (Perífrasis verbal).
f. *Me encanta **vivir** en las afueras.* (Subordinación).
g. *Dedica poco tiempo a **estudiar**.* (Subordinación).
h. *Te llamaré por teléfono antes de **salir** del aeropuerto.* (Subordinación).
i. ***Hacer** ejercicio ayuda a la circulación sanguínea.* (Subordinación).
j. *Es mejor **haber amado** y **haber perdido** que jamás **haber amado**.* (Subordinación).

B) EL GERUNDIO

El gerundio es otra forma no personal del verbo, por lo que no indica sujeto o persona agente de la acción verbal. Se forma con la desinencia *-ando* en lo verbos de la primera conjugación (*amar~amando*) y con *-iendo* en los de la segunda y tercera conjugación (*leer~leyendo, vivir~viviendo*). Denota un estado durativo de la acción. Los gerundios pueden funcionar como adverbios con la función de complementos circunstanciales indicando tiempo, modo, causa, condición, concesión e instrumento, introduciendo subordinadas adverbiales. En estos casos, se puede sustituir por un adverbio equivalente. Además puede tener un valor relativo introduciendo una subordinada adjetiva como en *había tres niños lavando coches en la calle*, es decir, *tres niños que lavaban coches*.

Como el infinitivo, también tiene un valor verbal en las perífrasis donde incluso puede llevar complementos (CD, CI, CC) como en *sigue leyendo el ejercicio*; *va escuchando música* (donde *el ejercicio* y *música* son CD). Igualmente podemos tener un gerundio simple (*amando*) y uno compuesto (*habiendo amado*). El gerundio debe colocarse lo más cerca posible al elemento al cual se refiere ya que puede cambiar el significado: no es lo mismo decir "*vi a Ana paseando en el parque*" frente a "*paseando en el parque vi a Ana"*, siendo Ana la que pasea en el primer caso y yo en el segundo. Si el gerundio se usa de forma independiente, es decir, si no se refiere a ningún nombre de la oración principal, su sujeto debe posponerse, por ejemplo, se dice *brillando la luna, se iluminó el lago*, en lugar de **la luna brillando*.

El uso del gerundio viene determinado por la simultaneidad o inmediatez con respecto a la acción del verbo principal; no se puede usar el gerundio cuando indica una acción posterior a la del verbo principal; así no resulta gramatical decir **empecé la carrera a los 18, terminando cuatro años después* sino *empecé la carrera a los 18 y la terminé cuatro años después*. Otro uso incorrecto del gerundio se da cuando se usa como un adjetivo de un complemento (sea sujeto, CD u otros complementos); por ejemplo decir **se aprobó la ley persiguiendo el contrabando* por *se aprobó la ley que perseguía el contrabando*; **buscan un editor, dominando tres idiomas* por *buscan un editor que domine...*; **pasó por la calle lindando con el bosque* por *pasó por la calle que lindaba con el bosque*. Compárense los siguientes ejemplos de gerundios en 33.

(33) a. Lleva **nevando** *10 días seguidos*. (Perífrasis).
 b. *Sara está* **paseando** *al perro en estos momentos*. (Perífrasis).
 c. *Esta mañana Rosa se quedó* **durmiendo** *hasta las 11*. (Perífrasis).
 d. *Viene* **llorando** *porque el perro le arañó*. (Perífrasis).
 e. **Saliendo** *del garage, casi atropello al gato*. (Subordinación adverbial : tiempo).
 f. *Gana poco* **traduciendo** *para esa editorial*. (Subordinación adverbial: modo).
 g. **Estudiando** *tan poco, no aprobará el examen*. (Subordinación adverbial: causa).
 h. **Practicando** *más, llegarás a hablar ruso*. (Subordinación adverbial: condición).

C) EL PARTICIPIO

El participio es otra de las formas no personales del verbo. Actúa como un adjetivo y cuando lo hace concuerda en género y número con el sustantivo al cual acompaña o hace referencia (*libros editados, mujer leída, niñas maltratadas*). Como el adjetivo, el participio puede aparecer sustantivado con el artículo con tres posibilidades, femenino, masculino y neutro como, por ejemplo, en *el citado, la citada, lo citado*. A diferencia del infinitivo y del gerundio, el participio solo tiene una forma simple (por ejemplo, *amado, leído, vivido*).

Las terminaciones regulares de participio son *-ado* para los verbos de la primera conjugación e *-ido* para los de la segunda y tercera. Los participios irregulares pueden acabar en *-cho, -(s)to, -so*, como en *dicho, hecho, abierto, escrito, frito, roto, provisto, puesto, visto, diverso, expreso, inverso*, etc. Aquellos verbos con dos participios, uno regular y otro irregular, tienden a usar la forma regular para las formas verbales compuestas y la voz pasiva (*he imprimido, fue fijado*) mientras que el irregular se prefiere para los adjetivos y sustantivos lexicalizados (*están impresas, está fijo, sardinitas fritas, el converso, un corrupto, el preso, un sustituto, un tinto de verano*, etc.). La RAE aclara que ambos participios puedan utilizarse indistintamente tanto para la formación de tiempos compuestos como para la pasiva perifrástica, por ejemplo, *se han imprimido/impreso los carteles* y *esta obra ha sido imprimida/impresa*. En estos casos, el español americano tiende a preferir más la forma irregular. En cambio, con función adjetiva, se prefiere el empleo de la forma irregular en todo el ámbito hispánico (por ejemplo, *la imagen ya está impresa, la información provista*).

No deben confundirse estos dobles participios con los muchos adjetivos modernos procedentes de participios latinos (*atento, confuso, contracto, converso, correcto, tinto*, etc.) que hoy solo funcionan como adjetivos y no pueden usarse en las formas verbales compuestas ni en la voz pasiva. Es decir, no se dice **ha contracto matrimonio* sino *ha contraído matrimonio*; no es gramatical **mi respuesta es correcta por el profesor* sino *mi respuesta es corregida por el profesor*; *estate atento* y no **estate atendido*.

El participio, por lo tanto, funciona con dos valores bien definidos: como adjetivo con variación de género, número y grado concordando con el sustantivo, y como verbo, de forma invariable, en los tiempos verbales compuestos (*he vuelto, has hecho, había leído, hemos roto*). En las perífrasis también varía de género y número (*anda callado, están dormidos, lleva puesto, siguen absueltos, viene dormida*). Cuando el participio funciona como un verbo admite complementos como tal. Véanse algunos ejemplos en 34 con el participio marcado.

(34) a. *Mi esposo dejó **preparada** la cena.* (Perífrasis).
 b. *La iglesia fue **restaurada** el año pasado.* (Perífrasis).
 c. *El museo ha **sido visitado** por millones de turistas en el 2024.* (Perífrasis).
 d. *La casa quedó **destruida** después del incendio.* (Perífrasis).

e. Las futbolistas **seleccionadas**, jugarán en la final. (Adjetivo).
f. **Terminada** la clase, se fueron todos. (Adjetivo).
g. Te regalo este poema **dedicado** al amor. (Adjetivo).
h. Los huevos están **fritos**. (Adjetivo).
i. Para desayunar, he **freído** huevos. (Perífrasis).

4.5 Cuestiones de corrección lingüística

Con frecuencia encontramos incorrecciones gramaticales en el habla de los hablantes nativos (y no nativos) en el uso diario de nuestra lengua. Estas incorrecciones se interpretan como tales según el modelo normativo de corrección lingüística que se ha impuesto por los hablantes cultos, lingüistas y gramáticos, quienes interpretan la lengua como un producto final oficializado común a muchos países de habla hispana. La Real Academia Española se erige como referencia estándar para discernir el uso incorrecto. De todas formas, en lingüística, la incorrección o corrección se considera subjetiva, ya que lo importante estriba en el papel de la lengua como vehículo de comunicación. Decir expresiones como *andó, *condució, *haiga, *me se cayó, *habían muchas personas sirve y resulta válido para los hablantes que las usan, no obstante, otros usuarios de la lengua las consideran inadecuadas por no seguir la norma culta y estandarizada. Por lo que la corrección viene determinada por criterios sociales, culturales, políticos, personales y de grupo que nada tienen que ver con cuestiones lógicas o científicas.

Por otro lado los patrones de corrección o incorrección no se han establecido con fijeza a lo largo de los siglos sino que presentan variaciones diacrónicas, regionales y locales. Por ejemplo lo que hoy es incorrecto *la arte, *el arena, fue correcto en el español medieval. Del mismo modo denominaciones como *Los Lorca, Los Piñedo, Los Vega*, en épocas anteriores concordaban en plural *Los Lorcas, *Los Piñedos, *Los Vegas, lo cual resulta incorrecto en el español moderno. Asimismo, encontramos diferencias dialectales, por ejemplo, expresiones con distinta acentuación que se aceptan en el español americano (*cardíaco, amoníaco, vídeo*) pero se rechazan en España (*cardiaco, amoniaco, vídeo*).

Cuestiones de interés, estilística y gramaticalidad

Teniendo todo esto en cuenta, y al margen de lo que estipulen como correcto o incorrecto los académicos o interlocutores intransigentes, creemos que los hablantes pueden hablar sin incorrecciones por motivos de superación personal, por cuestiones de educación y buenos modales y por razones sociales para integrarse en la cultura correspondiente sin estigmas ni señalamientos a su nivel cultural y educativo. Sobre todo a nivel escrito, se espera cierta propiedad de corrección para que se entienda bien el mensaje y no se tache al autor de inculto.

A continuación señalamos algunos de los usos incorrectos más frecuentes que se dan en el uso diario de la lengua desde un punto de vista morfosintáctico. No se pretende dar una lista exhaustiva sino indicar algunos de los errores más representativos y habituales, seguidos de la forma normativa y corregida.

4.5.1 Verbos en plural en construcciones impersonales

En las construcciones impersonales con *haber* y *hacer* solo se usa el verbo en la tercera persona singular, no se dice **habían personas* o **hacen siglos* sino *había personas* o *hace siglos*. Cuando el verbo *haber* se emplea para denotar la mera presencia o existencia de personas o cosas, funciona como impersonal. En estos casos, el elemento nominal que acompaña al verbo no es el sujeto sino el complemento directo (los verbos impersonales carecen de sujeto). Por lo tanto, es agramatical poner el verbo en plural cuando el elemento nominal se refiere a varias personas o cosas, ya que la concordancia del verbo la determina el sujeto, nunca el complemento directo. Así en ejemplos como **habían muchas personas en la clase*, **han habido pocas quejas* o **hacen años que no te veo* son incorrectas y debe decirse: *había muchas personas en la clase, ha habido pocas quejas* y *hace años que no te veo*.

En la misma línea de usar el verbo en plural cuando no le corresponde por razones de concordancia, tenemos ejemplos del español popular o coloquial con otros verbos como **váyansen todos de aquí* con doble desinencia de pluralidad en lugar de *váyanse de aquí*; **me preocupan los exámenes que puedan hacer este curso* por *me preocupan los exámenes* *que pueda hacer este curso*; **se estaban intentando abrir las puertas* por *se estaba intentando abrir las puertas*; los dos últimos ejemplos con una estructura impersonal.

4.5.2 Sustantivos femeninos con artículo masculino el

Ante nombres femeninos que empiezan por *a* tónica (lleve o no tilde) se usa solamente el artículo masculino *el*. Cuando esos sustantivos van acompañados por adjetivos, por concordancia, el adjetivo va también en femenino, es decir **este agua, * ese águila, *aquel aula, *un alma, *mucho hambre* son incorrectos; debe usarse *esta agua, esa águila, aquella aula, una alma, mucha hambre*. Para el plural se usa el artículo plural femenino ya que se trata de palabras femeninas: *las aguas, las águilas, las aulas, las almas*. Consecuentemente van seguidas de adjetivos femeninos: *el agua clara, aquella aula pequeña, esa águila negra, esta hacha afilada, una alma piadosa, hambre canina*, etc.

Es importante recalcar que la *a* inicial tiene que llevar el acento de intensidad ya que existen muchas otras palabras que empiezan por *a* no tónica que, por lo tanto, no siguen esta regla del artículo *el*: *la aceituna, la acción, la alacena, la almena, las alpargatas, la amiga, la amapola, la ampolla, la anaconda, la anestesia, la ardilla, la harina, la asamblea, la asociación, la avispa*, etc.

4.5.3 Dequeísmo y queísmo

DEQUEÍSMO

A menudo se producen incorrecciones por insertar una preposición innecesaria, frecuentemente *de* (de ahí la denominación *dequeísmo*) o, al contrario, por eliminar una preposición requerida (*queísmo*).

El dequeísmo consiste en el uso indebido de la preposición *de* delante de la conjunción *que* cuando la preposición no viene exigida por ninguna palabra del enunciado (RAE 2005). Es un error bastante común y generalizado ya que puede ocurrir en varios contextos, por ejemplo, en *le preocupa de que fumes, *es seguro de que no viene, *he oído de que te casas, *mi intención es de que todos participemos, *insistió de que nos sentáramos, cuando debería decirse: *le preocupa que fumes, es seguro que no viene, he oído que te casas, mi intención es que todos participemos, insistió en que nos sentáramos.

¿Cuándo suele ocurrir el dequeísmo? La RAE menciona cinco casos en los que aparece este fallo gramatical. El primer caso es cuando la preposición *de* se antepone a una claúsula subordinada sustantiva de sujeto como *me alegra de que vengas*, cuando debería ser *me alegra que vengas*; *me preocupa de que llegues tarde* por *me preocupa que llegues tarde*. El sujeto no puede ir encabezado por una preposición, por lo tanto, esta estructura es agramatical. Sin embargo, algunos de estos verbos cuando se usan de forma pronominal (*alegrarse, preocuparse*, etc.,) sí necesitan la preposición *de* como en *me alegro de que se sacara buenas notas, me preocupo de que no comas bien*; en estos ejemplos el sujeto de *alegrarse* es *yo* y no la claúsula subordinada.

El segundo caso, similar al primero, ocurre cuando se antepone *de* a una claúsula subordinada de complemento directo cuando el verbo principal indica pensamiento (*pensar, opinar, creer, considerar*), de habla (*decir, comunicar, exponer*), de temor (*temer*) y de percepción (*ver, oír*, etc.) (RAE 2005). El complemento directo nunca va pospuesto a la preposición *de*, por lo tanto, expresiones como *pienso de que subirán la matrícula, *dijo de que venderían la casa, *temo de que algo le haya pasado* son incorrectas; lo correcto sería *pienso que subirán la matrícula, dijo que venderían la casa, temo que algo le haya pasado*.

El tercer contexto en el que aparece el dequeísmo es cuando la preposición *de* se antepone a una claúsula subordinada de atributivo en oraciones copulativas con *ser*, por ejemplo, es erróneo decir *Mi meta es de acabar los estudios en dos años* por *mi meta es acabar los estudios en dos años*. El atributo no puede llevar ninguna preposición por lo que esta estructura es agramatical.

Otro caso de dequeísmo consiste en insertar *de* en locuciones conjuntivas que no la llevan, ni la necesitan como *a no ser que, a medida que* o *una vez que*. No deberíamos decir *a no ser de que, *a medida de que o *una vez de que*.

El quinto caso de dequeísmo es cuando se usa la preposición *de* en lugar de la que realmente exige el verbo; por ejemplo, es incorrecto decir **insistió de que comieras más* por *insistió en que comieras más*, **me fijé de que no llevaba corbata* por *me fijé en que no llevaba corbata*.

Si hay dudas sobre usar *de que* o solo *que*, la RAE (2005) propone un truco: transformar la oración en una pregunta. Si en la interrogación se necesita la preposición, entonces también se requiere en el enunciado declarativo. Así, en el ejemplo, *¿de qué estás seguro? Estoy seguro de que lloverá mañana*, es correcto usar *de que*. *El agricultor se preocupa de que no llueva*, se convertiría en la pregunta *¿de qué se preocupa el agricultor?*; mientras que *te preocupa que no llueva* respondería a *¿qué te preocupa?*

Por otro lado, el dequeísmo puede afectar a otros verbos que pueden o no llevar la preposición *de* según su significado y la estructura gramatical, por ejemplo, algunos de estos verbos se explican a continuación.

- *Advertir* (algo) a alguien y *advertir de* algo (a alguien). Cuando significa 'darse cuenta (de algo)', 'reparar (en algo)' o 'aconsejar algo (a alguien)' no lleva la preposición *de*, por ejemplo, *le advirtió que no invirtiera en esa compañía*. Con el significado de 'poner (algo) en conocimiento de alguien' puede ir con *de*, *Luisa advirtió a Juan del acoso que sufría*.
- *Avisar* (algo) a alguien y *avisar de* algo (a alguien). Con el sentido de 'advertir o hacer saber algo a alguien', puede construirse con o sin *de*, por ejemplo, *avisaron al embajador de la llegada del presidente, te aviso que me estoy cansando de tus impertinencias* (RAE 2005).
- *Cuidar* (algo o a alguien) y *cuidar de* algo (o alguien). En las dos construcciones, el verbo indica 'estar a cargo de alguien o algo para que no sufra daño', sin embargo, la primera funciona transitivamente: *la mayor cuida a sus hermanos pequeños* (complemento directo: *a sus hermanos pequeños*). La segunda construcción es intransitiva: *la mayor cuida de sus hermanos pequeños* (sin complemento directo). Cuando el verbo funciona como pronominal, *cuidarse*, 'mirar por la propia salud' o 'protegerse de alguien o algo' siempre va acompañado de *de* como en *cuídate de ese tipo, cuídese de ese resfriado*.

- *Dudar* (algo) y *dudar de* algo. Con el significado de 'tener dudas' o 'desconfiar' puede usarse de forma transitiva, *dudo que llegue a tiempo*, o intransitiva, *dudo de su honestidad*. En el caso de que *dudar* vaya seguido de una claúsula subordinada, se aceptan como correctas las dos estructuras: *dudo que haya dicho la verdad* o *dudo de que haya dicho la verdad* (RAE 2005). El verbo *dudar* también puede ir seguido de las preposiciones *en* y *entre*: *no dudes en llamarme, dudo entre ir o no ir*.
- *Informar* (algo) a alguien en América e *informar de* algo (a alguien) en España. Con el sentido de 'hacer saber algo a alguien' puede funcionar de forma transitiva o intransitiva. La construcción transitiva es la más habitual en la mayor parte del español americano: *informó que llegaría tarde, informó la novedad a sus superiores* (con complementos directos *que llegaría tarde* y *la novedad* respectivamente). En cambio, el régimen intransitivo, con *de*, resulta propio de la lengua culta de España y se da también entre hablantes cultos de América: *informó de su marcha a sus superiores, informó a sus superiores de que llegaría tarde*. Como verbo pronominal, *informarse*, lleva siempre un complemento con *de* o *sobre*: *me informé de quién eras, se informó sobre su vecino*.

QUEÍSMO

Por otra parte, el queísmo consiste en la supresión indebida de una preposición, normalmente *de*, delante de la conjunción *que* cuando se requiere en ese contexto. Por ejemplo, no es normativo o gramatical decir: **me olvidé que tenía que llamar al médico, *no me acordé que hoy era tu cumpleaños, *la convencí que te llamara, *tengo ganas que llueva*, etc., sin embargo, estas estructuras resultan comunes hoy en día. Deben usarse con la preposición *de*: *me olvidé **de** que tenía que llamar al médico, no me acordé **de** que hoy era tu cumpleaños, la convencí **de** que te llamara, tengo ganas **de** que llueva*.

Según la RAE (2005) no debe suprimirse la preposición con verbos pronominales que rigen una preposición y que van seguidos de un complemento de régimen como *acordarse de, alegrarse de, arrepentirse de, fijarse en, olvidarse de, preocuparse de* o *por* algo, etc. Tampoco con los verbos no pronominales que se construyen con un complemento de régimen como *confiar en, convencer de, insistir en, tratar de*; por ejemplo, *confío en que conseguirás el trabajo* y no **confío que conseguirás el trabajo, trato **de** que estés a gusto* y no **trato que estés a gusto*.

Asimismo, tampoco debe eliminarse la preposición con sustantivos, adjetivos o locuciones que requieran esa construcción; por ejemplo, con expresiones como *con condición de que, ganas de que, deseos de que* con un sustantivo; *convencido de que, seguro de que* con un adjetivo; *a pesar de que, a fin de que, a condición de que, en caso de que*, etc., con locuciones. Por lo tanto, no debe decirse **el estrés puede causar dolor físico hasta el punto que la persona enferme de gravedad* sino *hasta el punto **de** que la persona enferme de gravedad*; tampoco **estoy segura que llegarás lejos* sino *estoy segura **de** que llegarás lejos*.

No deben confundirse las locuciones *caer en la cuenta de* y *darse cuenta de* que sí exigen *de*; en cambio, *tener en cuenta* no exige la preposición por lo que es incorrecto decir **no tiene en cuenta de que nos esforzamos* por *no tiene en cuenta que nos esforzamos*.

Tampoco se aconseja prescindir de la preposición *de* con las expresiones formadas por el verbo *dar* con algunos sustantivos abstractos que designan sentimiento como *apuro, coraje, miedo, pena, rabia, risa, vergüenza*, etc., las cuales suelen ir seguidas de oraciones con un infinitivo o con una subordinada, por ejemplo, *este olor da ganas **de** comer, me da pena **de** habértelo dicho, me dio coraje **de** que te fueras sin avisar, no me da la gana **de** que se siente aquí*. Se recomienda corregir **nos da miedo que pierda su trabajo*, por *nos da miedo **de** que pierda su trabajo, *me da pena que te vayas* por *me da pena de que te vayas*. No obstante, en estas expresiones con *dar*, el uso sin *de* está tan extendido que la RAE en el *Diccionario panhispánico* (2005) esclarece que cuando la causa del sentimiento se expresa mediante una oración, esta puede ir o no precedida de *de* como en *nos da rabia verte en ese estado* o *nos da rabia **de** verte en ese estado, le da vergüenza que lo vean así* e igualmente *le da vergüenza **de** que lo vean así*. Por otro lado, estas mismas expresiones con un sustantivo no requieren de la preposición *de*: *me da miedo tu perro, le dio risa el chiste*, a excepción de *pena* que admite las dos formas, *me da pena tu hermano* y *me da pena de tu hermano* (RAE 2005).

Cuestiones de interés, estilística y gramaticalidad

A continuación, en 35, véanse algunos ejemplos de alternancia entre la estructura normativa y la queísta extraídos de RAE-ASALE (2009). La primera variante representa la opción mayoritaria y recomendada por la RAE, la segunda recoge el queísmo.

(35) Opción mayoritaria y recomendada uso queísta
  *a. Acordarse **de** que...* *acordarse que...*
  *b. Caber duda **de** que...* *caber duda que...*
  *c. Confiar **en** que...* *confiar que...*
  *d. Darse cuenta **de** que...* *darse cuenta que...*
  *e. Dar la casualidad **de** que...* *dar la casualidad que...*
  *f. Dar la impresión **de** que...* *dar la impresión que...*
  *g. Estar convencido **de** que...* *estar convencido que...*
  *h. Estar de acuerdo **con** que...* *estar de acuerdo que...*
  *i. Estar seguro **de** que...* *estar seguro que...*
  *j. Insistir **en** que...* *insistir que...*
  *k. Olvidarse **de** que...* *olvidarse que...*
  *l. Ser consciente **de** que...* *ser consciente que...*
  *m. Tomar conciencia **de** que...* *tomar conciencia que...*
  *n. Tener la seguridad **de** que...* *tener la seguridad que...*

Las variantes con preposición se consideran preferibles y son las que predominan en los contextos formales. La alternancia entre *que* y preposición con *que* resulta menos conflictiva en aquellos casos donde la presencia o ausencia de la preposición implica un cambio de significado del verbo como en los ejemplos siguientes en 36, procedentes de RAE-ASALE (2009).

(36) Con *prep. + que* sin preposición
  *a. Acordarse **de** que...* = recordar *acordar que...* = llegar a un acuerdo
  *b. Asegurarse **de** que...* = adquirir la firmeza de algo *asegurar que...* = afirmar
  *c. Presumir **de** que...* = vanagloriarse *presumir que...* = sospechar
  *d. Responder **de** que...* = responsabilizarse *responder que...* = contestar

En la *Nueva gramática* de la RAE-ASALE (2009) se señala que el dequeísmo y el queísmo se han difundido por todos los países hispanohablantes de forma desigual, más en la lengua oral que en la escrita y algo más en el español americano que en el europeo. Aún así, ninguno goza de prestigio en la lengua culta del español contemporáneo por lo que se recomienda evitarlos. En general, el queísmo se percibe como una anomalía menos marcada que el dequeísmo y se atestigua con mayor frecuencia en los registros formales con algunas de sus variantes muy extendidas (RAE-ASALE 2009).

4.5.4 Uso de los pronombres posesivos con los adverbios, por ejemplo, se sentó detrás *mío

En estos casos, el adverbio no puede ir seguido de un pronombre posesivo sino de un complemento preposicional, normalmente con *de*, es decir, *se sentó detrás de mí* y no *se sentó detrás *mío*. Otras expresiones como **delante mío, *delante suyo, *encima suya, *cerca tuyo* deben evitarse y sustituirse por *delante de mí, delante de él, encima de ella, cerca de ti*. Según la RAE (2005) estas expresiones deben erradicarse en el uso esmerado y cuidado del español.

La RAE, en su página digital de *Español al día*, propone que si la estructura admite el adjetivo posesivo antepuesto, entonces la posposición del pronombre posesivo es válida, por lo tanto es correcto decir: *estás a **su** lado, estás al lado **suyo**; giraba a **tu** alrededor, giraba alrededor **tuyo***. Comparémoslo con *corro detrás de Ana, corro detrás de ella* frente a las expresiones incorrectas **corro en su detrás, *corro detrás suyo; vivo lejos de ti* frente a **vivo en tu lejos, *vivo lejos tuyo*, construcciones agramaticales.

4.5.5 Uso de adverbios delante, adelante y *alante

El adverbio *delante* significa en la 'parte anterior, enfrente' o 'en presencia de alguien' y se usa seguido de un complemento preposicional con *de* que expresa el término de referencia, por ejemplo, *delante de ti, delante de la casa*. Algunos ejemplos de la RAE (2005) son *delante del espejo, delante de una dama*. En el habla popular de la zona andina (Perú, Bolivia y Ecuador) se usa con posesivos antepuestos, en construcciones precedidas de la preposición *en*, **riñó al niño en mi delante*. Se recomienda evitar esta construcción en el habla esmerada (RAE 2005).

Adelante es otro adverbio similar a *delante* con el significado de 'hacia delante, hacia más allá'. En el español peninsular solo se usa con verbos de movimiento, correspondiendo a su etimología (de la preposición latina AD > *a* + *delante*), por lo que *adelante* ya lleva de forma implícita el sentido de movimiento. Cuando significa en la 'parte delantera' o 'en los primeros puestos', *adelante* puede usarse con verbos de estado y acompañado de otros adverbios como *tan, más, muy*, por ejemplo, *no te pongas tan adelante; unas filas más adelante*. En el español de América, *adelante* se usa con mucha más frecuencia que en España para indicar estado o situación y aparece con normalidad en contextos en los que un español emplearía *delante*, por ejemplo, en México se podría decir *don Homero tomaba el suyo en el asiento de adelante*, mientras que un español emplearía *el asiento de delante* (RAE 2005).

Cuando el complemento con *de* está explícito, en el habla coloquial o popular americana se emplea indebidamente el adverbio *adelante* en lugar de *delante*. No es infrecuente que *adelante* vaya seguido de un complemento con *de*, por ejemplo en **la mujer se puso adelante del auto*, pero, en general, es un uso rechazado por los hablantes cultos y se recomienda evitarlo en el habla cuidada; en esos casos debe emplearse *delante*, *la mujer se puso delante del auto* (RAE 2005).

Adelante, por otro lado, no puede emplearse con pronombres posesivos: **adelante mío, *adelante suyo*, debe decirse *delante de mí, delante de él*, etc., por ejemplo, *sigue adelante, sigue delante de mí*.

Con respecto a la forma **alante*, usada con frecuencia en la lengua popular e incluso entre hablantes cultos en situaciones informales, debe evitarse. En realidad, se trata de una forma apocopada de *a(de)lante*, así **vete alante, *anda p'alante*, debería sustituirse por *vete adelante, anda para adelante*. Según la FundéuRae (2023) **alante* es una forma popular que se escucha especialmente en los medios deportivos hablados y también se detecta en la prensa general y en todo tipo de ámbitos. No obstante, la RAE aconseja evitar este término.

4.5.6 Uso incorrecto de preposiciones

En algunos contextos, sobre todo del español coloquial, se pueden oír oraciones con un uso incorrecto de *contra* y *entre* como en **contra más grito, menos caso me hace*, **entre más gente haya, peor* por *cuanto más grito, menos caso me hace, cuanta más gente haya, peor*. La RAE no acepta el uso de **contra más* por *cuanto más* y, además, recomienda que se eviten las deformaciones populares **cuantimás*, **contimás* y **contrimás*, por lo que es agramatical decir **no tiene piedad ni para él mismo, cuantimás para nadie*, debe decirse *cuanto más para nadie*. *Mientras más* se acepta como variante coloquial de *cuanto más* como en el siguiente ejemplo: *mientras más franqueza haya entre nosotros, mejor nos entenderemos* (RAE 2005).

El uso de **entre más* por *cuanto más* se rechaza por la norma culta general, no obstante, este trueque resulta habitual entre hablantes de todos los niveles en México y el área centroamericana, **entre más vieja estoy menos entiendo la vida* debería decirse *cuanto más vieja estoy menos entiendo la vida* (RAE 2005). Esto también se aplica a **entre menos* para *cuanto menos* por lo que **entre menos sepas de mi viaje, mejor* debería decirse *cuanto menos sepas de mi viaje, mejor*.

4.5.7 Orden de los pronombres antepuestos al verbo

En español el pronombre reflexivo o el pronombre de un verbo pronominal simpre antecede a los otros pronombres átonos como en *se me cayó, se te rompió, se le escapó*, por lo que decir **me se cayó*, **no te se ocurre nada interesante* no es gramatical, debe decirse *se me cayó, no se te ocurre nada interesante*. Solo es correcto usar el orden *se me, se te, se le, se nos*, etc. Cualquier otra secuencia como **me se*, **te se*, etc., es de uso vulgar e incorrecta. Evítense expresiones como **me se ha roto la falda*, **me se había olvidado lo que quería decirte*.

Cuestiones de interés, estilística y gramaticalidad

Merece destacarse que el complemento indirecto antecede al directo cuando los dos pronombres van delante del verbo como en *me lo dijiste ayer, te la envié hace dos días* (la carta), *nos las diste el verano pasado* (las bicicletas), *se los devolvió anoche* (los libros). En el caso de que haya dos verbos los pronombres pueden ir delante del verbo conjugado o detrás del verbo no conjugado como en **te lo** *quiero comprar mañana* o *quiero comprár***telo** *mañana;* **se lo** *sigue comiendo* o *sigue comiéndo***selo** (el helado).

Por otro lado, en algunos dialectos y entre algunos hablantes de herencia[2] se usan formas incorrectas cuando se le añade una *n*, de sentido plural, al pronombre: **llévensenla al enfermo* (la comida), **cómprensenlos* (los limones a los vendedores) por *llévensela, cómprenselos*.

4.5.8 Construcciones con comparativos

A veces en el uso coloquial y popular del español las estructuras de los comparativos se emplean de forma errónea. Véanse algunos ejemplos: **tu hermana es más mayor que la mía, *no hay equipo más peor que este, *la comida tailandesa es más buena que la china, *esta casa es tres veces mayor a la de mi padre, *el más guapísimo, *subraya las ideas más principales del texto*. Estas oraciones incorrectas deben subsanarse por *tu hermana es mayor que la mía, no hay ningún equipo peor que este, la comida tailandesa es mejor que la china, esta casa es tres veces mayor que la de mi padre, el más guapo, subraya las ideas principales del texto*.

En el caso de **más mayor* o **más peor* no podemos anteponer *más* a los comparativos, ya que *mayor, peor* ya eran de por sí formas comparativas en latín: MAIOR, PEIOR. Cuando *mayor* o *peor* se emplean con verdadero valor comparativo, es decir, con el significado de 'que excede a otra cosa en

---

2   Interpretamos el término *hablante de herencia* (*heritage speaker* en inglés), aplicado a la población hispana de EE. UU., siguiendo la definición de Valdés como aquel que "se ha criado en un hogar donde se habla otra lengua distinta del inglés, habla o meramente entiende la lengua de herencia y es en cierto grado bilingüe en inglés y la lengua de herencia" (2000: 38). En términos generales se usa este concepto para cualquier persona que ha crecido en hogares donde se habla una lengua distinta a la lengua de la comunidad dominante.

tamaño, cantidad, calidad o intensidad' y, referido a persona, 'que excede en edad a otra', no pueden ir antepuestos de *más*. No obstante, cuando *mayor* no funciona como forma comparativa de *grande*, sino como un adjetivo en grado positivo sí admite su combinación con otras palabras de grado como *más, muy* y *tan*. En este caso tiene significados relacionados con la edad como *cuando seas más mayor te compraré una bicicleta*, con el sentido de *grande*, de más edad, *cuando seas grande*, opuesto a pequeño; *mira tan mayor y todavía con chupete*. Cuando se refiere a adulto de edad avanzada, también se permite este uso, por ejemplo, en *encontré a tu madre cansada, más mayor, más envejecida*.

Cuando *mayor* se usa en una estructura comparativa se requiere la conjunción *que*, por ejemplo, *mi hermana es mayor **que** yo*; igualmente con *menor, mejor, peor*, como en *Juan es menor **que** su novia, el frío es peor **que** el calor*. Estas cuatro formas: *mayor, menor, mejor, peor*, no admiten *más* en una estructura comparativa. En cambio, otros comparativos procedentes de formas latinas como *inferior, superior, anterior* y *posterior*, no van seguidos de *que* sino de la preposición *a* para la comparación, *la inflación es inferior **al** 6 %, este incidente fue posterior **a** la crisis del 2008*.

Por otro lado, debe evitarse la comparación en expresiones como **más mala, *más buena* ya que tienen formas comparativas irregulares, *peor* o *mejor*, por ejemplo, *esta paella está peor que la de la semana pasada* y no **esta paella está más mala que la de la semana pasada*.

Los adjetivos en grado superlativo absoluto, terminados en *-ísimo/a*, no aceptan estructuras de grado. Por lo tanto, es incorrecto decir, **el más guapísimo, *muy guapísimo*. El sufijo *-ísimo/a* forma ya superlativos absolutos, por lo que es incompatible con la anteposición a estos adjetivos de los adverbios *muy* y *más* (RAE 2005). Del mismo modo, no admiten grado ni pueden aparecer en construcciones comparativas ni superlativas los adjetivos absolutos, también llamados elativos, que expresan cualidades extremas como *gigante, horrible, muerto, perfecto, pésimo, principal, único*, etc., debido a su significado; si *Juan es único*, no puede ser *más único*, si *el ratón está muerto*, no es posible que esté *más* o *menos muerto*, o *poco muerto*. Otros adjetivos de grado extremo que pertenecen a este grupo son los siguientes:

> *Abominable, atroz, brutal, colosal, delicioso, enorme, espantoso, espléndido, excelente, excelso, eximio, exquisito, extraordinario, fabuloso, fundamental, gélido, helado,*

horroroso, increíble, ínfimo, inmaculado, inmenso, insignificante, magnífico, maravilloso, máximo, mínimo, minúsculo, monstruoso, perverso, precioso, sensacional, supremo, terrible, tórrido, tremendo (RAE-ASALE 2009)

Por lo general, estos adjetivos elativos tampoco aceptan el sufijo de grado extremo *-ísimo/a* ni los prefijos que expresan la misma noción (*re-, requete-, super-, hiper-, mega-* o *ultra-*), por lo que **brutalísimo* o **superterrible* resultan incorrectos. Se han registrado, no obstante, algunas excepciones, como *maravillosísimo* o *superexcelente*. Del mismo modo, no aceptan adverbios de grado como *bastante, muy, tan*, ya que esa combinación daría lugar a expresiones redundantes o contradictorias, **muy excelente* resulta repetitivo, **poco excelente* se contradice. No obstante, se dan algunas excepciones como *muy atroz, menos delicioso, más fundamental, más esencial*, aunque se consideran forzados y poco naturales (RAE-ASALE 2009). Entre las excepciones se destacan *espléndido* y *extraordinario* que sí admiten adverbios de grado cuando modifican su sentido, cuando significan 'generoso' y 'raro, atípico, peculiar' respectivamente; *te lo agradezco mucho, eres **muy** espléndida* (generosa); *no dejaba de ser **bastante** extraordinario que la única pareja fuera la de Franca y Mario* (RAE-ASALE 2009).

4.5.9 Leísmo, laísmo y loísmo

Estos tres fenómenos se relacionan con el uso antietimológico de los pronombres átonos de tercera persona. Surgieron en Castilla durante la Edad Media y, a grandes rasgos, se deben a la tendencia en la evolución del castellano a destacar la diferencia de género, masculino y femenino, sobre la función gramatical. Algunos ejemplos son **toma el frutero y ponle encima de la mesa, *a mi hermana la huelen los pies, *terminé el trabajo, échalo un vistazo* por *toma el frutero y pon**lo** encima de la mesa, a mi hermana **le** huelen los pies, terminé el trabajo, éch**ale** un vistazo*. Brevemente, léase a continuación la descripción y algunos ejemplos.

- Leísmo: uso de *le(s)* por *lo/a(s)*

Según la RAE y debido a su extensión entre hablantes cultos y escritores de prestigio, se admite el uso de *le* en lugar de *lo* masculino singular de persona en función de complemento directo. El leísmo plural siempre ha sido sancionado por la RAE que, además, condena el leísmo referido a cosa (RAE 1973). Véanse algunos ejemplos en 37.

(37) a. *Sara le llamó* (a Tom) por **lo** *llamó*. (Leísmo aceptado).
b. **Nunca les vi con chicas* (a mis primos) por *nunca* **los** *vi*. (Leísmo no aceptado).
c. **Los romanos le cocinaban entero* (al cerdo) por **lo** *cocinaban*. (Leísmo no admitido).
d. **El coche le compramos* ayer por **lo** *compramos*. (Leísmo no admitido)
e. **Le consideran estúpida* (a Ana) por **la** *consideran*. (Leísmo no admitido).
f. **Le encontré acostada* (a Ana) por **la** *encontré*. (Leísmo no admitido).

- Laísmo: uso de *la(s)* por *le(s)*.

El área propiamente laísta se circunscribe a la zona central y noroccidental de Castilla. No consiguió extenderse al dialecto andaluz y, por eso, se deduce que no se trasladó al español atlántico (Canarias e Hispanoamérica). Por la influencia de la norma, los hablantes cultos y escritores de esa zona se ajustan al uso etimológico y estándar. El laísmo no está aceptado y es incorrecto. Véanse algunos ejemplos en 38.

(38) a. **La dije que no saliera* (a Ana) por **le** *dije que no saliera*.
b. **La di un beso a Josefa* por **le** *di un beso a Josefa*.

- Loísmo: uso de *lo(s)* por *le(s)*.

Según la RAE (2005), la incidencia del loísmo ha sido escasa en la lengua escrita, especialmente en singular, y solo se documenta hoy en textos de marcado carácter dialectal. La marginación de este fenómeno dentro de la propia norma peninsular de España hizo que no se expandiese al español atlántico (Canarias e Hispanoamérica). Su uso no está aceptado. A continuación siguen algunos ejemplos en 39.

(39) a. **Acabé el trabajo, échalo un vistazo* por *échale un vistazo*.
b. **A los libros, los prendieron fuego* por **les** *prendieron fuego*.

c. *_Los_ dije que me esperaran por **les** dije que me esperaran.
d. * La leche _lo_ cuajaban para hacer queso por **la** cuajaban.

En las zonas andinas de Perú, Bolivia y noroeste de Argentina, por el contacto con el quechua y aimara, se produce otro loísmo dialectal causado por la falta de distinción de género y número. *Lo* se usa para el complemento directo pero sin diferenciar el masculino del femenino y el singular del plural. Véanse algunos ejemplos en 40.

(40) a. *_La oveja me quitó y lo ha llevado a la hacienda_ por **la ha llevado**.
b. *_No lo conozco a sus hermanos_ por _no **los** conozco_.

Para atajar la confusión entre los pronombres y evitar estos vulgarismos, resulta esencial comprender las diferencias entre complementos directo e indirecto, ya que esto origina el mal uso de los pronombres átonos de tercera persona. Debemos tener en cuenta la función sintáctica, así como el género y número de la palabra a la que el pronombre se refiere.

Ejercicios y actividades de autoevaluación

(1) Señale los **sujetos** que aparecen en estas oraciones e indique las relaciones de concordancia.

> Modelo: *se vende oro.*
> *Oro:* sujeto, concordando en singular con *vende*.

1. Se compran bicicletas de segunda mano.
2. Se cayeron al suelo todas las llaves.
3. Hoy no me duele nada la cabeza.
4. Se acercaron todos en silencio a la puerta de la casa.
5. A mi compañero le huelen los pies.
6. Eso no nos importa a todos los presentes.
7. Entre Ana y Raúl hay mucha complicidad.
8. Se comieron toda la pizza entre Sam y Sara.
9. El padre con su hijo se pasearon por el parque.
10. Tanto la madre como la hija se parecen a la abuela.
11. No me apetece ni té ni café.
12. Ni el padre ni el abuelo estudiaron en esa universidad.

(2) ¿Qué tipo de **concordancia** se produce entre sujeto y verbo en las siguientes oraciones?

1. Ese tipo de ejercicios nos ayudan mucho en la clase.
2. La multitud se agrupó en la plaza y después se fueron a la iglesia.
3. Los galardonados deben recoger el premio, el resto pueden volver a sus asientos.
4. Esta clase de oraciones transitivas siempre llevan un complemento directo.
5. Mi cocina la invadió una horda de hormigas.
6. Nos sobrevolaron una bandada de pájaros.
7. Nos comieron los callos de los pies un banco de peces muy pequeños.
8. El nombre y apellido debe constar en la solicitud.
9. Deben anotarse aquí con tinta azul el nombre y el apellido.
10. Su dirección con su teléfono deben escribirse en esta sección.
11. La abogada o su secretario nos llamarán.
12. No nos molestó el calor ni las moscas ni la sequedad del desierto.
13. ¡Eso son cotilleos inventados!

(3) Comente la ambigüedad de las siguientes oraciones.

1. Ana se arregla el pelo una vez al mes.
2. Se envenenaron los miembros de este culto.
3. Los actores se vistieron en la oscuridad del camerino.
4. Nora se cortó su larga melena pelirroja.

5. Cuando el ladrillo chocó con la pared, se rompió.
6. Lola se encontró con Sara para calmar sus nervios.
7. No se aceptó a las mujeres en el club por cuestiones ideológicas.
8. Abel se trajo un jarrón de Guatemala.

(4) Analícese los distintos **tipos de** *se* en el texto siguiente.

Juan se$_{(1)}$ fue temprano a casa para preparar la cena. Esa noche se$_{(2)}$ celebraba el cumpleaños de su novia y quería sorprenderla. Se$_{(3)}$ estaba planteando qué cocinar. Al final, se$_{(4)}$ decidió por una receta de salmón y verduras. Cuando llegó a casa se$_{(5)}$ sacó la ropa del trabajo y se$_{(6)}$ puso ropa cómoda y un delantal rojo. No se$_{(7)}$ acordaba si las verduras se$_{(8)}$ cocinaban hervidas o sofritas con el salmón. Decidió cocinar las verduras con cebolla y tomate.

Abrió con cuidado la lata de tomate para no cortarse$_{(9)}$. Después combinó el tomate con las verduras. Dejó que se$_{(10)}$ sofrieran diez minutos, mientras el salmón se$_{(11)}$ preparaba en el horno.

Poco después llegó su novia. Se$_{(12)}$ quedó sorprendida. Deseó que todos los días se$_{(13)}$ festejara su cumpleaños para no cocinar.

(1)..................... (2)..................... (3).....................
(4)..................... (5)..................... (6).....................
(7)..................... (8)..................... (9).....................
(10)..................... (11)..................... (12).....................
(13).....................

(5) Clasifique los **tipos de** *se* en las siguientes oraciones.
   1. Se me derritió la tableta de chocolate.
   2. Juan se examinó ayer.
   3. Se nos averió la lavadora.
   4. Ana se asusta de las tormentas.
   5. Se me cierran los ojos de sueño.
   6. Ese profesor se llama Tomás.
   7. Se te ha rizado el pelo con la lluvia.
   8. Esta película se estrena el próximo mes.
   9. Se le ocurren unas ideas muy raras a Lola.
   10. Dejaste que el perro se escapara.
   11. En la biblioteca no se bebe ni se come ni se habla en voz alta.
   12. A la gata se le murió su gatito recién nacido.

(6) Diferencie el *se* **pasivo** del *se* **impersonal** en el siguiente texto.

El próximo mes viajaré a Santigo de Chile. **Se**$_{(1)}$ dice que es una ciudad muy grande donde **se**$_{(2)}$ encuentran muchos museos y monumentos. Allí habrá más oportunidades de trabajo si **se**$_{(3)}$ necesitan profesores de lengua. Un amigo que vive allí me dijo que **se**$_{(4)}$ buscan maestros de inglés para las escuelas primarias. Además, ya **se**$_{(5)}$ sabe que el clima es templado y **se**$_{(6)}$ come muy bien. Por otro lado, **se**$_{(7)}$ organizan muchas fiestas, donde **se**$_{(8)}$ baila y **se**$_{(9)}$ escucha música al aire libre.

(1).................... (2).................... (3)....................
(4).................... (5).................... (6)....................
(7).................... (8).................... (9)....................

(7) Diferencie el *se* **reflexivo** del *se* **morfema verbal** en las siguienes oraciones.
 1. Las modelos se desmaquillaron entre sí después del desfile.
 2. Se acabó la leche.
 3. En mi casa, mis hermanos se acuestan temprano.
 4. Mis amigos se aburren de las clases de matemáticas.
 5. Juan y Luis no se llevan bien.
 6. Me corté el pelo hace dos días.
 7. Los novios se abrazan intensamente.
 8. Antes de salir en escena, los actores se miraron en el espejo.
 9. Cleopatra se suicidó con una serpiente áspid.
 10. Los famosos se preocupan mucho por sus apariencias.
 11. Se murieron los dos gatitos que nacieron ayer.
 12. El covid se propaga con aerosoles por el aire.
 13. Los padres se separaron después de siete años de matrimonio.
 14. Mi hija se operó de apendicitis hace tres días.

(8) Señale en qué oraciones aparece un *se* **dativo ético**.
 1. Este chico se llama Raúl.
 2. Ana se comió la mitad de la tarde de cumpleaños.
 3. A los padres se les avisó de la reunión con antelación.
 4. Se me antojó un bombón.
 5. Saúl se entrena todos los días en el gimnasio.
 6. Mi vecina se pasea por el parque todas las tardes.
 7. Se puso a llover sin parar.
 8. Ana no se cree todo lo que le has dicho.

9. Tomás se olvidó el libro en su casa.
10. El estudiante no se sabe bien la parte teórica del examen.
11. Luis se lo jugó todo a la ruleta rusa en el casino.
12. Mis hijos se vieron dos series de Netflix en una sola tarde.

(9) A qué se refiere *se* en cada oración.

a. Se sentó en la bici.   1) *se* pasivo   2) *se* morfema verbal
b. Se compra oro.   1) *se* reflexivo   2) *se* impersonal
c. Se habla español.   1) *se* pasivo   2) *se* impersonal
d. Ana se acuesta tarde.   1) *se* reflexivo   2) *se* morfema verbal
e. Se vive bien cerca del mar.   1) *se* pasivo   2) *se* impersonal
f. Se busca carpintero.   1) *se* reflexivo   2) *se* impersonal
g. Mi madre se sintió mareada.   1) *se* reflexivo   2) *se* morfema verbal
h. El médico se enamoró de la enferma.   1) *se* reflexivo   2) *se* morfema verbal
i. El vaso se rompió.   1) *se* pasivo   2) *se* morfema verbal
j. Se me olvidaron las llaves.   1) *se* reflexivo   2) *se* morfema verbal
k. Se cayeron las hojas de los árboles.   1) *se* impersonal   2) *se* pasivo
l. Juan se fue de casa.   1) *se* reflexivo   2) *se* morfema verbal
m. Se trabaja mucho en este país.   1) *se* pasivo   2) *se* impersonal
n. No se sabe nada de este virus.   1) *se* pasivo   2) *se* impersonal
ñ. Se me murió el gato.   1) *se* pasivo   2) *se* morfema verbal

(10) Indique en qué oraciones la palabra **que** es **pronombre relativo** y en cuáles es **conjunción**. Si es pronombre relativo señale su antecedente.

         Modelo: *Tápate que hace frío.*
                 Que: conjunción causal, *porque*.

1. Esta es la profesora de la que te hablaba.
2. No me importa que llegues tarde.
3. El parque al que vamos a pasear tiene más de cien árboles.
4. Me molesta que fumes aquí.
5. Tengo un perro al que saco de paseo dos veces al día.
6. Vinieron a la fiesta todos los amigos a los que había invitado.

7. Se arrepintió de lo que había hecho.
8. Me compré un coche de segunda mano que solo costó mil euros.
9. Hay que levantarse temprano.
10. ¡Que tengas buen viaje!
11. Me dijo que estaba enferma.
12. ¡Que cumplas muchos más!
13. ¡Que apruebes el examen!
14. ¿Crees que vendrá este fin de semana?

(11) Indique cuál es la función del **que pronombre relativo** en las siguientes oraciones.

Modelo: *Necesito un perro que esté bien amaestrado.*
Que: sujeto de *amaestrar.*

1. La muchacha que vino ayer es mi prima.
2. Esta es la novela que te regalé.
3. No me gustan los perros que ladran.
4. ¿Has tirado a la basura el juguete que estaba roto?
5. El que llegue último paga los helados.
6. Ana no se arrepintió de lo que había hecho.
7. Aquel es el vecino del que te hablé.
8. Mi hermana, que vive en Florida, ya se casó.
9. Mi hermana, la que vive en Miami, acaba de vender su casa.
10. Acaban de pintar la puerta en la que te estás apoyando.

(12) Indique en qué oraciones *que* funciona como **determinante** y en cuáles como **adverbio.**

1. ¿Qué novela te compraste?
2. ¡Qué mal te huelen los pies!
3. ¡Qué poco me conoces!
4. ¿Qué té prefieres?
5. ¡Qué gato más gordo!
6. ¡Qué pequeño es este garaje!
7. ¡Qué bueno es para la música!
8. ¿Qué te dijo?
9. ¡Qué bien huelen esas galletas!
10. ¡Qué suerte tiene Nora! Consiguió ese trabajo.

(13) ¿Qué valor tiene *que* en las siguientes oraciones?

1. Dile a tu amiga que no venga.
2. ¡Qué poco me gusta la familia de Noa!
3. Necesitamos que nos ayudes este fin de semana.
4. ¡Qué hija más guapa tienes!
5. Todo lo que quiero es que seas feliz.

6. No vengas que no estaré en casa mañana.
7. ¡Qué tarde llegaste ayer del trabajo!
8. Es tan alto que lo reclutaron en el equipo universitario de baloncesto.
9. No le preguntamos a Juan qué le pasó a su perro.
10. Creo que la vacuna del covid curará muchas vidas.
11. ¿Qué te preguntaron en la entrevista de trabajo?
12. Tenemos que leer este capítulo para el examen.
13. ¡Que te mejores!
14. ¡Que tengas buen viaje!

(14) ¿Qué valor tiene la **conjunción *que*** en las siguientes oraciones?
1. Hay que dejar de fumar para estar más sano.
2. No quiero que te vayas
3. Grita tanto cuando habla que asusta a la gente.
4. No me esperes, que no iré a la cena.
5. Date la vuelta, que todos te veamos bien el vestido nuevo.
6. Ana come más que sus dos hermanos juntos.
7. Luisa come tan poco que se le notan los huesos.
8. Ana no tiene que viajar ahora con su nuevo trabajo.
9. Este bebé llora tanto que no nos deja dormir por las noches.
10. Me molesta que llores por tus notas de matemáticas.
11. No la quiere que se va a divorciar de ella.
12. No puede quedarse, que ya se va.

(15) ¿En cuáles de las siguientes oraciones el **infinitivo** forma parte de una **perífrasis**?
Modelo: *Tengo que trabajar a las seis de la mañana.*
Tengo que trabajar: perífrasis.
1. Prefiero quedarme en casa esta noche.
2. Va a llover mucho toda la semana próxima.
3. Ana suele salir del trabajo a las cinco de la tarde.
4. Se me perdió el reloj; deben de ser las 10 de la mañana.
5. Me cuesta leer con tan poca luz en la habitación.
6. Me molesta mucho tener que pelar ajos.
7. No puedo comerme toda la pizza yo sola.
8. Luis acaba de llegar al aeropuerto.
9. Le hizo beberse toda la leche antes del postre.
10. La cena está todavía por hacer.
11. No quiero pasear bajo la lluvia.
12. ¿Sabes cocinar bien?

(16) ¿En qué oraciones el **infinitivo** forma una oración **subordinada**?
1. Sam le dejó usar su teléfono a Ana.
2. ¿Quieres pasar el fin de semana en mi pueblo?

3. Después de terminar los deberes, puedes ver la tele.
4. ¿Se acaba de amar alguna vez?
5. Me gusta más nadar que hacer yoga.
6. Este ejercicio sirve para entender mejor las oraciones subordinadas.
7. Tus abuelos ahorraron mucho para comprar esta casa.
8. No dijo nada más por no insistir en el tema.
9. Mi hijo no se deja abrazar por nadie.
10. Mi hermana necesita dejar de fumar.

(17) ¿Qué valores de **infinitivo** se encuentran en las siguientes oraciones? ¿Hay perífrasis?

Modelo: *querer es poder.*
Querer, sujeto de *es*; *poder*, atributo de *es*. No hay perífrasis.

1. Lo peor de la pobreza es no saber soportarla. (Thomas Fuller)
2. Es mejor ser bello que ser bueno, pero es mejor ser bueno que ser feo. (Oscar Wilde)
3. Es más fácil predicar y alabar la pobreza que soportarla. (Anónimo)
4. La belleza del hombre consiste en el buen decir. (Mahoma)
5. Viajar es pasear un sueño. (Anónimo)
6. El hombre debe inventarse cada día. (Jean-Paul Sartre)
7. La música es una forma de soñar. (Jaime Torres Bodet)
8. No trates de guiar al que pretende elegir por sí su propio camino. (W. Shakespeare)
9. La jaula nunca puede ser nido. (Alí Venegas)
10. El porvenir es un lugar cómodo para colocar los sueños. (Anatole France)
11. Estar o no estar contigo es la medida de mi tiempo. (J. L. Borges)
12. Caminante, no hay camino, se hace camino al andar. (A. Machado)

(18) Subraye el **gerundio** e indique su valor: si forma una perífrasis o introduce una subordinada adverbial.

Modelo: *el enfermo va <u>mejorando</u>. Va mejorando*: perífrasis.

1. Estudiando música, desarrollarás más partes del cerebro.
2. Enzo anda subiendo y bajando las escaleras detrás del perro.
3. Muchos jóvenes se divierten bailando música pop.
4. El niño se fue a casa dando saltos de alegría.
5. Está intentando acabar la carrera en tres años.
6. Atravesó el río nadando.
7. Había una mujer vendiendo castañas asadas en la calle.
8. Después de la discusión, mi madre acabó llorando.
9. ¡Sigue leyendo ese poema de Machado, Nora!
10. Solo ahorrando podrás comprarte ese auto de alta gama.

11. Hace ya dos años que llevan construyendo esta carretera.
12. ¡Andando, deprisa, que vamos a perder el tren!

(19) Encuentre los **gerundios** de los siguientes verbos en la sopa de letras: *dormir, oír, ir, poder, reír, vestir* y *venir*.

I	G	J	G	N	X	E	N	V	N	Z
N	A	R	K	F	Y	B	J	F	Y	N
F	O	T	H	P	J	J	E	B	B	S
L	W	B	R	O	Y	E	N	D	O	O
U	V	I	N	I	E	N	D	O	D	H
Y	Z	H	B	Q	Y	E	N	D	O	F
E	F	Q	P	U	D	I	E	N	D	O
N	Q	A	Y	I	G	O	T	P	Z	J
D	D	U	R	M	I	E	N	D	O	V
O	O	V	I	S	T	I	E	N	D	O
S	G	W	S	E	R	I	E	N	D	O

(20) Escriba el **participio** de los siguientes verbos y el **adjetivo** correspondiente. Ejemplo: *descalzar*, descalzado, descalzo

  a. bendecir   f. fijar
  b. convertir   g. incluir
  c. corregir   h. producir
  d. desnudar   i. prostituir
  e. elegir   k. reprimir

(21) Señale y corrija las **incorrecciones** que aparecen en las siguientes oraciones.
  1. No hay duda que la gente no sabe lo que quiere.
  2. En aquel aula, no hay calefacción.
  3. Hubieron muchos estudiantes que protestaron en la manifestación.

4. Tengo miedo que la gata se pierda en el vecindario.
5. Hacen años que no te visitaba.
6. Dime el por qué no llegaste puntual a la cena.
7. Pienso de que deberían bajar los impuestos.
8. Mi marido siempre tiene mucho hambre.
9. ¿Ya llevaste la acta de nacimiento al juzgado?
10. Estudió poco creyendo de que iba a aprobar con buenas notas.
11. No los digas a tus padres dónde vamos de viaje.
12. Entre más comida haya en el cumpleaños, mejor.
13. Contra más lo pospongas, peor para ti.
14. Cuantos más fuertes son los dolores de las piernas, menos puedo moverme.
15. Este agua sabe mal.

(22) ¿Hay casos de **leísmo, laísmo** y **loísmo** en los siguientes ejemplos? Ofrezca la versión normativa donde los haya.
1. El médico lo curó con mucha rapidez después del accidente. (Al paciente).
2. A tu hermano no le conozco.
3. Me lo encontré en el supermercado y estaba muy contento. (A tu padre).
4. La dije que no fumara en mi presencia. (A Ana).
5. Esto lo comprendió muy bien Juan.
6. Ese pensamiento lo preocupa mucho.
7. A Luis lo asombran estos pequeños detalles.
8. La policia les obligó a desviarse por otra carretera. (A los conductores).
9. Le dejé jugar toda la tarde en el parque. (A mi hija).
10. El maestro los dejó salir al recreo antes de la hora. (A los estudiantes).
11. La madre le sostuvo entre sus brazos y le besó. (Al recién nacido).
12. ¿Le invitaron a la fiesta de su cumpleaños? (A Pepe).

Actividades de autoevaluación

En estas actividades que siguen solo hay **una** respuesta correcta.

(1) Señale la oración con un error de **concordancia**.
   a. Hay muchos problemas en esa compañía.
   b. Esa parte de los ejercicios me resulta más fácil.
   c. Este grupo de estudiantes trabajan más que los del trimestre anterior.
   d. No hubieron candidatos jóvenes para la presidencia.

(2) Indique en qué oración **no** aparecen errores de **concordancia**.
   a. Esta agua de manantial es potable.
   b. Ayer no estuvimos también en la fiesta.
   c. Aquel aula no tenía ninguna ventana.
   d. Ningunos de los niños asistieron a clase por el covid.

(3) ¿Qué oración tiene un error de **concordancia**?
   a. No tengo mucha harina para cocinar galletas.
   b. Esa agua de la botella se analizó en el laboratorio.
   c. Muchas zonas en África viven con una hambre persistente.
   d. Tanto el perro como el gato jugaron con la pelota.

(4) En qué oración se da la **concordancia** *ad sensum*, por el sentido.
   a. Lo afirma más de uno.
   b. La pareja de policías nos paró en la autopista del aeropuerto.
   c. Lo demás era utensilios de cocina.
   d. Los manifestantes era gente violenta, sin temor a las represalias.

(5) En qué oración se produce una **discordancia**.
   a. ¡Váyanse todo el mundo!
   b. Un montón de mendigos caminaba por el centro de la ciudad.
   c. Gran parte de los enfermos se recuperaron de covid.
   d. La mitad de la población no duerme las ocho horas recomendadas.

(6) ¿En qué oración *se* funciona como **pronombre personal, complemento indirecto**?
   a. El paquete se lo enviaremos por correo lo más pronto posible.
   b. Se le anunció la noticia del premio ayer.
   c. Se me olvidaron las llaves.
   d. Los enfermos se quejaban por la falta de respiradores en el hospital.

(7) Señale en qué oración *se* funciona como **pronombre personal, complemento directo**.
   a. Los niños se despidieron de sus amigos después del colegio.
   b. Mi madre nunca se maquilla los labios ni para las bodas.

c. No se lo digas a Ana.
d. Los dos candidatos a la presidencia se dieron la mano al final de la entrevista.

(8) Señale en qué oración *se* es un **complemento indirecto** o **dativo de interés**.
a. Mis amigas nunca se enojan por nada.
b. Los políticos se insultaban unos a otros sin respeto.
c. Algunos estudiantes se temen lo peor ante el examen final.
d. Los trabajadores se despidieron después de un día largo.

(9) Señale en qué oración *se* es una marca de **impersonalidad**.
a. Se comentan esas noticias por la calle.
b. Se marchó a casa muy enfermo.
c. Se vendieron en el bar muchos bocadillos de jamón.
d. A los niños se les ha enseñado a respetar a sus mayores.

(10) Señale en qué oración *se* es una marca de **pasividad**.
a. Se prohíbe fumar en la iglesia.
b. Se compraron menos plátanos de Guatemala en el 2023.
c. Se va mejor en tren que en autobús.
d. Se cree muy listo este niño sabelotodo.

(11) Señale en qué oración *se* es un **morfema verbal**.
a. Mi vecino se quejó al ayuntamiento de la pocas luces en nuestra calle.
b. Se bebió todo el litro de leche cuando llegó del gimnasio.
c. ¿Se lo trajiste a Lola por su cumpleaños, verdad?
d. Ana se depila cada dos meses.

(12) Señale la oración con un *que* **pronombre relativo**.
a. Hay que terminar el ensayo hoy.
b. Ponte los pantalones que te regalé por tu cumpleaños.
c. ¡No hables tan alto que se te oye en la calle!
d. Tiene muchas ganas de que sus hijos vayan a estudiar a Nueva York.

(13) Señale la oración con un *que* **conjunción**.
a. ¿Qué te aconsejó el profesor sobre esos créditos?
b. Hoy tengo que llegar pronto a clase.
c. ¡Qué bien huelen esas galletas de chocolate!
d. No sé qué le pasó a Tom que dejó de venir a clase.

(14) Señale la oración con un *que* que funciona como un **adverbio intensificador**.
a. ¡Qué poco me conoces!
b. ¿Qué precio tiene esa bicicleta de segunda mano?
c. ¡Qué casa más lujosa se compró el presidente del gobierno!

d. Ojalá que esto termine pronto.
(15) Señale la oración con un *que* **conjunción causal** (equivalente a *porque*).
   a. Habla tan bajo que no puedo entender lo que dice.
   b. No te rías que no estoy para bromas.
   c. Ponte el bañador y date la vuelta que te veamos todos.
   d. No sabemos qué ha ocurrido.
(16) Indique cuál **qué** no debería llevar tilde.
   a. ¡Qué te mejores!
   b. ¡Qué mal saben estas galletas!
   c. ¡Qué poco me conoces!
   d. ¡Qué noche de verano más bonita!
(17) Indique en qué oración no se necesita *de* y se da el **dequeísmo**.
   a. Mis padres están preocupados de todo lo que dicen de mi hermana.
   b. Los vecinos avisaron a la policía de los gritos a medianoche.
   c. Ana no se avergüenza de todo lo que hizo durante su adolescencia.
   d. Mis amigas pensaron de que era mejor evitar ese bar.
(18) ¿En qué oración aparece un ejemplo de **dequeísmo**?
   a. El médico le advirtió a Luis de que no podía volver a correr por la rodilla.
   b. Me ha advertido de que tenía una cita a las 8 en punto.
   c. Ana advirtió de que había alguien más en la casa.
   d. Nos advirtieron de que faltaban fondos de la cuenta bancaria de la empresa.
(19) ¿En qué oración aparece un ejemplo de **queísmo**, (se necesita *de*)?
   a. Le informó a la profesora que se ausentaba de clase ese día.
   b. Le avisaron que lo habían ascendido a general.
   c. Dudo que venga por navidades a visitarnos.
   d. Estamos seguros que iremos de viaje este verano.
(20) Señale en qué enunciado el **leísmo** no está permitido.
   a. No le menciones nada a María sobre la muerte de su gatita.
   b. Ese mueble le compramos hace diez años.
   c. A tu novio no le he visto desde el sábado.
   d. ¿Le compraste el regalo a Manolo?
(21) Indique en qué oración aparece un caso de **leísmo** aceptado.
   a. ¿Le llevaste ayer a casa después del cine? (A Juan).
   b. Ayer a Nora le sacaron las muelas del juicio.
   c. A Rafa le importa un comino el precio de los huevos.
   d. A mi padre le duele mucho la espalda por la artritis.

(22) Indique en qué oración aparece un caso de **leísmo**.
    a. A Luis se le ocurrió una brillante idea.
    b. Le cobraron una fortuna por esa moto. (A Juan).
    c. ¿Les llamaste ayer por la noche? (A tus padres).
    d. Ana le repitió todas las recomendaciones de la enfermera. (A su abuelo).

(23) Señale la oración en la que el uso de **les** es un caso de **leísmo censurado** por la RAE.
    a. ¿Les avisaste ayer de la reunión? (A los directores).
    b. Les pedí a mis vecinos que me cuidaran mi gatita.
    c. Les hice comer todo lo que quedaba en el plato. (A mis hijos).
    d. A los pasajeros les prohibieron fumar durante el vuelo.

(24) Señale en qué oración **no** aparece **leísmo**.
    a. A ese niño le han llevado al hospital dos veces el mes pasado.
    b. Ese coche le costó una fortuna a mi abuelo.
    c. El psicólogo no le ayudó mucho a superar su fobia. (A Juan).
    d. Al viajero no le dejaron pasar al avión por problemas de visado.

(25) ¿En qué oración aparece un caso de **loísmo**?
    a. Después de recuperar los libros, los prendieron fuego.
    b. La noticia de la muerte de Ana los ha hecho polvo.
    c. Tiró el plato y lo hizo añicos.
    d. A mi nuevo vecino no lo he visto todavía.

Referencias bibliográficas

Acebo García, Sofía (ed.). (2005). *Sintaxis*. Barcelona: Spes.
Alarcos Llorach, Emilio. (1994). *Gramática de la lengua española*. Madrid: Espasa-Calpe.
Alarcos Llorach, Emilio. (1973). *Estudios de gramática funcional del español*. Madrid: Gredos.
Alcaide Lara, Esperanza Rocío. (1990). Precisiones sobre el concepto de oración. *Philologia Hispalensis*, 5.1, 219–232. <https://doi.org/10.12795/PH.1990.v05.i01.14>
Alcina, Juan y Blecua, José M. (1980). *Gramática española*. Barcelona: Ariel.
Alonso, Amado y Henríquez Ureña, P. (1967). *Gramática castellana*. Buenos Aires: Losada.
Alonso Marcos, Antonio. (1986). *Glosario de la terminología gramatical*. Madrid: Magisterio Español.
BBC Mundo. (2016, 16 agosto). Las primeras palabras latinoamericanas que entraron al diccionario de la RAE. Recuperada de <https://www.bbc.com/mundo/noticias-36847933>
Behrend, Elvira H. (1986). *The use of ser and estar by bilingual Mexican-Americans in the Chicago area: a language in contact study*. Hamburg: University of Hamburg.
Bello, Andrés y José Cuervo. (1948). *Gramática de la lengua española*. Buenos Aires: Anaconda.
Benito Mozas, Antonio. (1994). *Ejercicios de sintaxis*. Madrid: Edaf.
Bosque, Ignacio. (1989). *Las categorías gramaticales*. Madrid: Síntesis.
Calvo Pérez, Julio. (1993). A vueltas con el objeto directo con A. *LEA: Lingüística española actual*, 15, 83–107.
Camacho, José. (2018). *Introducción a la sintaxis del español*. Cambridge U.K.: Cambridge University Press.
Campos, Héctor. (1993). *De la oración simple a la compuesta*. Washington D.C.: Georgetown University Press.
Cano Aguilar, Rafael. (1988). *El español a través de los tiempos*. Madrid: Arco Libros.
Cano Aguilar, Rafael. (1987). *Estructuras sintácticas transitivas en el español actual*. Madrid: Gredos.
Cano Aguilar, Rafael. (1981). *Estructuras sintácticas transitivas en el español actual*. Madrid: Gredos.

Cartagena, Nelson y Gauger, Hans. (1989). *Vergleichende Grammatik Spanisch-Deutsch*. Mannheim: Dudenverlag.

Cifuentes Honrubia, Jose L. y Llopis Ganga, Jesús. (1996). *Complemento indirecto y complemento circunstancial de lugar: estructuras locales de base personal en español*. Alicante: Universidad de Alicante.

Correas, Gonzalo. (1954). *Arte de la lengua española castellana*. Madrid: CSIC.

Cuervo, Rufino (1994 [1953]). *Diccionario de construcción y régimen*. Bogotá: Instituto Caro y Cuervo.

Del Río, Alonso. (1963). *Gramática española*. Madrid: Giner.

Demonte, Violeta y Masullo, Pascual. (1999). La predicación: los complementos predicativos. En I. Bosque y V. Demonte (eds.), *Gramática Descriptiva de la Lengua Española* (pp. 2461–2523). Madrid: Espasa Calpe.

Eguren, Luis y Fernández Soriano, Olga. (2006) *La terminología gramatical*. Madrid: Gredos.

Espinosa-García, Jacinto. (1998). El objeto indirecto como función sintáctica oracional. Criterios para su delimitación y definición. *Contextos*, 16, 87–134.

Fernández Ramírez, S. (1986). *Gramática española*. Madrid: Arco Libros.

Gago Condado, Ángel. (1990). *El análisis sintáctico*. Salamanca: Varona.

García de Diego, Vicente. (1970). *Gramática histórica española*. Madrid: Gredos.

García Miguel, J. M. (1991): La duplicación de complemento directo e indirecto como concordancia. *Verba*, 18, 375–410.

Gili Gaya, Samuel. (1989 [1973]). *Curso superior de sintaxis*. Barcelona: Biblograf.

Gómez Torrego, L. (1999). Los verbos auxiliares. Las perífrasis verbales de infinitivo. En Bosque I. y V. Demonte (eds.), *Gramática descriptiva de la lengua española* (II, pp. 3322–3389). Madrid: Espasa Calpe

Gómez Torrego, Leonardo. (1998). *Valores gramaticales del "se"*. Madrid: Arco Libros.

Gómez Torrego, Leonardo. (1991). *Manual del español correcto*. Madrid: Arco Libros.

Gutiérrez, Manuel J. (1994). *Ser y estar en el habla de Michoacán, México*. México: UNAM.

Henríquez Ureña, Pedro y Alonso, Amado. (1967). *Gramática castellana*. Buenos Aires: Losada.

Hernández Alonso, César. (1984). *Gramática funcional del español*. Madrid: Gredos.

Jiménez Juliá, Tomás (2015). En torno a la voz media en español. En *Studium grammaticae. Homenaje al profesor José A. Martínez* (pp. 489–507). Oviedo: Universidad de Oviedo.

Koike, Dale y Carol Klee. (2013). *Lingüística aplicada*. Hoboken, N.J.: Wiley.

Lenz, Rodolfo. (1944 [1920]). *La oración y sus partes*. Madrid: Fortanet.

Llorente Maldonado de Guevara, Antonio. (1982). La expresión de la impersonalidad en español. *Actas del cuarto Congreso Internacional de Hispanistas*, 2, 199-210.
Lope de Vega. (1604). *El Molino*. Zaragoza: Angelo Tauanno. <https://www.cervantesvirtual.com/obra/el-molino-comedia--0/>
Malaver, Irina. (2000). 'Cuando estábamos chiquitos': ser y estar en expresiones adjetivales de edad. Un fenómeno americano. *Boletín de Lingüística*, 16, 44-65.
Martínez Linares, M. Antonia. (1998). Los complementos de los verbos psicológicos en español y la perspectiva no discreta de la categorización. *ELUA: Estudios de Lingüística*, 12, 117-143.
Moliner, María (1988). *Diccionario de uso del español*. Madrid: Gredos.
Morera, Marcial. (1989). *Sintaxis lingüística vs. sintaxis histórica*. Santa Cruz de Tenerife: Gráfica.
Núñez-Méndez, Eva. (2012). *Fundamentos teóricos y prácticos de historia de la lengua*. New Haven: Yale University Press.
Núñez-Méndez, Eva. (2005). El complemento indirecto introducido por *para*. *Hispanic Research Journal*, 6(1), 3-12
Ortiz López, Luis A. (2000). Extensión de 'estar' en contextos de 'ser' en el español de Puerto Rico: ¿evaluación interna y/o contacto de lenguas? *Baple*, 98-118.
Penny, Ralph. (2002). *A history of Spanish language*. Cambridge U.K.: Cambridge University Press.
Porto Dapena, José Alvaro. (2002). *Complementos argumentales del verbo: directo, indirecto, suplemento y agente*. Madrid: Arco Libros.
RAE. (2011). *Nueva gramática básica de la lengua española*. Barcelona: Espasa.
RAE. (2005). *Diccionario panhispánico de dudas*. Madrid: Santillana.
RAE. (2002). *Gramática de la lengua española*. Madrid: Espasa Calpe.
RAE. (2001): *Diccionario de la lengua española*. Madrid: Espasa Calpe.
RAE. (1973): *Esbozo de una nueva gramática de la lengua española*. Madrid: Espasa Calpe.
RAE. (1928). *Gramática de la lengua española*. Madrid: Hernando.
RAE, Real Academia Española, Fundéu. (2023). *FundéuRAE buscador de dudas*. <https://www.fundeu.es/recomendacion/adelante-delante-alante/>
RAE-ASALE. (2009). *Nueva gramática de la lengua española*. Madrid: Espasa.
RAE-ASALE. (2019). *Glosario de términos gramaticales*. Salamanca: U. de Salamanca. <https://www.rae.es/gtg/>
Ranson, Diana y Lubbers Quesada, Margaret. (2018). *The History of Spanish, a student introduc*tion. Cambridge U.K.: Cambridge University Press.
Santiago Guervós, Javier de (2007). *El complemento (de régimen) preposicional*. Madrid: Arco Libros.

Seco, Rafael. (1963). *Manual de gramática española*. Madrid: Aguilar.
Seco, Manuel. (1995). *Gramática esencial del español*. Madrid: Espasa Calpe.
Sedano, Mercedes. (2013). Dislocación a la izquierda y a la derecha en España y Latinoamérica. *Lingüística*, 29(2), 153–189.
Silva-Corvalán, Carmen. (1986). Bilingualism and language change: the extension of *estar* in Los Angeles Spanish. *Language*, 62(3), 587–608.
Teschner, Richard. (2000). *Cubre: curso breve de gramática española*. Nueva York: McGraw Hill.
Valdés, G. (2000). *Introduction. Spanish for heritage speakers. Volume I.* New York: Harcourt College Publishers.
Vázquez Rozas, Victoria. (1995): *El complemento indirecto en español*. Santiago de Compostela: Universidad de Santiago de Compostela.
Vázquez Rozas, Victoria. (1989). *El complemento indirecto en español*. Tesis Doctoral. Universidad de Santiago de Compostela, Santiago de Compostela.
Vera Luján, A. (1994). *Fundamentos de análisis sintáctico: de la palabra al texto*. Murcia: Universidad de Murcia.
Vilaplana López, José L., Mayol Sánchez, A., et al. (2005). *Análisis sintácticos*. Madrid: McGraw Hill.
Villa-García, Juilo y Sánchez-Llana, Hugo. (2021). La lingüística formal y la clase de L2: en pos de aunar teoría y práctica. En *Actas de las X y XI jornadas didácticas de ELE* (pp. 87–97). Madrid: Instituto Cervantes. <https://cvc.cervantes.es/ensenanza/biblioteca_ele/publicaciones_centros/PDF/manchester_2017-2018/06_villa-sanchez.pdf>
Wheatley, Kathleen. (2006). *Sintaxis y morfología de la lengua española*. Upper Saddle River: Pearson Prentice Hall.
Wheelock, Frederic. (2005). *Wheelock's Latin*. New York: Harper Collins.

ANEXO I
Ejemplos de análisis con diagramas arbóreos

A. Análisis de oraciones simples

1. *Mi hermana estudia inglés y chino.*

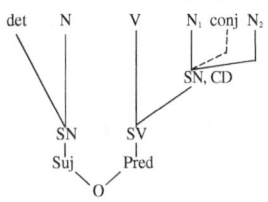

2. *¿Te has hecho daño en la mano?*

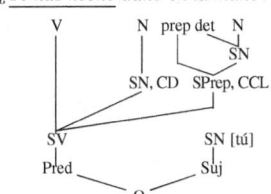

3. *Nunca llueve en el desierto.*

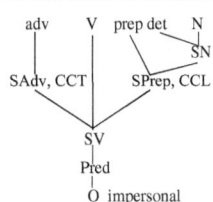

4. *No hay nada nuevo bajo el sol.*

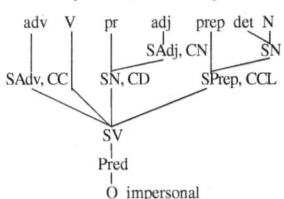

5. *Mañana a la una será la gran boda.*

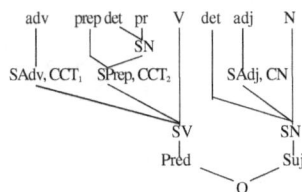

6. *En todas partes se cuecen habas.*

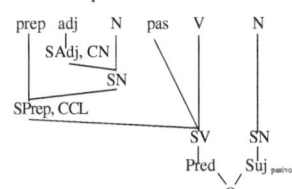

7. *No se oyen las voces de los niños.*

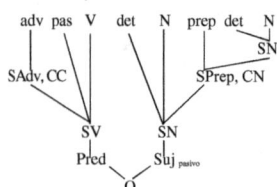

8. *Las desgracias nunca vienen solas.*

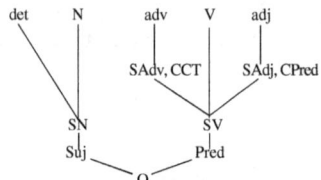

9. *La experiencia es la madre de la ciencia.*

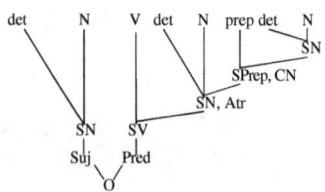

10. *Una golondrina no hace verano.*

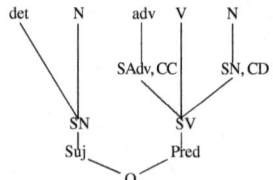

11. *El asesino en serie no fue atrapado por la policía de Chicago.*

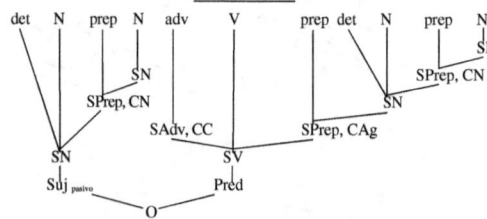

Anexo I 251

B. Análisis de oraciones compuestas coordinadas

12. *La profesora leyó la portada **y** abrió el libro de Cervantes.*

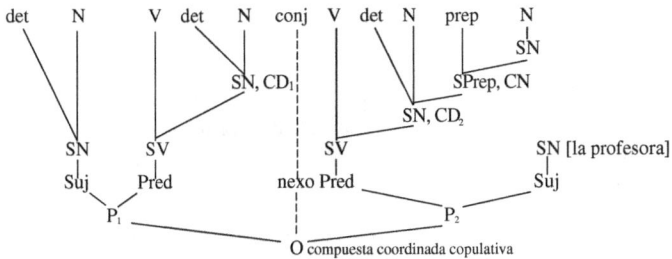

13. *Lisa **o** no vio nada **o** todo lo miró sin atención desde su asiento.*

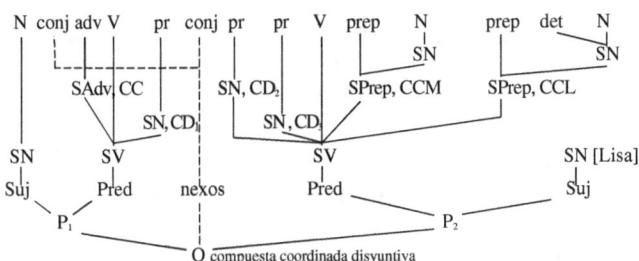

14. *Sara miraba hacia arriba **pero** no podía levantarse de la cama.*

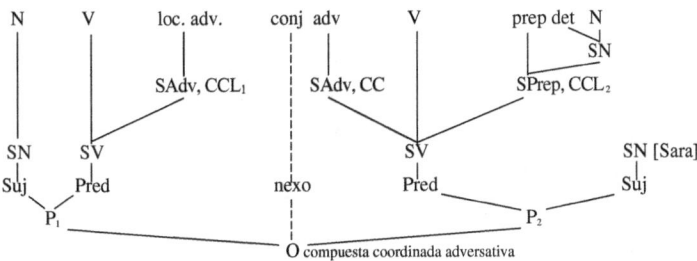

15. Fran **a veces** quería a su esposa, **otras veces** la detestaba.
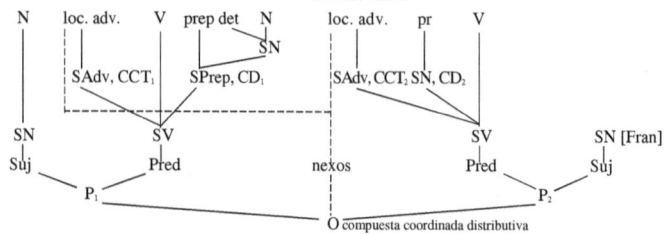

16. El soldado fue acortando el paso, **es decir**, su paso fue haciéndose lento.
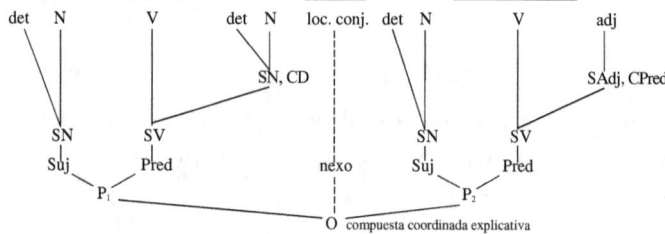

17. No era un reproche ni una crítica **sino que** Ana mostraba su opinión abiertamente.
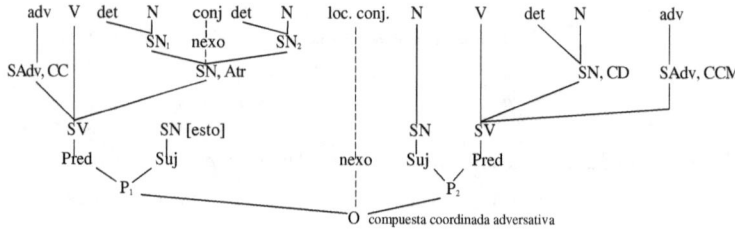

Anexo I

C. Análisis de oraciones compuestas subordinadas sustantivas

18. *Nunca me importó **que** fueras de viaje a Europa sin mí.*

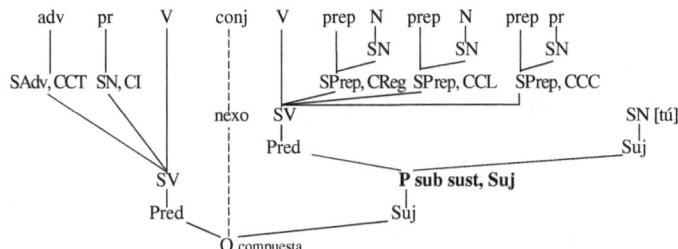

19. ***Convivir** con cinco hermanos fue bastante difícil en esos años.*

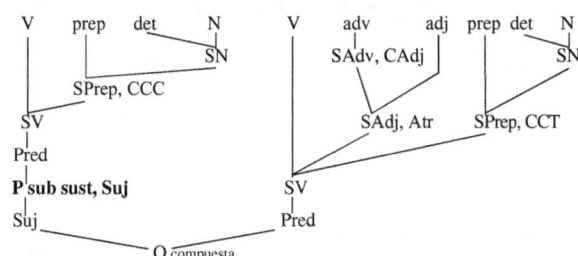

20. *Su esposo entonces supo **que** Lola no tenía la fortaleza de antes.*

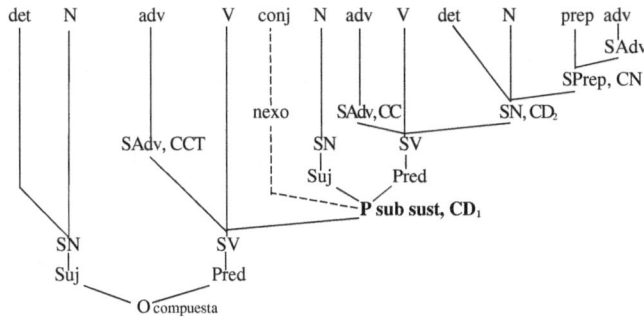

21. *Bea jamás parecía **sentir** el menor cansancio después de la carrera.*

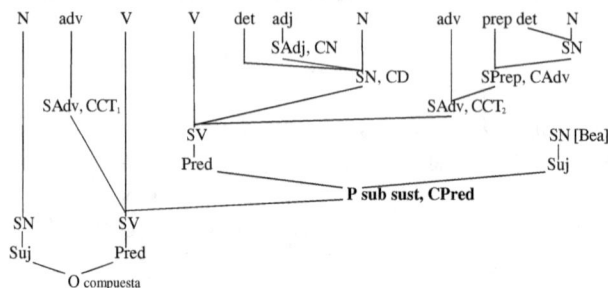

22. *El poeta tuvo la sensación **de que** nadie le dirigía la palabra en aquel encuentro.*

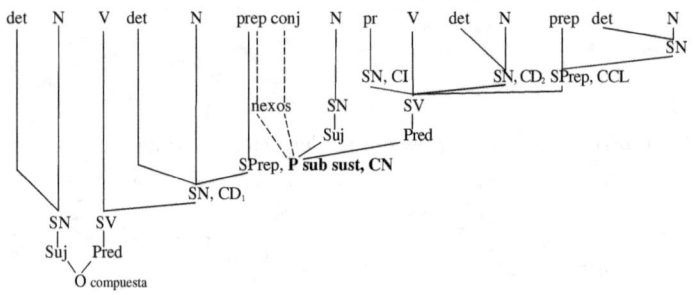

23. *Mi abuelo sí se sentía triste **de que** los días pasaran sin todos sus nietos.*

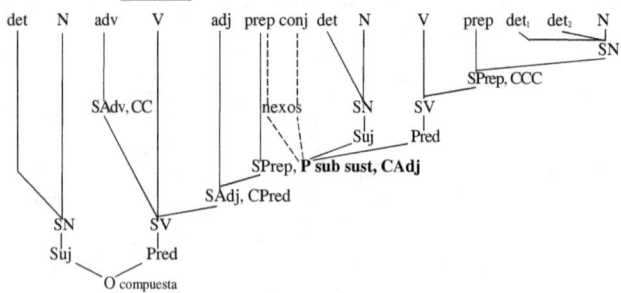

Anexo I

D. Análisis de oraciones compuestas subordinadas adjetivas o de relativo

24. *Me asomé a la ventana nueva **que** los albañiles acababan de construir en el baño.*

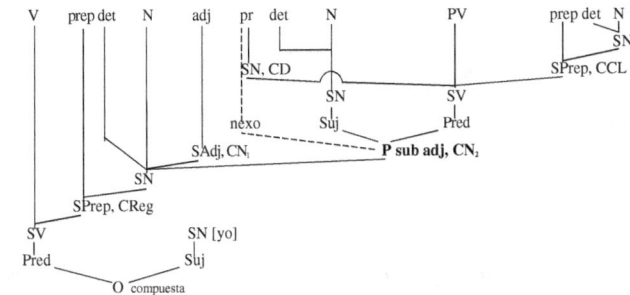

25. *Ayer fue el funeral del corresponsal de guerra **a quien** mataron en Gaza.*

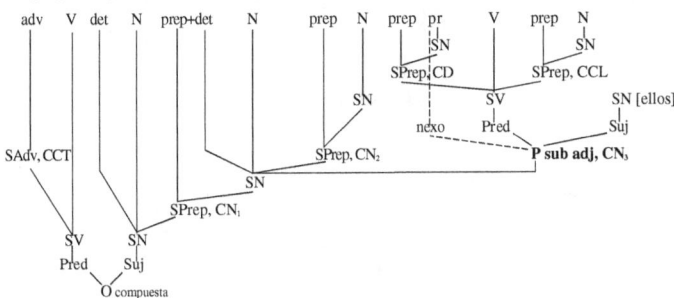

26. *Recuerdo esa película de terror **cuya** protagonista sobrevivió sola en una isla.*

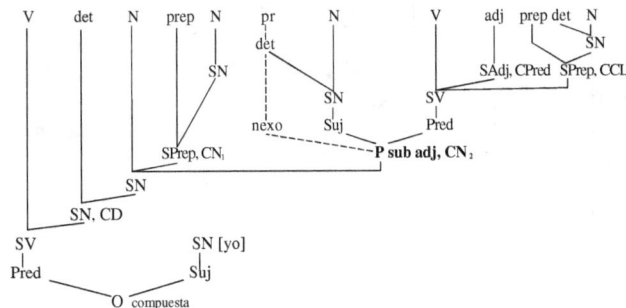

27. *Allí hay una cocina a gas **donde** puedes prepararte unos huevos fritos.*

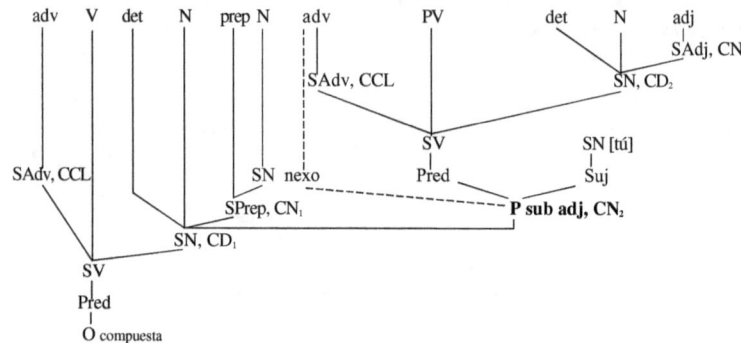

28. *Luisa nos contó **lo que** había sucedido aquella calurosa noche de verano.*

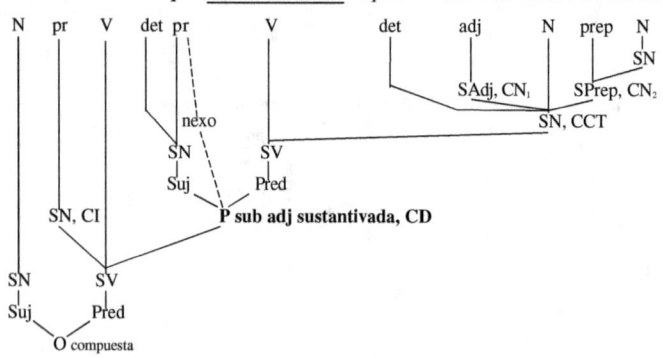

29. *Antes tenía una tienda pequeña de regalos **de la que** me ocupaba yo misma.*

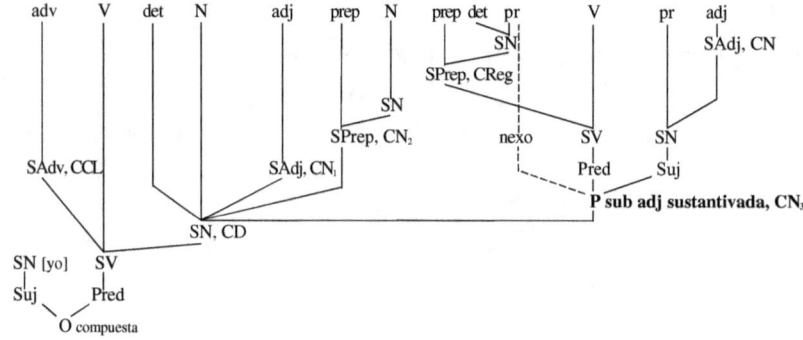

Anexo I

E. Análisis de oraciones compuestas subordinadas adverbiales

30. *Llegué a la clínica,* **riéndome** *para mis adentros de esa broma.*

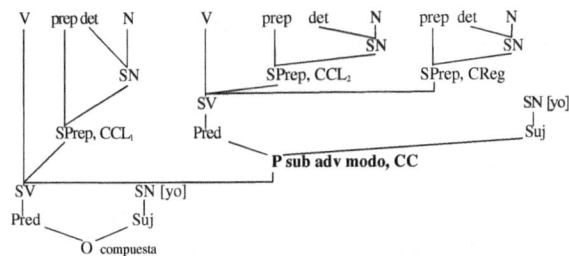

31. *Maya, la guía, nos llevó* ***a donde*** *pudimos descansar en paz esa noche fría.*

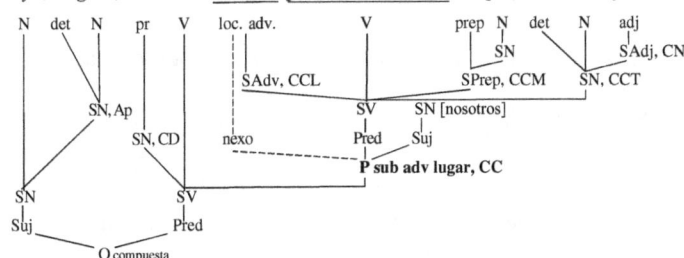

32. *Confía en el tiempo* ***porque*** *suele dar salidas a muchas amargas dificultades.*

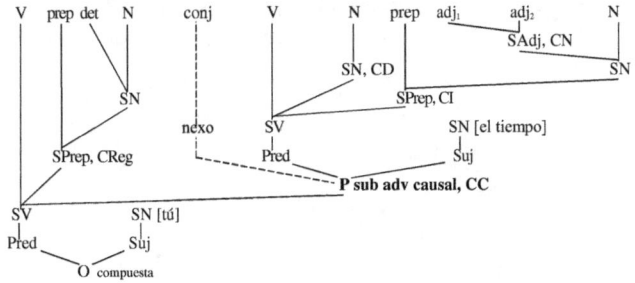

33. *No hay libro **tan** malo **que** no tenga algo bueno.*

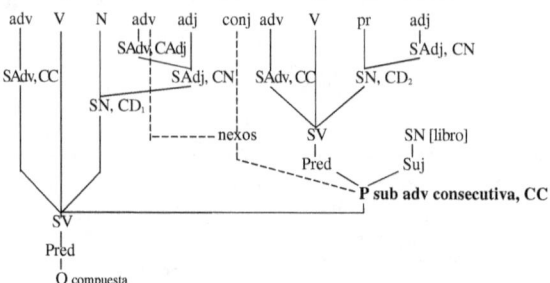

34. *Mi hija mayor se llevó **tal** susto **que** el vaso se le cayó de las manos.*

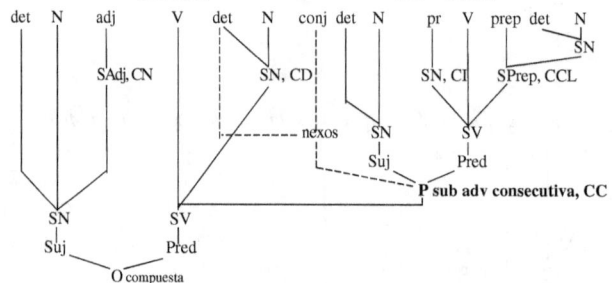

35. *Las noches de invierno solían ser **más** tranquilas **que** las de verano.*

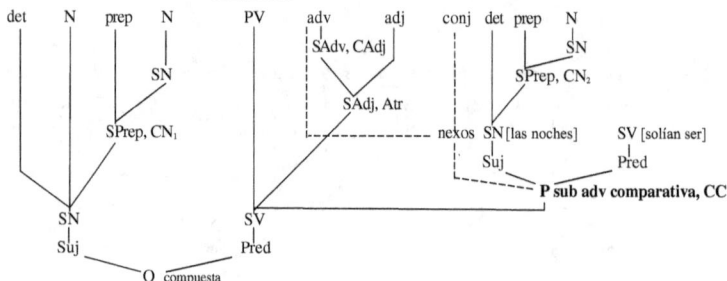

Anexo I

36. La escritora aceptó el contrato de la editorial **con tal de que** publicaran su novela.

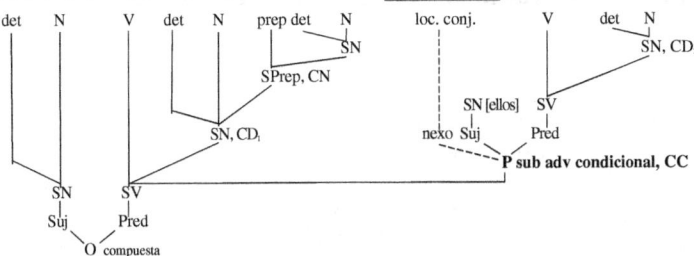

37. La niñera se ocupó de los niños el viernes **a pesar de que** era día festivo

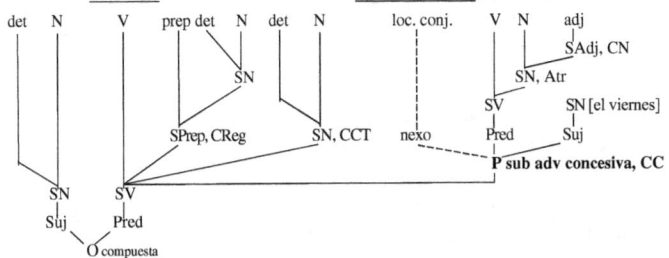

38. Hoy voy a la librería de segunda mano **a comprar** un ejemplar del Quijote a buen precio.

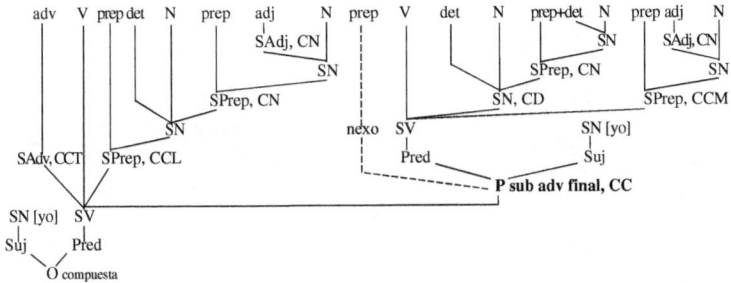

F. Análisis de oraciones compuestas combinadas

39. ***Quien** llega tarde **ni** oye misa **ni** come carne.*

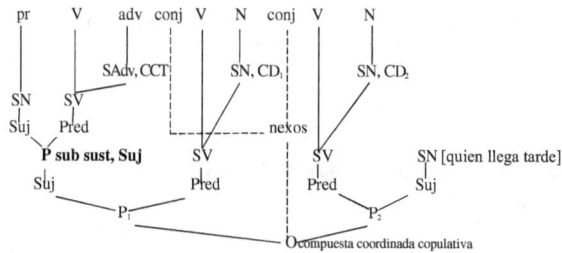

40. ***Volver** al pueblo era **volver** a la infancia.*

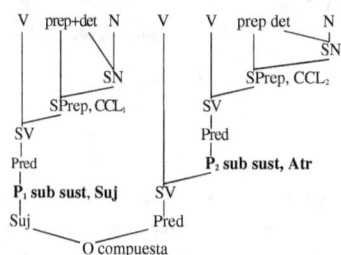

41. *Sé breve en tus razonamientos **que** ninguno hay gustoso **si** es largo.*

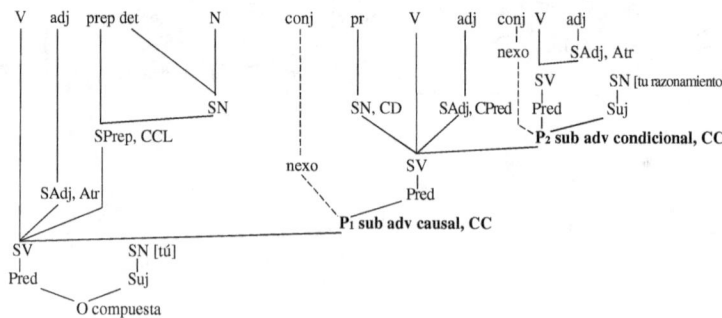

Anexo I

42. *En algún lugar de un libro hay una frase **esperándonos para** darle un sentido a la existencia.*

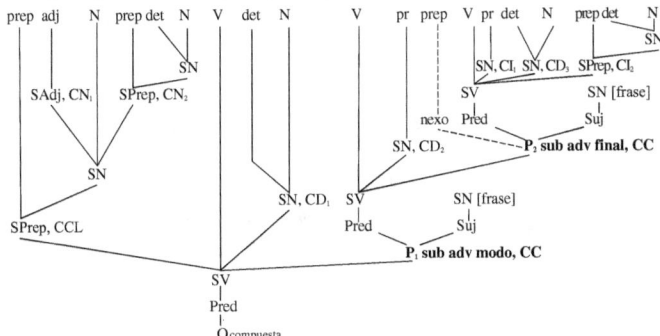

43. ***Lo que** necesito es **dormir** un poco en un lugar **donde** pueda estirar las piernas.*

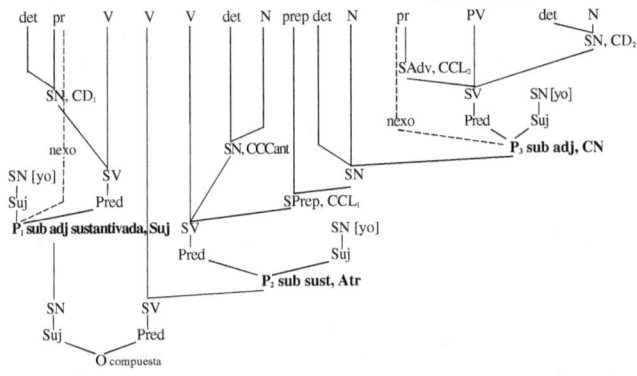

44. *La casa la compró una mujer **que** vive en China **y que** la ocupará **antes de** casarse.*

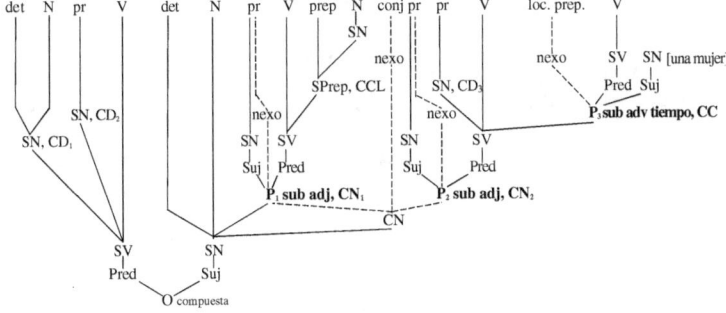

45. *Laura prefería **estar** sola, **aunque** le hubiera gustado **bañarse** con su hija en esa playa desierta.*

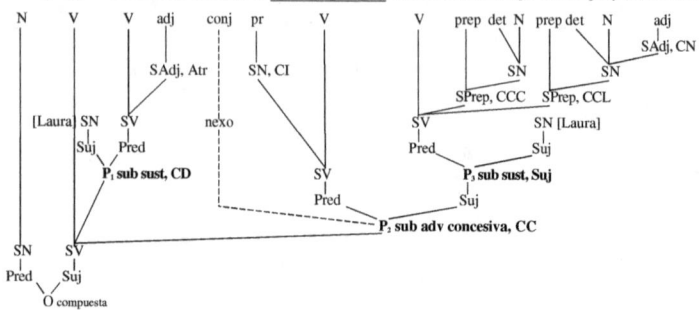

46. *La policía se encontraba sola y aislada, **atrapada** en el atasco del tráfico sin **poder adelantar** a nadie.*

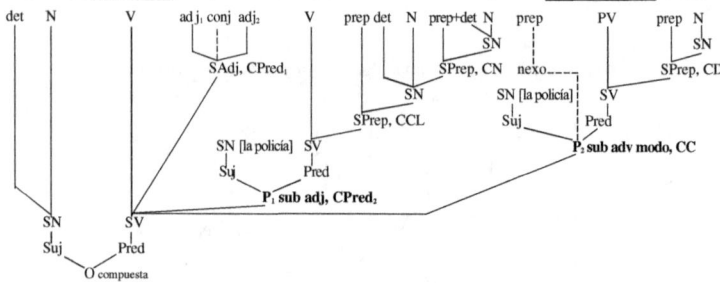

47. *Antes me gustaba **pasearme** por la plaza **para** ver los escaparates **que** anunciaban la navidad.*

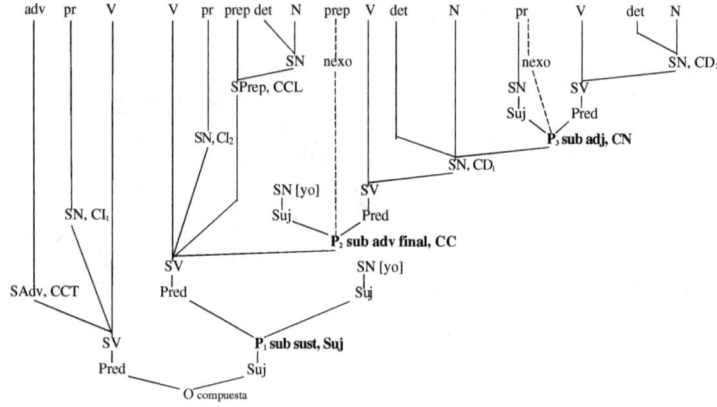

Anexo I

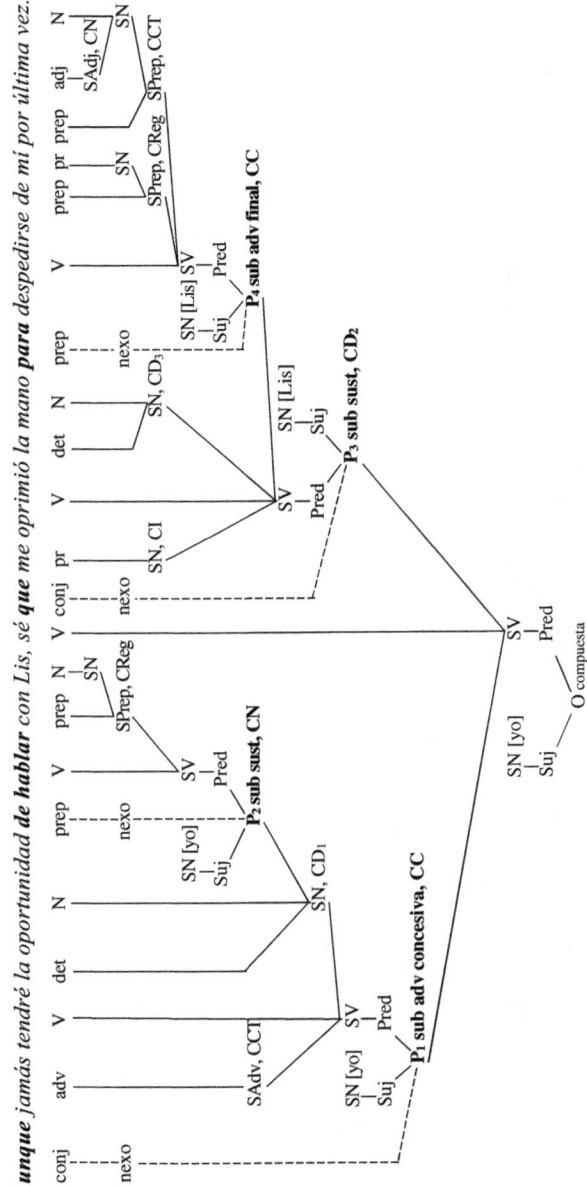

48. **Aunque** jamás tendré la oportunidad **de hablar** con Lis, sé **que** me oprimió la mano **para** despedirse de mí por última vez.

49. *La endocrinóloga consideró el pronóstico **de que** había un alto riesgo, **causado** por la diabetes, **si** no se operaba de inmediato.*

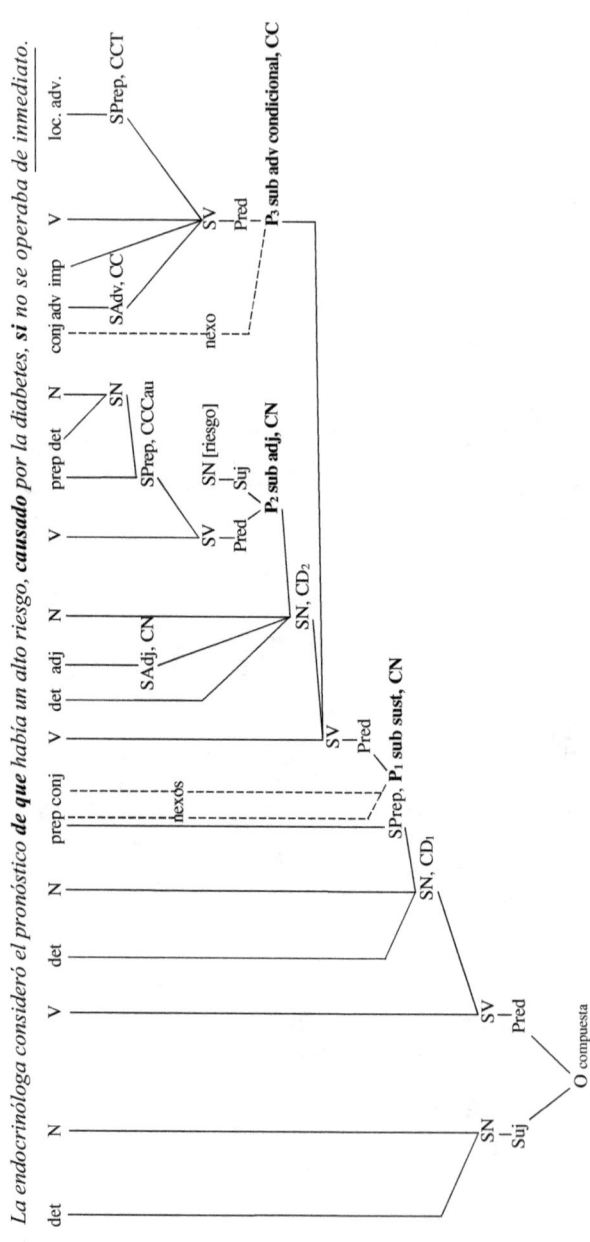

Anexo I

50. Sancho, **como** no estás experimentado en las cosas del mundo, todas las cosas **que** tienen algo de dificultad te parecen imposibles.

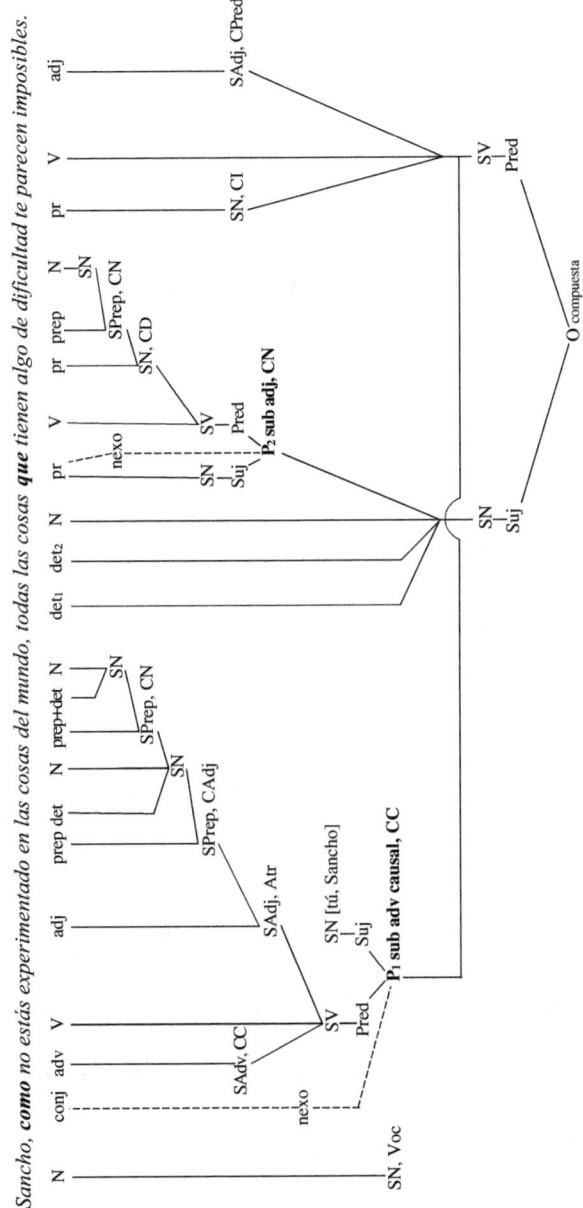

ANEXO II

Selección de verbos pronominales

Los verbos pronominales necesitan ir con un pronombre en su conjugación. El pronombre forma parte del verbo, es un morfema verbal. En el ejemplo: *los estudiantes se quejan de la dificultad del subjuntivo, se quejan* es un verbo pronominal y *se* es un constituyente del verbo *quejarse*. Una gran parte de estos verbos rigen preposición y, por lo tanto, les sigue un complemento de régimen (también llamado regido o suplemento).

Los verbos reflexivos forman una subcategoría de los verbos pronominales. Se diferencian en que el pronombre puede funcionar como complementos directo e indirecto. El sujeto hace y recibe la acción verbal; realiza la acción sobre sí mismo/a/s. En la oración *Ana se lava*, este *se* es complemento directo, pero en *Ana se lava el pelo*, *el pelo* es el complemento directo y el pronombre *se* es el complemento indirecto.

El número de verbos pronominales en la lengua española es muy extenso por lo que, a continuación, solo se muestra una breve selección de los verbos pronominales más comunes acompañados de la preposición que rigen. Aparecen en orden alfabético. Para saber si un verbo es pronominal o no se puede consultar un buen diccionario o la página de la red de la RAE.

1. abstenerse (de)
2. abstraerse (de)
3. aburrirse (de)
4. acordarse (de)
5. acostumbrarse (a)
6. adormilarse
7. adueñarse (de)
8. agotarse (de)
9. ahogarse
10. alegrarse (de)
11. alimentarse (de)
12. antojarse
13. apagarse
14. aparecerse
15. arrepentirse (de)
16. asegurarse (de)
17. asomarse (a)
18. asombrarse (de)
19. asustarse (de)
20. atenerse (a)
21. atreverse (a)
22. avergonzarse (de)
23. averiarse
24. bajarse (de)
25. burlarse (de)
26. caerse (de, a)
27. callarse
28. cansarse (de)
29. centrarse (en)
30. comportarse

31. concentrarse (en)
32. confundirse (de)
33. consumirse (de)
34. convertirse (en)
35. darse cuenta (de)
36. decidirse (a)
37. derretirse
38. desaparecerse
39. desentenderse (de)
40. despedirse (de)
41. dignarse (a)
42. distraerse (de)
43. divertirse
44. dormirse
45. empeñarse (en)
46. enamorarse (de)
48. encogerse
49. encontrarse (con)
50. endeudarse
51. enfadarse (con)
52. enfermarse (de)
53. enfocarse (en)
54. enojarse
55. entristecerse
56. escaparse (de)
57. esforzarse
58. estarse
59. estrenarse
60. estropearse
61. fiarse (de)
62. figurarse
63. fijarse (en)
64. fugarse (de)
65. hacerse
66. hundirse
67. imaginarse
68. irse (de)
69. jactarse (de)
70. librarse (de)
71. llamarse
72. llenarse (de)
73. llevarse
74. marcharse (de)
75. mofarse (de)
76. morderse
77. morirse (de)
78. moverse (de)
79. mudarse (de)
80. negarse (a)
81. obstinarse (en)
82. ocuparse (de)
83. ocurrirse
84. olvidarse (de)
85. plantearse
86. ponerse
87. portarse
88. precipitarse
89. preocuparse (de)
90. presentarse
91. propagarse
92. quedarse (en)
93. quejarse (de)
94. rebelarse
95. reírse (de)
96. romperse
97. salirse (de)
98. salvarse (de)
99. sentarse
100. sentirse
101. serenarse
102. sincerarse
103. subirse (a)
104. suicidarse
105. suponerse
106. transparentarse
107. vanagloriarse (de)
108. venirse (de)

ANEXO III

Selección de verbos con complemento de régimen (regido o suplemento)

Estos verbos se reconocen porque vienen seguidos por una preposición que se requiere para completar el significado verbal. Dicha preposición es obligatoria, si se elimina, la oración resulta ambigua, incompleta o agramatical. Suelen ser también verbos pronominales o reflexivos. En algunas ocasiones la preposición del complemento regido aparece también en el verbo: *acostumbrarse **a**, atenerse **a**, comprometerse **con**, depender **de**, enfrascarse **en***, etc.

Véanse una breve selección de verbos con complemento regido, algunos ya aparecen en la lista anterior de verbos pronominales. Están organizados en orden alfabético y por las preposiciones con las que aparecen más frecuentemente: ***a, de, en*** y otras.

A

1. *acceder **a*** (algo o alguien)
2. *acostumbrarse **a*** (algo o alguien)
3. *adaptarse **a*** (algo o alguien)
4. *afiliarse **a*** (algo o alguien)
5. *asomarse **a*** (algo)
6. *aspirar **a*** (algo)
7. *atenerse **a*** (algo)
8. *atreverse **a*** (algo)
9. *contribuir **a*** (algo)
10. *decidirse **a*** (algo)
11. *dedicarse **a*** (algo)
12. *dignarse **a*** (algo)
13. *jugar **a*** (algo)
14. *negarse **a*** (algo)
15. *preferir **a*** (algo o alguien)
16. *remitirse **a*** (algo o alguien)
17. *renunciar **a*** (algo o alguien)
18. *sucumbir **a*** (algo o alguien)

DE

1. *abstenerse **de*** (algo)
2. *acordarse **de*** (algo o alguien)
3. *advertir **de*** (algo o alguien)
4. *alegrarse **de*** (algo)
5. *arrepentirse **de*** (algo)
6. *asustarse **de*** (algo)
7. *avergonzarse **de*** (algo o alguien)

8. avisar **de** (algo)
9. burlarse **de** (algo o alguien)
10. cansarse **de** (algo o alguien)
11. carecer **de** (algo)
12. constar **de** (algo)
13. convencerse **de** (algo)
14. cuidar **de** (algo o alguien)
15. **de**pender **de** (algo o alguien)
16. desligarse **de** (algo o alguien)
17. despedirse **de** (algo o alguien)
18. disponer **de** (algo)
19. enamorarse **de** (alguien)
20. fiarse **de** (alguien)
21. hablar **de** (algo o alguien)
22. informar **de** (algo)
23. ir **de** (lugar)
24. limpiar **de** (algo)
25. ocuparse **de** (algo o alguien)
26. olvidarse **de** (algo o alguien)
27. preocuparse **de** (algo)
28. quejarse **de** (algo o alguien)
29. reírse **de** (algo o alguien)
30. retractarse **de** (algo)
31. sospechar **de** (alguien)
32. tratar **de** (hacer algo)

EN

1. confiar **en** (algo o alguien)
2. consistir **en** (algo)
3. creer **en** (algo o alguien)
4. deleitarse **en** (algo)
5. ejercitarse **en** (algo)
6. **en**trometerse **en** (algo)
7. **en**zarzarse **en** (algo)
8. fijarse **en** (algo o alguien)
9. influir **en** (algo o alguien)
10. insistir **en** (algo)
11. pensar **en** (algo o alguien)
12. tardar **en** (algo)

Otras preposiciones

1. casarse **con** (alguien)
2. cegarse **con** (algo o alguien)
3. coincidir **con** (alguien)
4. **com**prometerse **con** (algo o alguien)
5. confundir **con** (algo o alguien)
6. contar **con** (algo o alguien)
7. contentarse **con** (algo)
8. discutir **sobre** (algo)
9. encontrarse **con** (algo o alguien)
10. enfrentarse **con** (alguien)
11. entenderse **con** (alguien)
12. hablar **con** (alguien)
13. incomodarse **con** (algo o alguien)
14. interceder **por** (alguien)
15. preguntar **por** (algo o alguien)
16. preocuparse **por** (algo o alguien)
17. protestar **por** (algo)
18. rebelarse **contra** (algo o alguien)
19. soñar **con** (algo o alguien)
20. tratar **con** (alguien)
21. tratar **sobre** (algo)
22. versar **sobre** (algo)

Glosario de términos lingüísticos

Acusativo. Caso de la declinación latina equivalente al complemento directo. En español, el acusativo también se refiere a los pronombres personales de tercera persona *lo(s)*, *la(s)*, procedentes de acusativos latinos.

Adjetivo. Palabra que modifica al sustantivo con el que concuerda en género y número, bien directamente, *casa grande*, o bien a través de un verbo, *la casa es pequeña*. Los adjetivos pueden ser calificativos y determinativos. Los calificativos indican características propias del nombre. Los determinativos introducen el nombre en la oración y pueden ser demostrativos, posesivos, numerales, cuantificadores, etc.: *este coche*, *mi libro*, *dos día*s, *algunos asuntos*.

Adverbio. Palabra invariable que complementa a un verbo (*habla poco*), a un adjetivo (*más guapo*) o a otro adverbio (*aquí abajo, bastante cerca, muy pronto*). Pueden ser de lugar (*allí, abajo, arriba, dónde*), tiempo (*ayer, cuándo, mañana, recién*), modo (*así, cómo, mal, lentamente*), negación (*no, nunca, tampoco*), afirmación (*sí, efectivamente*), duda (*acaso, quizá, probablemente, tal vez*), deseo (*ojalá*), entre otras nociones.

Adversativo/a. Indica oposición de sentido o contraste.

Agente. Entidad animada o inanimada que realiza la acción indicada por el verbo. Es agente *el jefe* en *el jefe abrió la puerta*. Se opone a paciente.

Agramatical. Cuando no se siguen las reglas normativas de la gramática, como *mi hija pinta tan mal *como ti* (para *como tú*). La agramaticalidad se señala anteponiendo un asterisco (*).

Anáfora. En lingüística, sobre todo se aplica este término para relacionar palabras en el discurso y para hacer alusión a otro elemento que ya ha aparecido anteriormente, por ejemplo, el pronombre *lo* es anafórico en *te lo dije*, para hacer referencia a *que no fueras* en *te dije que no fueras*.

Analogía. Afinidad o similitud entre formas lingüísticas. Así, por ejemplo, el pasado irregular *tuve* del verbo *tener*, se formó por analogía con el pasado *ove* de *aver*, *haber* en español medieval.

Antecedente. Sustantivo al que hace referencia el pronombre relativo, al cual antecede de forma explícita o implícita, por ejemplo, en *el gato que me regalaste se perdió*, el antecedente de *que* es *el gato*.

Apódosis. En lingüística es la oración principal de un enunciado condicional o concesivo, por ejemplo, *no saldremos* en *si llueve, no saldremos*; o *no lo haré* en *aunque me presiones, no lo haré*. Término opuesto a prótasis.

Aposición. Aclaración, sin nexo, que explica a otro sustantivo. Se distinguen dos clases: la especificativa como en *su hijo el cartero no viene hoy* y la explicativa, entre comas, como en *Ana, la hermana de Sam, se casó ayer*.

Artículo. Aquella palabra que acompaña al sustantivo, anteponiéndose a él, indicando distintos valores: género, número y si lo señalado es conocido o desconocido por los interlocutores, por ejemplo, *el* en *el yate*, *un* en *un detective*, *una* en *una computadora*. Se distinguen dos clases: artículos definidos (*el, la/o/s*) e indefinidos (*un/a/o/s*).

Atributo. Función sintáctica que generalmente desempeña un adjetivo o un sustantivo a través de un verbo copulativo (*ser* y *estar*), atribuyendo una cualidad o estado al sujeto: *Juan es pintor*; *el suelo está sucio*.

Caso. Cada una de las formas que adoptan ciertas palabras, como los sustantivos y los pronombres, según la función sintáctica que desempeñan en la oración. En español tenemos los casos acusativo (en los pronombres *lo/a/s*) y dativo (en *le/s*) derivados y heredados del latín.

Categoría gramatical. Se corresponde con la clasificación de palabras dependiendo de su papel gramatical; por ejemplo, el artículo, el adjetivo, el sustantivo, el verbo, etc., son clases de palabras o categorías gramaticales.

Causativo/a. Se dice de un verbo que tiene sentido o valor causativo cuando el sujeto no realiza por sí mismo la acción, sino que la provoca en otros como en *el dictador mató a sus opositores*; *mi padre se cortó el pelo en la barbería*; *Giuliani modernizó Nueva York*. Los verbos causativos aceptan perífrasis como *hacer* + infinitivo y *hacer que* + verbo en subjuntivo: *hizo dormir al niño dos horas*; *la médica hizo que ingresaran al paciente*. También se les llama verbos factitivos y suelen ser transitivos.

Complemento. Palabra o grupo de palabras que depende sintácticamente de otro elemento de la oración como complementos directo e indirecto.

Complemento agente. Aparece en una oración pasiva encabezado por la preposición *por* e indica la persona, animal o cosa que realiza la acción denotada por el verbo: *el acueducto fue construido por los romanos*.

Complemento circunstancial. Complemento verbal que expresa circunstancias, por ejemplo, de cantidad, causa, finalidad, modo, medio, instrumento, lugar, tiempo, etc., todas relacionadas con la acción del verbo: *llovió poco*; *lo hice por ti*; *esto es para Loli*; *habla despacio*; *comí con palillos*; *enseño en la academia*; *llegó a la una*.

Complemento de régimen, regido o de preposición. Llamado así porque siempre rige una preposición exigida por el verbo. Si esta preposición se suprime, la oración toma otro significado o resulta agramatical: *todos dependemos de ti*; *me conformo con este coche*; *habló con Ana*.

Complemento directo. Es una función sintáctica que complementa el significado del verbo, indicando la entidad sobre la cual se proyecta directamente la acción verbal. Se requiere con los verbos transitivos (*estudiar, comer, beber, leer, escribir* algo). No lleva preposición a no ser que esté personificado y entonces va con *a*: *no vi tu mensaje*; *vi a tu novia*. Puede sustituirse y, a veces, coaparecer con los pronombres que en tercera persona adoptan las formas *lo/a(s)*: *lo leí*; *el mensaje lo leí*; *no la vi*; *a tu novia no la vi*.

Complemento indirecto. Complemento del verbo que va precedido siempre de la preposición *a* y puede sustituirse o coaparecer con los pronombres de tercera persona *le(s)* o *se*: *(le) di el mensaje a tu padre*; *se lo di*. Puede indicar el destinatario de la acción, *te la traje a ti*; *le pasé tu CV a nuestra jefa*; el que resulta beneficiado o perjudicado por ella, *le he pagado la renta*, *le rompí el mapa a Ana*; o la persona o cosa afectada por las características de algo, *le queda grande la falda*, *le molesta el humo*.

Concesivo/a. Término que expresa concesión o la presencia de un obstáculo. Se aplica a las oraciones que designan una objeción o un obstáculo para que se realice la acción principal, sin que dicho obstáculo impida que la acción se cumpla: *aunque come poco, engorda*; *a pesar de la lluvia, iré al parque*.

Conector oracional. Palabra que sirve de enlace en enunciados y oraciones, indicando significados múltiples como adición, causa, concesión, consecuencia, contraste, equivalencia, oposición, etc. Conectan las oraciones, algunos ejemplos son *ahora bien, a pesar de eso, aunque, así que, efectivamente, en efecto, en ese caso, en primer lugar, por el contrario, por eso, sin embargo*, etc. También se les denomina nexos.

Conjunción. Palabra invariable que une vocablos o secuencias sintácticamente equivalentes (conjunción coordinante: *y, ni, o, pero*). También introduce distintos tipos de oraciones subordinadas (conjunción subordinante: *aunque, porque, que, si*). Se distinguen varios tipos: las adversativas como *pero, mas* y *sino*; las causales como *porque* y *pues*; las comparativas, por ejemplo, *que* y *como*; las condicionales como *si*; las consecutivas como *conque, luego* o la locución *así que, tan(to/a/s)* o *tal que* como en *habla tanto que me desespera, come tantos dulces que se le van a caer los dientes*. Las finales introducen oraciones subordinadas finales, como las locuciones *para que* y *a fin de que*. Entre las concesivas, la más representativa es *aunque*

Conjunción coordinante. La que une oraciones coordinadas. Estas conjunciones pueden ser copulativas, adversativas, distributivas y disyuntivas, por ejemplo, *y, ni, pero, o*. Las copulativas unen palabras y oraciones mediante adición: *y, e, ni*. Las distributivas presentan una serie de alternativas contrapuestas; a veces se expresan con adverbios usados correlativamente como *aquí... allí, bien... bien, estos... aquellos, ya... ya, unos... otros*. Las disyuntivas expresan alternancia o elección entre palabras u oraciones: *o, u*.

Consecutivo/a. Que expresa consecuencia.

Contracción. Fusión de dos palabras en una como *del* (*de + el*) y *al* (*a + el*).

Coordinación. Unión de palabras u oraciones sintácticamente equivalentes por medio de una conjunción coordinante como *y*.

Copulativo/a. Que une o enlaza. Puede ser una conjunción, una oración o un verbo copulativo.

Cuantificador. Palabra que sirve para cuantificar, es decir, para indicar cantidad o grado, sea de forma precisa (*un, dos, tres*), o imprecisa (*demasiado, mucho, muy, poco, varios, infinidad de, un montón de*, etc.).

Dativo. Caso que expresa la función del complemento indirecto. Los pronombres de tercera persona *le(s)* proceden del dativo latino. El *dativo de interés* se refiere a los pronombres personales átonos *me, te, le(s)* o *se, nos, os*, cuando el verbo no los requiere y se usan para enfatizar la intervención del participante en la acción o la acción misma, como en *se me murió mi perrito, se le casa la niña; se comió toda la pizza*.

Declinación. Las formas que adoptan determinadas palabras de un grupo específico según la función que desempeñen en la oración. Por ejemplo, en latín, la primera declinación abarca los temas en *a* como en ROSA, ROSAE.

Demostrativo. Puede ser, o bien un adjetivo, o bien un pronombre que sirve para señalar una entidad a la que acompaña o sustituye. Se distinguen tres niveles de cercanía con respecto al hablante: *este, ese, eso* y *aquel* con sus variantes de género y número.

Desinencia. Morfema flexivo pospuesto a la raíz de un verbo, que indica persona, número, tiempo, aspecto y modo. Por ejemplo, en *leo* la *-o* es una desinencia.

Determinante. Es la palabra que introduce al sustantivo y determina su significado en la oración. Los artículos, adjetivos demostrativos y posesivos son determinantes: *el, mi,* y *esa* en los ejemplos, *el niño, mi hija, esa casa*.

Dislocación. En lingüística es una estructura oracional que traslada un elemento de la oración a una posición periférica. Puede ser a derecha o a izquierda con respecto al verbo, por ejemplo, la dislocación posverbal a derecha del sujeto en *las patatas las cocinó mi abuela* (frente a *mi abuela cocinó las patatas*). Sedano afirma que se hallan pocos casos de esta dislocación del sujeto a la derecha en el español hablado y aproximadamente un 28 % en el español escrito (2013: 185).

Disyuntivo/a. Indica alternativa entre dos o más elementos.

Elidir, elipsis, elisión. Cuando se suprime uno o varios sonidos de una palabra, sobre todo, la vocal final cuando la palabra precede a otra que empieza por vocal, como en *decimoctavo* (décimo + octavo).

Enunciado. Palabra o secuencia de palabras, delimitada por pausas marcadas, que constituye una unidad comunicativa de sentido completo. Puede estar formado por una sola palabra, *¡silencio!*; un grupo, *¿otro* *café?*; una oración simple, *hace mucho viento*; o una oración compuesta, *se fue pero volverá.*

Especificativo/a. Propio de especificar. Se atribuye a los adjetivos, aposiciones, complementos u oraciones que delimitan alguna cualidad o circunstancia de la entidad a la que acompañan: *he vendido mi reloj Rolex.*

Estilo. El modo de reproducir las palabras de los interlocutores. El estilo puede ser directo o indirecto. Es directo cuando se reproducen textualmente las palabras de una persona, *Ana confirmó: "te llamo más tarde".* Es indirecto cuando se reproducen las palabras de otra persona adaptando ciertas referencias temporales del discurso original del hablante: *Ana confirmó que te llamaría más tarde.*

Exclamativo/a. Referente a la exclamación. Se atribuye a las oraciones que indican emoción o sentimientos (admiración, alegría, arrepentimiento, dolor, enfado, sorpresa), así como a los adjetivos, pronombres o adverbios usados en este tipo de oraciones: *¡qué calor!*; *¡cómo canta!*

Exhortativo/a. Referente a la exhortación, es decir, incitar a alguien con palabras o ruegos a que haga o deje de hacer algo, como en *¡nunca te vayas!* El subjuntivo exhortativo se emplea con esta intención: *¡que te levantes!*; *no comas tanto.*

Expletivo/a. Elemento que no aporta significado, pero sí cierto valor expresivo a la oración, como *apenas* en *apenas si se cansó.* Puede omitirse sin afectar la gramaticalidad del enunciado.

Explicativo/a. Referente a la explicación. Se dice de los adjetivos, aposiciones, complementos u oraciones que expresan características del sustantivo, sin que su elisión altere el sentido del enunciado. Suelen ir entre comas como en *Sevilla, la capital de Andalucía, tiene una plaza de toros.* Se opone a especificativo.

Flexión. Variación que experimentan las palabras a través de terminaciones que expresan contenidos gramaticales, como el género y el número en los sustantivos; o la persona, el número, el tiempo, el modo y el aspecto en los verbos.

Género. Clase a la que pertenecen los sustantivos según sean masculinos o femeninos. Por medio de la concordancia, los determinantes y adjetivos que acompañan al nombre también tienen género, así como los pronombres. El género neutro se encuentra en español en algunos pronombres como *lo, esto, eso* y *aquello.*

Gentilicio. Que indica nacionalidad o lugar de origen, como *filipino* o *portugués.*

Gerundio. Forma no personal de verbo que termina en *-ando* en los verbos en *-ar*, de la primera conjugación, (*estudiando*) y en *-iendo* (o *-yendo*) en los verbos en *-er* e *-ir*, de la segunda y tercera (*viendo, durmiendo*). El gerundio es invariable, no indica persona, número, ni tiempo y funciona como adverbio en algunos contextos como en *vino cantando.*

Grado. La intensidad con la que el adjetivo informa de una característica del sustantivo. Tienen grado los adjetivos calificativos y algunos adverbios. El grado positivo equivale al adjetivo o al adverbio sin intensificar: *bajo, guapa, lejos*. El grado comparativo atribuye una intensidad comparativamente mayor, menor o igual en relación con otra propiedad y se expresa utilizando los cuantificadores *más, menos, tan* o *igual de*: *más bajo, menos guapa, tan lejos*. Algunos adjetivos y adverbios tienen formas comparativas propias, como *mejor* (comparativo de *bueno* y de *bien*), *peor* (comparativo de *malo* y de *mal*), *mayor* (comparativo de *grande*) o *menor* (comparativo de *pequeño*). El grado superlativo presenta la máxima intensidad, bien de modo absoluto (superlativo absoluto), *altísimo*, bien en relación con la que presentan el resto de los integrantes de un grupo o conjunto (superlativo relativo), *el más alto de mis tíos, la menos guapa de sus amigas, está lejísimo*. Algunos adjetivos y adverbios son en sí mismos superlativos absolutos, porque lo eran ya en latín: *óptimo, óptimamente, máximo, mínimo, pésimo, pésimamente.*

Impersonal. Se dice de las oraciones que carecen de sujeto: *hace calor; nevó mucho*. También se aplica este término a los verbos y perífrasis verbales que no pueden llevar sujeto, como *nevar, haber, haber que* + infinitivo: *hay varias guerras en la actualidad, hay que comer fruta.*

Incoativo/a. Denota un cambio de estado físico o psíquico. Se atribuye a los verbos y perífrasis como *amanecer, oscurecer, enfermar, caer en silencio, ponerse a* + infinitivo o *romper a* + infinitivo que indican el comienzo (súbito o no) de un estado, proceso o acción, por ejemplo, *el niño se puso a llorar, la paciente rompió a gritar, el jardín se abrasó en unos minutos.*

Indefinido. Se aplica al adjetivo, artículo o pronombre que expresa nociones de cantidad, identidad o de otro tipo de forma vaga e incierta como *alguno, alguien, cualquier(a), nadie, otro, varios,* etc.

Infinitivo. Forma no personal del verbo que termina en *-ar* en los verbos de la primera conjugación (*amar*), en *-er* en los de la segunda (*comer*) y en *-ir* en los de la tercera (*vivir*). Es invariable; no indica tiempo, número ni persona, y se asimila a menudo al sustantivo en su funcionamiento gramatical.

Interjección. Palabra invariable, con autonomía sintáctica, con la que el hablante expresa sentimientos o sensaciones, o induce a la acción al interlocutor. En la escritura suele escribirse con signos exclamativos: *¡ay!, ¡ea!, ¡oh!, ¡uy!, ¡aúpa!, ¡cielos!, ¡venga!* Las fórmulas de saludo y despedida: *¡hola!* y *¡adiós!* también se consideran interjecciones.

Interrogación retórica. Pregunta para la cual no se espera una respuesta: *¿cuántas veces tengo que decirte que te calles?*

Interrogativo -va. Referente a la interrogación. En sintaxis se atribuye a las preguntas directas o indirectas y a los adjetivos, pronombres y adverbios usados en oraciones interrogativas: *¿cómo te llamas?* (interrogativa directa); *le pregunté cómo se llamaba* (interrogativa indirecta), *cómo,* adverbio interrogativo.

Lexicalizarse, lexicalizado -da. Cuando un elemento pasa a incorporarse al caudal léxico de una lengua, a veces, consolidándose como una expresión fija con significado propio, por ejemplo, *ni en pintura* está lexicalizada con el significado de *jamás*: *¡no quiero verla ni en pintura!* equivale a *no quiero verla jamás.*

Locución. Serie de dos o más palabras que funciona como una unidad léxica con significado propio. Encontramos varias clases según su funcionamiento gramatical. La locución nominal equivale a un sustantivo, por ejemplo, *brazo de gitano, ojo de buey*; la adjetiva funciona como un adjetivo, *(una mujer) de bandera, (una verdad) como un templo*; la adverbial como un adverbio, *a las mil maravillas, de repente*; la conjuntiva como una conjunción, *así que, por más que.* La preposicional funciona como una preposición, *acerca de, con vistas a, junto a,* *a pesar de*; la pronominal equivale a un pronombre y funciona como tal, *alguno que otro, cada uno*; la verbal equivale a un verbo y funciona como tal, *echar de menos, caer en la cuenta, hacer caso*, etc.

Morfema. Unidad mínima con significado propio, sea léxico o gramatical, por ejemplo, la *-s* del plural, la *-o* del masculino. Los prefijos y sufijos, las desinencias y raíces de las palabras se consideran morfemas.

Morfología. Disciplina lingüística que estudia la estructura interna de las palabras y sus variaciones.

Neutro. Género gramatical. Los sustantivos del español no pueden tener género neutro, como en otras lenguas como el latín o el rumano. En español solo tienen género neutro los demostrativos (*esto, eso, aquello*), los cuantificadores (*tanto, cuanto, cuánto, mucho, poco*), el artículo definido o determinado (*lo*) y los pronombres personales de tercera persona (*ello, lo*).

Número. Expresa singular o plural. Es muy importante para la concordancia entre sustantivos, adjetivos y pronombres.

Oración. Estructura sintáctica constituida por un sujeto y un predicado o solo por un predicado. Puede ser de varios tipos según sea el predicado o la actitud del hablante.

La oración simple consta de un solo predicado y, por tanto, no contiene ninguna otra oración: *tráeme un café*. La oración impersonal no tiene sujeto. La oración negativa niega lo denotado por el verbo: *no tengo hambre*; *nunca se lo dijo*. La oración activa no tiene forma ni valor pasivo. La oración enunciativa indica un hecho, afirmándolo o negándolo: *no sonó el despertador*. La oración exclamativa directa aparece entre dos signos de exclamación: *¡cómo nieva!*; *¡qué mal huele!* La exclamativa indirecta va introducida por un pronombre, un adjetivo o un adverbio exclamativos y depende de un verbo principal: *es increíble cómo baila flamenco*. La desiderativa expresa deseos: *ojalá salga el sol mañana*. La copulativa contiene un verbo copulativo: *la sala estaba desierta*. La interrogativa directa es independiente y aparece escrita entre dos signos de interrogación: *¿quién llamó?*; *¿fuiste al cine sin mí?* La interrogativa indirecta puede ir introducida por un adjetivo, un adverbio o un pronombre interrogativos o por la conjunción *si*, dependiendo de un verbo principal: *no le digas cómo te llamas; no sé quién es mi vecino; me pregunto si vendrá esta noche.*

La oración compuesta consta de dos o más predicados con sus verbos respectivos: *fui al cine con mi hermana y nos divertimos mucho; estudio porque quiero un buen trabajo.*

La oración yuxtapuesta aparece combinada con otras del mismo nivel sintáctico sin nexo o enlace entre ellas; se separan ortográficamente con comas (a veces, punto y coma): *en verano vamos a la playa, mis padres se tuestan al sol, yo nado en la piscina, todos nos relajamos.*

La oración compuesta coordinada se une a otra oración mediante una conjunción, sin que exista relación de dependencia entre ellas: *el módem se rompió* (primera coordinada) *y no puedo trabajar* (segunda coordinada).

La oración compuesta subordinada indica dependencia de otra, la llamada principal: *me dijeron que estás enfermo, me dijeron* (principal), *que estas enfermo* (subordinada). La principal es aquella de la cual dependen una o varias proposiciones subordinadas. La subordinada depende de otra oración o de un elemento de la oración principal: *avísame en cuanto puedas, en cuanto puedas* depende de *avísame*. Las oraciones compuestas subordinadas pueden clasificarse como sustantivas, adjetivas y adverbiales cuando desempeñan funciones propias del sustantivo, adjetivo y del adverbio respectivamente.

Participio. 1. Forma no personal del verbo que puede funcionar como adjetivo y, por tanto, llevar marcas de género y número. El participio de los verbos regulares termina en *-do* (fem. *-da*) y con él se forman los tiempos verbales compuestos de la conjugación (*he amado, has bebido, habíamos ido*) y de la pasiva perifrástica (*fue arrestada, fuimos bautizados*). También se le llama participio pasivo, de pasado o de pretérito, para diferenciarlo del participio activo o de presente. 2. Participio activo. Derivado verbal acabado en *-nte* que indica la capacidad de realizar la acción expresada por el verbo del cual se deriva. Muchos proceden de participios de presente latinos y, en la actualidad, están integrados, en su mayoría, como adjetivos (*durmiente, permanente*) o de los sustantivos (*cantante, dirigente, estudiante, presidente*); otros se han convertido en preposiciones (*durante, mediante*) o en adverbios (*bastante, no obstante*). 3. Participio de presente. También llamado participio activo. Procede de los participios de presente latinos acabados en las terminaciones *-ns,-ntis: amans, amantis,* en español *amante.*

Perífrasis. 1. Expresión de varias palabras para decir algo con menos palabras o con una sola. 2. Perífrasis verbal. Unión pluriverbal que funciona como núcleo del predicado, por ejemplo, *tengo que estudiar.* El verbo auxiliar se conjuga y aporta los valores gramaticales de tiempo, número y persona, además de otros matices como obligación, reiteración, duración, etc. El verbo principal o auxiliado, en forma no personal (infinitivo, gerundio o participio), ofrece el significado léxico: *hay que darle de comer al gato; tu perro sigue ladrando; no has vuelto a visitar a tu abuela.*

Persona, personal. La desinencia verbal que indica persona gramatical además de modo, tiempo y número: *comí* (primera persona singular, *yo*). Las formas no personales del verbo son el infinitivo (*comer*), el gerundio (*comiendo*) y el participio (*comido*), ya que carecen de marcas que indican la persona gramatical.

Pleonasmo. Palabra innecesaria para el sentido lógico del enunciado como en *se quedó helada de frío* (no puede ser *helada de calor*).

Posesivo. Que indica posesión o pertenencia, como los adjetivos y pronombres posesivos: *mi, tu, su, mío, tuyo, suyo, cuyo* con sus variantes.

Pragmática. Disciplina de la lingüística que estudia la relación entre la lengua, los hablantes y las situaciones en las que se produce la comunicación.

Predicado. Parte de la oración que dice algo del sujeto. Su núcleo es un verbo que concuerda con el sujeto si lo hay: *(Ana) tiene dos años, llueve mucho; hace calor.* El predicado comprende al verbo y sus complementos; excluye el sujeto.

Predicativo. Complemento que atribuye una propiedad o característica al sujeto o al complemento directo a través de un verbo semicopulativo: *Ana llegó exhausta; encontré muy alto a tu sobrino.*

Preposición. Palabra invariable cuya función consiste en introducir un sustantivo o un grupo nominal con el que forma un complemento. Son las siguientes: *a, ante, bajo, con, contra, de, desde, durante, en, entre,* *hacia, hasta, mediante, para, por, según, sin, sobre, tras*. También son preposiciones, de uso más restringido, *pro, so, versus, vía*.

Pronombre. Palabra que funciona sintácticamente como un sustantivo o nombre.

Pronombre clítico. Pronombre átono que se une con el elemento tónico (un verbo); puede preceder o seguir al verbo: *avísame, ¿me avisas?* Son *me, te, se, nos, os, lo(s), la(s), le(s)*.

Pronombre enclítico. Se une al verbo y lo sigue: *dime, haznos, tráelas, hágase*.

Pronombre personal. Hace referencia a alguna de las tres personas gramaticales, primera, la persona que habla; segunda, la persona a quien se habla; y tercera, la que se refiere a cualquier otra persona o cosa. Pueden ser átonos, *me, te, se, nos, os, lo(s), la(s), le(s)*; o tónicos, *yo, tú, vos, él, ella(s), ello(s), usted(es), nosotros/as, vosotros/as, mí, ti, sí*.

Pronombre proclítico. Precede al verbo: *te quiero, te lo advirtió*.

Pronombre reflexivo. Pronombre personal cuyo antecedente es generalmente el sujeto, tácito o expreso. Pueden ser átonos, *Ana se maquilla*; o tónicos, *Luis solo piensa en sí mismo*.

Proposición. Cláusula. Enunciado de estructura oracional, constituido por sujeto y predicado, que se une mediante coordinación o subordinación a otra u otras proposiciones para formar una oración compuesta; en *no quiero verte* hay dos proposiciones: 1 *no quiero*, 2 *verte*; tres en *llamé para confirmar que llegué bien*, 1 *llamé*, 2 *para confirmar* y 3 *que llegué bien*. Es sinónimo de cláusula.

Prótasis. En una oración condicional, es la parte que denota la condición; va introducida normalmente por la conjunción *si* como en *si llueve, no iremos*, *si llueve* es la prótasis. Se opone a la apódosis. También se aplica a las oraciones concesivas como en *aunque no quieras, vendrás*, donde *aunque no quieras* es la prótasis.

Recíproco/a. Expresa una acción que se produce a la vez entre dos o más individuos. El sentido recíproco lo aportan normalmente los pronombres átonos *nos, os, se*, las expresiones *el uno al otro, mutuamente, entre sí*, etc., o verbos de significado recíproco como *intercambiar, simpatizar*, etc.: *Ana y Luis se quieren; los dos intercambiaron mensajes*.

Referente. Elemento al cual hace referencia un signo lingüístico. Puede ser una persona, un animal o una cosa. En *a Ana le gusta la sidra*, el referente del pronombre *le* es *a Ana*.

Reflexivo/a. Término aplicado a los verbos reflexivos cuando indican que el sujeto hace y recibe la acción verbal: *te lavaste el pelo hoy*; *me corté las uñas ayer*; *nos bañamos en la playa*.

Régimen. Condición por la cual se exige una o varias palabras para la construcción correcta de un enunciado. Por ejemplo, el régimen transitivo de un verbo exige complemento directo. El complemento de régimen preposicional de un verbo requiere la preposición con la que se construye dicho complemento.

Relativo. Se dice del pronombre, el adjetivo o el adverbio que, además de desempeñar su función dentro de la oración a la que pertenece, sirve de enlace (o nexo) entre dicha oración y la principal de la que depende. Los pronombres relativos son *(el) que*, *el cual* y *quien*, el adjetivo *cuyo* con sus variantes de género y número y los adverbios *(a)donde*, *cuando*, *como* y *cuanto*. La subordinada de relativo va introducida por un relativo que hace referencia a un antecedente: *llegó la carta que esperabas*, *que* es el pronombre relativo que se refiere a su antecedente *carta*.

Subordinado/a. Término aplicado a las oraciones subordinadas ya que son dependientes de otros enunciados.

Sujeto. Función sintáctica ejercida por la palabra o grupo de palabras de cuyo referente se predica algo. Es con el predicado el otro constituyente fundamental de la oración e impone al verbo la concordancia en número y persona. Por extensión, se denomina sujeto a los elementos de una oración que desempeñan esta función como *mi madre* en *mi madre es profesora*; *fumar* en *fumar es malo para la salud*; *comer mucho pan* en la oración *comer mucho pan te hará engordar*.

Sujeto agente. Aquel sujeto que realiza la acción verbal como en *el guardia me saludó*; *una ola hundió el barco*.

Sujeto paciente. Aquel sujeto que recibe o padece la acción del verbo como en *nuestro perro fue operado por la veterinaria*; *se construyeron dos puentes*.

Superlativo. Grado del adjetivo que designa un grado muy alto de una característica sin establecer comparaciones: *el más alto de la clase, las más rápidas del equipo.*

Sustantivo. Nombre. Palabra con género inherente, masculino o femenino, que designa elementos animados o inanimados. Funciona como núcleo del sintagma nominal.

Tácito. No expresado. La oración *tengo un resfriado* lleva un sujeto tácido u omitido, *yo*.

Verbo. Palabra que denota acción, estado o proceso, capaz de funcionar como núcleo del predicado y cuyas desinencias expresan modo, tiempo, número, persona y aspecto.

Verbo auxiliar. El que sirve para formar los tiempos compuestos de los verbos, la pasiva perifrástica y las perífrasis verbales: *he estudiado; fue escrito; tengo que comer.*

Verbo copulativo. El que, prácticamente vacío de significado léxico, sirve de unión entre un sujeto y un atributo y admite que este sea sustituido por el pronombre neutro *lo*. Son copulativos en español los verbos *ser* y *estar: el enfermo está tranquilo (lo está).* Se consideran semicopulativos los verbos que sirven de enlace entre un sujeto y un atributo, pero no admiten la sustitución de este por el pronombre *lo*: *la niña sigue dormida* (*lo sigue). Copulativo es sinónimo de atributivo; semicopulativo es sinónimo de semiatributivo, y cuasicopulativo de cuasiatributivo.

Verbo de estado. Aquel que indica estado o situación, por ejemplo, *estar, parecer, permanecer* o *sentir*, a diferencia de los que denotan movimiento o dirección, como *ir, llevar, traer, salir, venir* o *volar*.

Verbo defectivo. Verbos como *atardecer, llover* (que solo se conjugan en la tercera persona) o *soler* (que no se conjuga en tiempos como el futuro o el condicional porque indica acción habitual).

Verbo de influencia. Verbos como *aconsejar, exhortar, obligar, mandar* u *ordenar*, que requieren que el interlocutor haga o no haga algo, como en *me ordenó que me sentara*.

Verbo impersonal. Aquel verbo sin sujeto ya sea tácito o expreso.

Verbo intransitivo. El verbo que no rige complemento directo como *funcionar, llegar, morir*.

Verbo irregular. Aquel que presenta cambios en la raíz y difiere del modelo regular de conjugación que le corresponde por su terminación, por ejemplo, *nevar, nieva* y no **neva*; *saber sepa* y no **saba*.

Verbo personal. Aquel que sí tiene sujeto, sea tácito o expreso, como en *el perro se sentó*.

Verbo pronominal. Aquel que se conjuga con un pronombre átono. Algunos verbos son pronominales por excelencia, como *arrepentirse, quejarse*, mientras que otros adoptan determinados valores significativos o expresivos cuando se construyen como pronominales como *acordarse, despedirse* u *ocuparse* en comparación a *acordar, despedir* u *ocupar*.

Verbo terciopersonal. Verbo de cuyas formas personales se usan solo las de tercera persona del singular y del plural, como *ocurrir*.

Verbo transitivo. Aquel verbo que rige complemento directo como *tener* o *decir*.

Vocativo. Función sintáctica para llamar la atención del interlocutor o dirigirse directamente a él: *doctor, ¿me curaré de la diabetes?*; *créeme, hijo*; *mamá, ¿me das una galleta?*

Voz activa. Cuando la acción verbal indica un sujeto agente como en *Ana bailó toda la noche*. En un sentido amplio, se consideran activas aquellas oraciones que no están en forma pasiva o no pertenecen a la llamada *voz media*.

Voz media. Se denomina *media* porque está entre la voz activa y la voz pasiva, es decir, indica que al sujeto le ocurre algo sin que se especifique un agente externo activo o pasivo como *el Titanic se hundió* o *la rama del árbol se partió*. Suele llevar un verbo en forma pronominal como *hundirse* o *partirse*. Según Gómez Torrego los verdaderos casos de voz media se dan con sujetos no animados (*la puerta se abrió, la piedra se movió*) o cuando el sujeto es humano, pero no agente (*Juan se accidentó con el coche*) (1998: 22).

Voz pasiva. Esta construcción denota un sujeto paciente. El sujeto agente no aparece o aparece como complemento agente: *se construyó una fuente (por el ayuntamiento)*. La voz pasiva se indica mediante la pasiva perifrástica (con el auxiliar *ser* más el participio del verbo conjugado: *el* *escritor fue enterrado aquí*) y la pasiva refleja con *se* (con el *se* pasivo más el verbo en voz activa: *se ven las montañas desde aquí*; *se venden bicis de segunda mano*).

Yuxtaposición. Mediante la yuxtaposición se unen palabras u oraciones sin ningún nexo o conector como en la famosa frase de Julio César: "vine, vi, vencí".

Índice temático

a (preposición) 15
ablativo 63
activa (oración, voz) 11, 88, 93–96,
    99–100, 101–103, 109, 279, 285,
    286,
acusativo 55, 58, 63–64, 271–272
adelante 224–225
ad sensum 194
adjetivo 9
    calificativo 271, 277
    comparativo 165, 227, 277
    elativo 229–230
    interrogativo 113
    sustantivado 32, 50, 214
adverbio 12
    de cantidad 17, 25, 51
    deíctico 160
    exclamativo 156, 276
    interrogativo 113, 156, 278
    relativo 150, 156
adversativa (oración) 139–140, 169,
    251–152
afirmativa (oración) 96, 110–111, 119, 141
agente 11, 29, 30, 49, 50, 54, 63, 93–94,
    99–104, 108, 144, 148, 153,
    203–205, 211–213
agramatical 39, 45, 47, 115, 196, 217, 219,
    226, 269, 271, 273
Alarcos Llorach, Emilio 49, 55, 206
Alcina, Juan y Blecua, Jose María 55
Alonso, Amado 41, 133
ambigüedad 31, 38, 40, 59, 63, 202
analogía 272
antecedente 148, 150–154, 156, 208, 272,
    282–283

aposición 23, 29–30, 52–54, 152, 193, 272
artículo
    definido 9, 38, 44, 57, 59, 152, 208,
        212, 279
    indefinido 17, 278
atributo 29, 30–35, 54–55, 88, 90, 142,
    144, 147–148, 152–153, 161, 163,
    170, 173, 194, 219, 272, 284
atributiva (oración) 89, 90, 101, 163
autoevaluación (actividades) 2, 79, 127,
    185, 241

Bello, Andrés 33, 135

Cano Aguilar, Rafael 40, 57, 207
Caso 14, 272
categoría gramatical 7, 272
causal (oración) 136, 161–162, 210, 212,
    257, 260, 265
clase abierta 7–10, 12
clase cerrada 7, 13, 15
claúsula 22, 212, 219, 221
colectivos (sustantivos) 9, 193
comparativos 227–228
complemento
    agente 49, 50, 54, 94, 99, 100, 103,
        144, 148, 273, 285
    de régimen 47–49, 147, 221–222,
        267–270, 273, 283
    del adjetivo 51, 54, 146
    del adverbio 51, 54
    del nombre 35, 50–51, 53–54, 144,
        146, 150, 153, 193
    directo 7, 14, 17, 29, 34–42, 44–46,
        48–9, 54–55, 58, 60–63, 105,

144–145, 153, 156, 158–159, 165,198–199, 200, 202–208, 217, 219–220, 230–231, 267, 271, 273, 281, 283–285
   indirecto 7, 37, 39, 40–45, 54–55, 63, 145, 148, 198–199, 227, 267, 273, 275
   circunstancial 29, 34, 42, 46, 47 49, 54, 55, 63, 154, 156–163, 165, 171, 273
   predicativo 33–35, 54–55, 88–90, 92, 141, 147, 153, 281
   regido 2, 30, 46–49, 53, 55–56, 144, 147, 152–153, 158, 267, 269, 273
concordancia 2, 9, 10, 13, 32, 59, 60, 62, 88, 107, 109, 191–196, 200, 202–204, 217–218, 277, 283
conjugación 12, 104, 212–213, 215, 267, 277–278, 280, 285
conjunción 7, 15, 18–19, 119, 134–140, 143. 145–146, 151, 160, 162, 164–165, 168–170, 208, 210–212, 218, 221, 228, 274, 279–280
coordinadas (oraciones)
   adversativas 135–136, 139–140, 173
   copulativas 135–137, 173, 219
   distributivas 135–136, 140–141, 173
   disyuntivas 135–136, 138, 173
   explicativas 135–136, 142, 152, 173
cuantificador 275
cuasiatributiva (oración) 90

dativo
   dativo ético 98, 102, 199
   dativo de interés 98, 102, 199, 201, 208, 275
deber (de) 12, 117–118, 133
declarativa (oración) 111, 118
declinación 58, 271, 275
deíctico/a 160
delante 224–226
demostrativo 275
dequeísmo 218–220, 224

determinante 119, 151, 165, 212, 275
diagrama arbóreo 6–7, 249–265
dictum 111, 118–119, 134
discordancia 2, 193–197
dislocación 31, 275
distributiva (oración) 138, 141, 173
disyuntiva (oración) 138–140, 173, 251
doble negación 111
dubitativa (oración) 110, 117–119

enunciativa 110–111, 114, 119, 279
estilo directo 145
estilo indirecto 145
exclamativa (oración) 1110, 114, 119
explicativa (oración) 52, 142, 152, 252, 272

flexión 7–8, 10, 12, 14, 103, 276
función 29

genitivo 58
gerundio 12, 20, 115–116, 143, 155, 157, 161, 166, 211, 213–214, 277, 281
Gili Gaya 31, 33, 38, 41, 55, 106, 108, 133
Gómez Torrego, Leonardo 1101, 203, 206, 285
gramaticalidad 287

imperativa (oración) 110, 119
impersonal (oración) 99, 101, 104–109, 119, 200–204, 217, 249, 277, 279, 284
   con verbos meteorológicos 104–105
   gramaticalizadas 105
   reflejas 101, 105–106, 109, 202
infinitivo 12, 20, 96, 104, 115, 118, 143–144, 149, 157, 211–214, 278
intensificador 162, 209–210
interrogativa (oración) 94, 112
interjección 8, 16, 19, 114, 116, 278
intransitiva (oración) 95–97
-*ísimo* (sufijo) 228–229

Índice temático

laísmo 44–45, 229–230
leísmo 44–45, 229–230
Lenz, Rodolfo 41, 55
loísmo 44–45, 229–231
locativo 160
locuciones
    adverbiales 17
    conjuntivas 16, 18
    preposicionales 18

modus 111, 118–119, 134
modificador 27, 47
morfema verbal 158, 199–201, 205,
    207–208, 267

negativa (oración) 110–111, 279
nexo 19, 23, 134–135, 137, 141, 150,
    156–157, 160, 165, 168–171, 210,
    212
nombre común 8, 13
nominalización 9

objeto directo 40, 55, 206–207
ojalá (interjección) 19, 47, 57, 110,
    116–117, 271
oración
    compuesta 87–88, 133, 135, 143–144,
        150, 154, 173
    impersonal 99, 101, 104–109, 119,
        200–204, 217, 249, 277, 279, 284
    principal 113, 133–134, 143–145, 150,
        154, 155–156, 166–168, 172, 272,
        280
    simple 88 5, 89, 103, 109, 119
orden oracional
    S-CD-V 60
    V-S 62

participio 214–216, 280
Penny, Ralph 63
perífrasis 12, 18–20, 94, 133, 149, 210,
    212–215, 272, 281

pragmática 281
predicado 28, 30, 35, 85–89, 103–104,
    109, 118–119, 134, 281–284
predicativa (oración) 93, 119
    transitivas 88, 95–97, 119
    intransitivas 88, 93, 95, 119
    pasivas 49, 88, 99, 100–103, 119, 202
    recíprocas 88, 95, 97–98, 119
    reflexivas 88, 95, 97–98, 119
pronombres
    antepuestos al verbo 226–227
    posesivos 224–225, 281
proposición 1133–134, 142–143, 155–156,
    158–159, 163–165, 170, 172, 282

que
    conjunción 151, 210–211
    pronominal 208–209, 212
queísmo 2218, 221, 223–224

recíproca (oración) 97–99, 119, 199
refleja (pasiva) 100–103, 106–107, 119
reflexiva (oración) 197–99, 102, 119, 198
relativo (pronombre) 150–153, 208, 212,
    272, 283

se
    accidental 207–208
    impersonal 105–108, 200–204
    morfema verbal 158, 199–201, 205,
        207–208, 267
    pasivo 94, 99–101, 108, 200–204, 286
    pronominal 197–198, 201
    verbal 198, 201
Seco, Rafael 30, 41–42
semiatributivo (verbo) 284
semicopulativo (verbo) 33–34, 88, 147, 281
si (conjunción) 145–146, 168, 280, 282
simple (oración)
    declarativas 62, 109, 111
    desiderativas 116–17, 119
    dubitativas 117–119

enunciativas 88, 111, 118–119
exclamativas 88, 114, 119
exhortativas 88, 109, 114, 119
interrogativas 62, 112–113, 119, 144–145, 278
imperativas 88, 110, 114, 119
sintagma
   adjetival 24
   adverbial 27
   nominal 22
   preposicional 25
   verbal 28
subordinada
   adjetiva 150–153, 173
   adverbial 154–175, 173
   sustantiva 144–149, 173
subordinadas adverbiales
   causales 160–162, 173
   comparativas 163–164, 173
   concesivas 168–169, 173
   condicionales 165–167, 173
   consecutivas 162–163, 173
   de lugar 156–157, 173
   de modo 158–160, 173
   de tiempo 157–158, 173
   finales 170–171, 173
subjuntivo 10, 114, 116–117, 152, 166–167, 169, 171, 211
suplemento 47–49, 269–270
sujeto
   agente 11, 101, 283, 285
   coordinado 195

paciente 94, 99, 106, 200–204, 283, 285
tácito 107, 282, 284
superlativo 9, 228, 277, 284
sustantivación 9, 22
sustantivos
   abstractos 8, 222
   colectivos 9, 36, 193

tilde 14, 197–198, 208–209, 210
transitiva (oración) 95–96, 98, 109, 119

uno (pronombre) 19, 23, 99, 107–108

verbo 10
   auxiliar 11, 105, 211, 281, 284–285
   defectivo 284
   formas no personales 12, 143, 211–215, 281
   pronominal 237, 99, 158, 201, 205–207, 220–221, 226, 267–268, 285
   reflexivo 97–99, 206–207, 283
Vilaplana 31, 33
vocativo 53–54, 58, 144, 168, 285
voz activa 11, 88, 93–96, 99, 100, 101–103, 109, 279, 285–286
voz pasiva 12, 39, 49, 50, 88, 93–94, 99–103, 106, 148, 200, 204, 285

y (conjunción) 136–137
yuxtaposición 134, 138, 286

www.ingramcontent.com/pod-product-compliance
Lightning Source LLC
Chambersburg PA
CBHW061428300426
44114CB00014B/1594